知っておきたい
日本史の名場面事典

大隅和雄・神田千里
季武嘉也・森　公章
山本博文・義江彰夫

吉川弘文館

はじめに

歴史は、文字で書かれるようになる前から、語り伝えられてきた。歴史が語られる所では、歴史に登場する人びとの事績と、歴史が紡ぎ出された場面の説明が、語りの中心になったと思われる。歴史の物語の核になる場面は、繰り返し語られる中に、人びとに広く知られて、共同の歴史像の底流になっていった。

三年前、この事典の姉妹編になる『知っておきたい日本の名言・格言事典』編集の相談をしていたとき、名言・格言として取り上げるものの中に、それが歴史の動きの緊迫した場面で発せられたことばであったり、そのことばが発せられた場面が、歴史の名場面として語り伝えられ、芝居の舞台に仕立てられたり、歴史絵図の画題になっていることが、少なくないことが話題になった。

名言の背景を説明するためには、名場面の解説が必要になることが多い。かつて、歴史の話は、名場面をつぎつぎに繰り出し、それを繋いでいくようにして語られていた。語り手はその場面の状況を、その場にいたかのように弁じ立て、登場人物が乗り移ったかのように語って、聞き手に深い印象を与えた。

何世紀にもわたって語られ、戦前の歴史教育の中で、緊密な編成の下に位置づけられていた名場面は、国家主義、軍国主義を支えるものが少なくなかったから、現代の歴史教育では、それを取り上げることはなくなり、名場面の物語を繋いでいくような歴史教育は忘れられてしまい、確実な史実の連鎖の中で、社会科学的な説明をすることが重視されるようになった。

しかし、歴史には、学校の教室で教えられる歴史とは別に、両親から聞く祖父母の事跡や、職場の先輩が語るさまざまな地方の歴史などがあり、その歴史の中では、日本人が共有している歴史像が大きな役割を持っている。歴史好きを自認している人びとの間では、かつての日本史の名場面の読み換えを試み、新解釈を加えることが、歴史の面白さとして関心を集めているが、それも、もとになっている名場面あってのことで、かつての名場面が忘れられようとしている中では、読み換えや新解釈の面白さも理解されにくくなっている。

他方、ここ半世紀の間、歴史の書き換えは進んだが、書き換えられた新しい歴史の名場面を選び出していく努力はされなかった。教室で教えられる歴史は、史料に遡って読むことを重視するあまり、教室とは別のさまざまな場所で、さまざまに語られていることを軽視するようになってきたのではあるまいか。

名場面は、語られる歴史の核であり、名台詞、つまり歴史の名言が飛び出す舞台となり、歴史面の極め付きの画題となった。そうした歴史の名場面と、それが語り伝えられてきたことは、日本の文化の中で逸することはできない項目のひとつであると思われる。この事典は、新しい日本史の名場面を選び出してゆく試みを始めるとともに、日本人が共有してきた歴史像について考えるために、歴史の物語の核になってきた名場面のいくつかを取り上げている。また、この事典で取り上げた張作霖爆殺事件、二・二六事件、沖縄戦などを、「名」場面というのが適切であるかどうかについては執筆者の間に異論もあったが、歴史の転換点として省略するわけにはいかないということになった。

名場面として何を選ぶかは日本史全体の姿と形をどう考えるかにかかわっている。この事典を、日本史への関心を深める一助としていただければと願っている。

『知っておきたい日本の名言・格言辞典』のときと同様、近世の項目のいくつかは、福留真紀氏の助力を得た。事典的な性格を持つ本書のために、編集部の方には、さまざまな配慮をしていただいた。謝意を表したい。

二〇〇八年一月

大隅和雄

目次

はじめに

古代

1 好太王碑文 三九一年 2
2 稲荷山古墳鉄剣銘文 四七一年 6
3 崇仏論争 五五二年 9
4 聖徳太子の政治 六二二年 13
5 大化の改新 六四五年 17
6 白村江の戦い 六六三年 21
7 壬申の乱 六七一年 25
8 律令国家の威容 七〇一年 29
9 大仏開眼供養 七五二年 32
10 奈良朝の政変 七六二年 35
11 菅原道真の左遷 九〇一年 39
12 平将門の乱 九三九年 43
13 才気を競う女房 平安中期 47

14　摂関政治　一〇一八年　50
15　前九年の役　一〇六二年　54
16　鹿ケ谷事件　一一七七年　58

中世

17　以仁王の令旨　一一八〇年　62
18　平家の都落ち　一一八三年　66
19　壇浦の戦い　一一八五年　69
20　西行と頼朝の出会い　一一八六年　73
21　大原御幸　一一八六年　76
22　平泉炎上　一一九〇年　79
23　承久の乱　一二二一年　83
24　御恩と奉公　鎌倉中期　86
25　モンゴル襲来　一二七四年　89
26　一遍と福岡市　一二七八年　93
27　異類・異形の悪党　鎌倉末期　97
28　足利尊氏と六波羅探題の滅亡　一三三三年　101
29　新田義貞と鎌倉幕府の滅亡　一三三三年　104
30　二条河原落書　一三三四年　108

31 楠木正成の死 一三三六年 111
32 後醍醐天皇の崩御 一三三九年 114
33 康暦の政変 一三七九年 117
34 足利義満と日本国王 一四〇二年 121
35 応仁の乱 一四六七年 125
36 宗祇・肖柏・宗長、水無瀬で連歌を行なう 一四八八年 128
37 北条早雲の伊豆攻略 一四九八年 131
38 前関白と「地下人」の出会い 一五〇二年 134
39 川中島の合戦 一五六一年 138

近世

40 フロイスと信長の二度目の会見 一五六八年 144
41 本能寺の変 一五八二年 147
42 関白任官 一五八五年 150
43 バテレン追放令 一五八七年 153
44 島津の退き口 一六〇〇年 156
45 女帝明正天皇の誕生 一六三〇年 159
46 徳川家光の御代始め 一六三二年 162
47 天草四郎の首 一六三八年 165

48　犬を大切に　一六八五年　169
49　芭蕉、おくのほそ道の旅へ出る　一六八九年　172
50　赤穂浪士の討ち入り　一七〇二年　175
51　徳川吉宗、上米の制を発布する　一七二二年　178
52　長谷川平蔵の愚痴　一七九二年　181
53　フェートン号事件　一八〇八年　184
54　大塩平八郎の乱　一八三七年　187
55　黒船来航　一八五三年　191
56　安政の大地震　一八五五年　194
57　桜田門外の変　一八六〇年　197
58　大政奉還　一八六七年　200

近現代

59　会津戦争　一八六八年　204
60　大臣選挙の実施　一八六九年　207
61　廃藩置県　一八七一年　210
62　鉄道開設　一八七二年　213
63　西南戦争　一八七七年　216
64　明治十四年政変　一八八一年　219

65 大日本帝国憲法発布 一八八九年 222
66 三国干渉 一八九五年 225
67 文部省美術展覧会 一九〇七年 228
68 第一次護憲運動 一九一三年 232
69 パリ講和会議 一九一九年 235
70 新婦人協会 一九二〇年 238
71 張作霖爆殺事件 一九二八年 241
72 二・二六事件 一九三六年 244
73 ミッドウェー海戦 一九四二年 247
74 沖縄戦 一九四五年 251
75 敗戦 一九四五年 254
76 昭和天皇とマッカーサー 一九四五年 258
77 安保闘争 一九六〇年 261
78 東京オリンピック 一九六四年 264

索引／著者紹介

＊引用史料は、適宜、読み下し文に変更した。

古代

1　好太王碑文　三九一年

好太王碑《こうたいおうひ》は高句麗《こうくり》の好太王（国岡上広開土境平安好太王、在位三九一～四一三年）の功績を記した墓碑で、その子長寿王《ちょうじゅおう》（在位四一三～四九一年）が四一四年に高句麗の旧都丸都《がんと》国内《こくない》城《じょう》（中華人民共和国吉林《きつりん》省集安《しゅうあん》市）に立碑した。高句麗は紀元前一世紀以来、朝鮮半島における強国であったが、中国王朝の圧迫を常に受け、また半島南部で勃興《ぼっこう》してきた百済《くだら》・新羅《しらぎ》と対抗しながら、勢力範囲を維持せねばならなかった。諡名《おくりな》に含まれる「広開土境」の通りに、好太王は高句麗の支配領域拡張に努め、次の長寿王とともに、五世紀における高句麗優勢の状況を作り出した。碑文はあくまでも好太王の顕彰という、高句麗の立場から記されたものであることを忘れてはならないが、倭《わ》・百済・新羅・加耶《かや》諸国の関係や倭国の外交策など、四～五世紀の東アジア情勢を検討するうえで貴重な史料である。

【史料】好太王碑文第一面・第二面

百残《ひゃくざん》・新羅、旧《もと》より是《こ》れ属民にして、由来、朝貢《ちょうこう》せり。而《しか》るに**倭、以《もっ》て、辛卯の年来《としよりこのかた》、□を渡りて百残を破り、新羅を□□し、以て臣民と為《な》せり。**以、六年（永楽六年＝三九六）の丙申、王、躬《みずか》ら□軍を率ゐ、残国を討伐す。……而して残王、困逼《こんぴつ》して、男・女の生口《せいこう》一千人、細布《さいふ》千匹を献□し、王に跪《ひざま》づきて、自ら「今従《よ》り以後、永く奴客《どかく》為《た》らむ」と誓ふ。大王、恩もて先迷の愆《あやまち》を赦《ゆる》し、其の後順の誠を録す。是に於て五十八城、村七百を得、残王の弟、并びに大臣十人を将《ともな》ひ、師を旋《めぐら》して、都に還る。

【解説】「百残」「残国」は百済を貶《おとし》めた表現で、百済は南の倭国と提携して高句麗に対峙《たいじ》しようとしていた。好太王の祖父故国原王《ここくげんおう》の時代に、三六九年高句麗が百済を攻撃したが、百済はこれを撃退し、三七一年の再度の会戦では百済が大勝利を収め、漢城《かんじょう》（大韓民国ソウル市）を首都として確保、故国原王は流矢にあたって死去したという。以来、百済は高句麗との対立を深め、『日本書紀』神功皇后五十二年（二五二年→修正紀年三七二年）条によると、七枝刀《しちしとう》を献上して、倭国との提携を確実なものにしようとしたとある。これが奈良県天理市石上神宮《いそのかみじんぐう》所蔵の泰和（太和）四年（中国南朝の東晋の年号で、三六九年）の紀年銘をもつ七支刀である。碑文には百済が高句麗の「属民」であったと記されているが、こうした事実はなく、あくまで高句麗側の認識、好太王が親征する理由を説明した前置き文と理解されるべき記述である。永楽は高句麗の年号で、朝鮮三国の歴史を記した『三国史記《さんごくしき》』とは異なり、碑文では好太王即位を三九一年としており、即位時から立年されている。ちなみに、高句麗では次の長寿王も延寿という年号を使用している。

七支刀（石上神宮所蔵）

好太王碑（東南面，1912年）

碑文によると、倭は辛卯年＝三九一年ごろから高句麗の敵対勢力と目されており、渡海して百済・新羅を「臣民」としたが、三九六年に好太王が親征して百済を破り、五十八城・七百村を奪取、百済王の弟と大臣一〇人を捕虜にして凱旋し、百済を高句麗の「奴客」にしたという。しかし、三九九年には百済は再び倭と「和通」したので、四〇〇年に好太王は歩騎五万を遣し、新羅を救い、「倭賊」を撃退する。さらに「任那加羅《みまなから》」の城を攻略し、「安羅人戍兵《あんらじんじゅへい》」とも戦う。そして、四〇四年には倭が帯方《たいほう》方面に侵入したので、「倭賊」を潰敗《かいはい》し斬殺したとある。

以上が碑文に登場する倭の記述である。実は三九六年の会戦では百済に対する倭の支援は見られず、好太王の攻撃によって百済は大打撃を被っている。『日本書紀』によると、当時の百済の辰斯王《しんしおう》（在位三八五〜三九二年）、阿莘王《あしんおう》（在位三九二〜四〇五年）は倭国との関係がうまくいっていなかったことがうかがわれる。『三国史記』百済本紀阿莘王六年（三九七）五月条に太子腆支《てんし》を「質《しち》」として倭国に派遣したとあり、倭国が直接的な利害のない高句麗と戦うには、百済側が「質」派遣により関係維持を保障することや先進文物を安定的に供与することが不可欠であり、『千字文《せんじもん》』を伝えたといわれる博士王仁《わに》の来朝（四〇五年）などを得て、以後、倭国は百済に協力するかたちで朝鮮半島情勢に深く関与することになる。

碑文の辛卯《しんぼう》年条は、こうした倭国の外交的展開の端緒となる史料として重要である。倭国は百済や加耶諸国から、また半島の争乱を避けて来朝する渡来人を取り込むことにより、農業・土木技術や鉄製品・須恵器《すえき》・織物などの生産面での供与を得るとともに、漢字による文書作成、さらには六世紀には儒教・仏教の伝来と、国家統治や精神面に関わる文明化を推進し、東アジア地域での地歩を確立していくことになる。

出典 武田幸男『高句麗史と東アジア』岩波書店、一九八九年

参考文献 武田幸男『高句麗史と東アジア』岩波書店、一九八九年／森公章『東アジアの動乱と倭国』〈戦争の日本史〉吉川弘文館、二〇〇六年

2 稲荷山古墳鉄剣銘文

四七一年

稲荷山《いなりやま》古墳は、埼玉県行田《ぎょうだ》市にある埼玉《さきたま》古墳群のなかの一前方後円墳《ぜんぽうこうえんふん》。昭和四十三年（一九六八）の同古墳の発掘調査で鉄剣が出土した。一〇年後の昭和五十三年に元興寺《がんごうじ》研究所でX線調査した結果、金象嵌《きんぞうがん》で刻まれた一一五文字の銘文が発見された。その銘文は五世紀末の大和《やまと》王権の性格と地方豪族との関係をきわめて具体的に示すものである。

【史料】**稲荷山古墳鉄剣銘文**

（表）辛亥《しんがい》の年七月中記す。乎獲居臣《おわけのしん》の上祖《じょうそ》、名《な》は意富比垝《おほひこ》、其《そ》の児多加利足尼《たかりすくね》、其の児名は弖已加利獲居《てよかりわけ》、其の児名は多加披次獲居《たかはしわけ》、其の児名は多沙鬼獲居《たさきわけ》、其の児名は半弖比《はてひ》、

（裏）其の児名は加差披余《かさはよ》、其の児名は**乎獲居臣《おわけのしん》、世々杖刀人《じょうとうにん》の首《しゅ》と為《し》て奉事《ほうじ》し来《きた》り今に至る。**獲加多支鹵《わかたける》大王の寺《じ》、斯鬼宮《しきのみや》に在る時、吾天下を左治《さじ》す。此《こ》の百練《ひやくれん》の利刀《りとう》を作ら令《し》め、吾が奉事し来る根原を記す也。

【解説】「乎獲居臣」は、他の史料に見えず、詳しくはわからない。しかし、この鉄剣銘の語るところは、実に興味深い。「獲加多支鹵大王の寺、斯鬼宮に在る時、吾天下を左治す」に見える「獲加多支鹵大王」とは、ほぼ同時期の熊本県江田船山《えたふなやま》古墳から出土した鉄刀銘に記された「治天下獲□□□鹵《わ（かたけ）る》」と同一人物であることが

判明し、研究者は一致して『宋書』倭国伝に見える宋朝に上表文を奉った「倭王武《ぶ》」と見ている。しかも、「獲加多支鹵大王」の「ワカタケル」とは、『古事記』『日本書紀』に見られる雄略《ゆうりやく》天皇の和風名「大泊瀬幼《おおはつせわか》武《たけ》」と一致するので、雄略天皇であることも確定し、雄略天皇の実在も証明された。

　次に、この銘文に記された系譜の冒頭の「意富比垝」は、『古事記』『日本書紀』の崇神《すじん》天皇条に見られる崇神天皇の伯父で、北陸道の平定に派遣されたとされる「大彦命」と発音が一致する。ここからただちに「大彦命」が実在したとみなすことはできないが、少なくとも系譜伝承の世界で「大彦命」が英雄的始祖と認識されていた可能性は大きい。また、この系譜の上下関係は「其の児」という語で繋がっているが、これを実子と捉えるのも、危険である。このころの系譜では、一族内の次の世代の人びとないし族長位継承者を「其の児」と呼んでいたからである。

稲荷山古墳

　以上から読み取れる名場面とは何だろうか。まず、「倭王」がこのときまでに、九州はもちろん関東地方まで支配下に置き、その一角、のちの武蔵国《むさしのくに》北辺の地方豪族を従え、「乎獲居臣」すなわち右の系譜語りに見られる族長的人物を代々「杖刀人の首」つまり護衛隊長として、近侍させていたことが浮かび上がってくる。そこで『日本書紀』継体《けいたい》天皇二十一年六月三日条を見ると、朝廷の命を受けて新羅《しらぎ》や火国《ひのくに》・豊《とよ》国《くに》と結託した筑紫国造磐井《つくしのくにのみやつこいわい》を滅ぼそうとして筑紫に攻めて来た近《おう》江毛野臣《みのけなのおみ》に向かって、磐井は「今こそ使者たれ、昔は吾が伴《ともだち》として肩《かた》

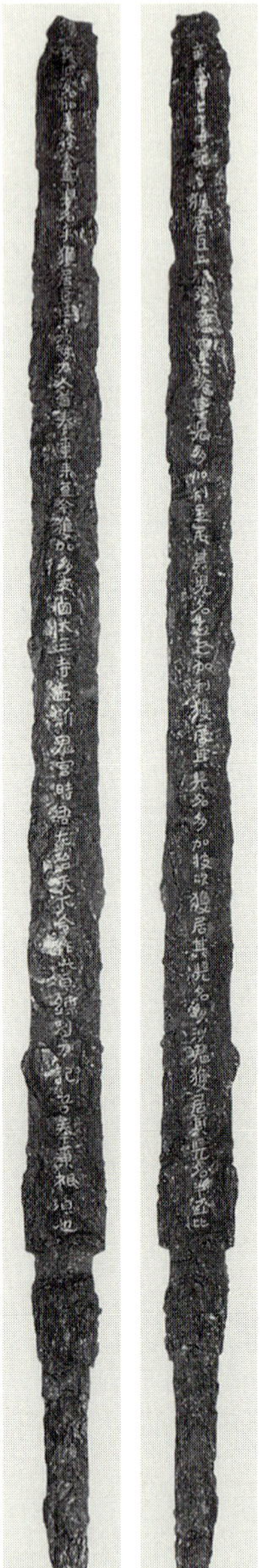
稲荷山古墳鉄剣（埼玉県立さきたま資料館所蔵）

摩《す》り肘《ひじ》触《す》りつつ、共器《おなじけ》にして同食《ものくら》ひき」と記されている。おそくとも五世紀半ばごろから、近江毛野臣や筑紫国造磐井のような有力地方豪族が倭王の宮に近侍する体制が作り始められた、と想定できる。「乎獲居臣」がこの銘文に刻ませた「世々杖刀人の首」という一句から、五世紀をとおして、倭王権が、反乱を起こしやすい辺境の地を王権の膝下《しっか》にしっかりと組み込み、安定した権力への基盤を作り上げていく仮借《かしゃく》ない各場面を、私たちは彷彿《ほうふつ》と思い描くことができよう。

今ひとつ注目したいのは、この「倭王武（雄略天皇）」の護衛隊長「乎獲居臣」が、「天下を左治す」と述べていることから明らかなように、倭王権はこの五世紀末までに、自己が統治する版図を中国の属国とはせず、別個の「天下」を作り出そうとしていたことである。後世、日本列島に樹立されたさまざまな国家権力は、みな、東アジア世界において中国から独立した小帝国を樹立しようとしたが、その起源はこの時代に遡《さかのぼ》るのであった。

参考文献　埼玉県教育委員会編『埼玉稲荷山古墳』埼玉県教育委員会、一九八〇年／小川良祐・狩野久・吉村武彦編『ワカタケル大王とその時代』山川出版社、二〇〇三年

3 崇仏論争

五五二年

仏教伝来は宗教としてだけでなく、学芸や思考方法、また建築、美術面など、以後の日本文化に大きな影響を及ぼした。仏教は先進文物の一つとして百済《くだら》からもたらされたが、外来信仰としての仏教受容の可否をめぐって崇仏《すうぶつ》・排仏《はいぶつ》論争が展開されており、仏教の受容・定着、さらには日本社会全体への浸透には相当の期間が必要であった。こうした論争は朝鮮三国に仏教が伝来した際にも見受けられ、頭を剃髪《ていはつ》し、異様な服装をした僧侶が説く、伝統的信仰とは異なる教えには警戒の念が強く、これを排斥《はいせき》すべしとの意見も多かった。『三国史記』新羅本紀法興王《ほうこうおう》十五年（五二八）条には崇仏を主張する王の側近の異次頓《いじとん》（処道《しょどう》）が処刑されたとき、斬られた首から白い乳のような血がいつまでも吹き出すという奇跡が起こり、諸貴族もようやく受容を承認したと記されている。

【史料】『日本書紀』欽明天皇十三年（五五二）十月条

百済の聖明王《せいめいおう》〈更《また》の名は聖王〉、西部姫氏達率怒唎斯致契《せいほうきしだちそちぬりしちけ》等を遣《まだ》して、釈迦仏《しゃかぶつ》の金銅像一軀《ひとはしら》・幡蓋《ばんがい》若干・経論《きょうろん》若干巻を献《たてまつ》る。……是《こ》の日、天皇、聞し已《おわ》りて、歓喜《よろこ》び踊躍《ほどはし》りたまひて、使者に詔《のたま》して云はく、「朕、昔より来《このかた》、未《いま》だ曾《かつ》て是《かく》の如く微妙《くわ》しき法《のり》を聞くこと得《え》ず。然《しか》れども朕、自ら決《さだ》むまじ」とのたまふ。乃《すなわ》ち群臣に歴《ことごとくに》問《と》ひて曰はく、「西蕃《にしのとなりのくに》の献れる仏の相貌《かお》端厳《きらぎら》し。全《もは》ら未だ曾て有《あら》ず。礼《いやま》ふべきや不《いな》や」とのたまふ。蘇我大臣《そがおおおみ》稲目宿禰《いなめすくね》奏《そう》して曰《もう》さく、**「西蕃《にしのとなりのくに》の諸国、一《もはら》に皆礼《いやま》ふ。豊秋日本《とよあきづやまと》、豈独《あにひと》り背《そむ》かむや」**とまうす。物部大連《もののべおおむらじ》尾《お》輿《こし》・中臣連《なかとみのむらじ》鎌子《かまこ》、同じく奏して曰さく、「我が国家《みかど》の、天下《あめのした》に王《きみ》とましますは、恒《つね》に天地社稷《あまつやしろくにつやしろ》の百八十神《ももあまりやそかみ》を以《も》て、春夏秋冬、祭《ま》拝《つ》りたまふことを事《わざ》とす。**方《まさ》に今改めて蕃神《あたしくにのかみ》を拝みたまはば、恐るらくは国神の怒を致したまはむ**」とまうす。天皇曰《のたま》はく、「情《ね》願《が》ふ人稲目宿禰に付《さず》けて、試に礼ひ拝ましむべし」とのたまふ。

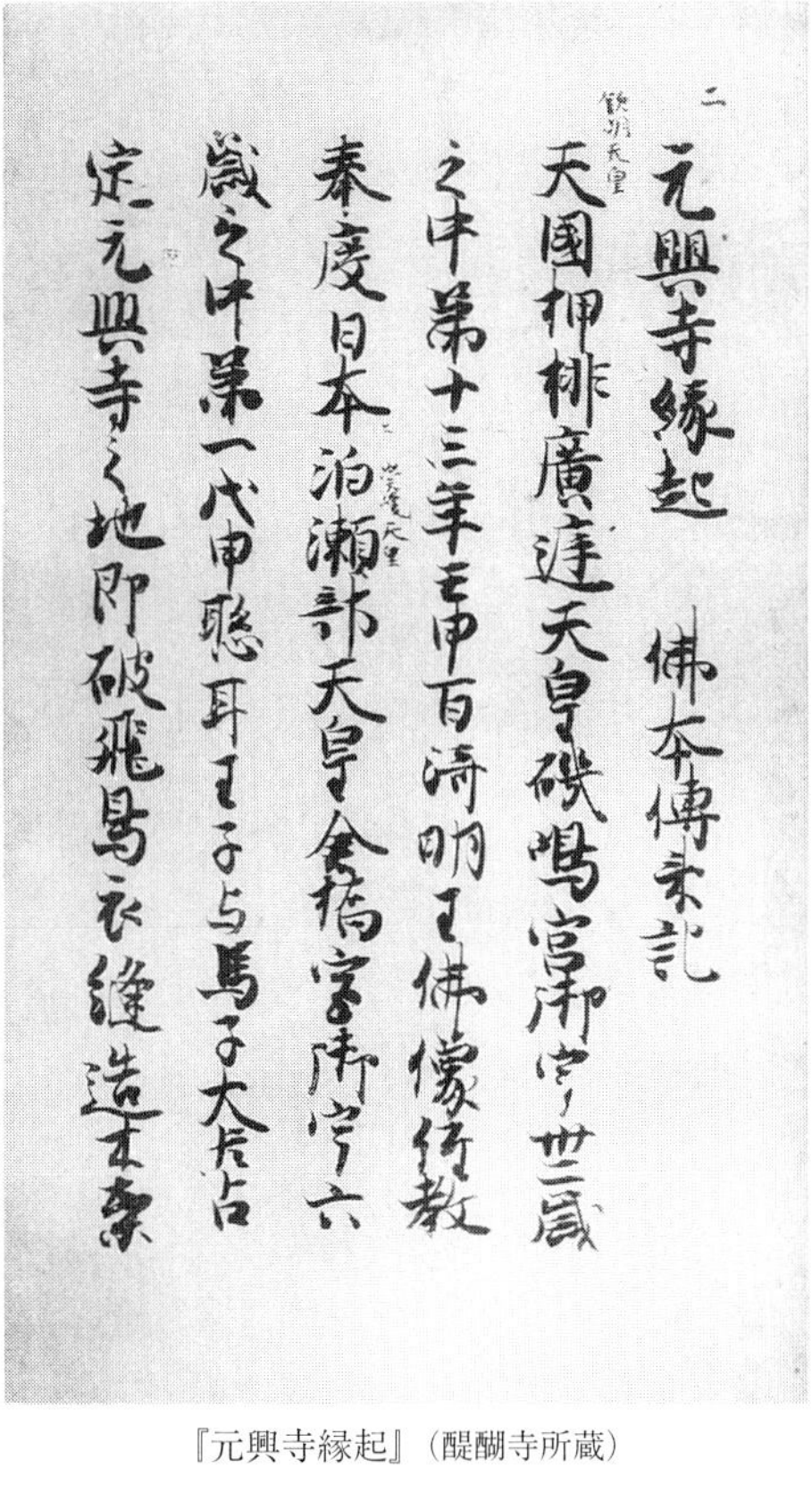

『元興寺縁起』（醍醐寺所蔵）

【解説】 倭国への仏教伝来年次には二説がある。『日本書紀』は欽明《きんめい》天皇十三年壬申年で、欽明天皇元年（五四〇）庚申年から起算すると五五二年である。一方、聖徳太子（厩戸王《うまやどおう》）の伝記『上宮聖徳法王帝説《じょうぐうしょうとくほうおうていせつ》』や最古の本格的寺院飛鳥寺《あすかでら》（元興寺《がんごうじ》）の由来を記した『元興寺縁起』などには欽明天皇七年戊午年とする記述があり、戊午年は五三八年になる。

五三八年は、四七五年に高句麗の攻撃によって一時滅亡した百済が、熊津《くまなり》に拠って復興した後、首都を整備する目的で扶余《ふよ》（泗沘《しひ》）に遷都した年である。五五二年は五五〇年に高句麗と戦い奪回した旧都漢城《かんじょう》の地を、百済・高句麗の紛争の間隙に乗じて新羅が奪取し、半島西海岸に到達、百済は東方の旧加耶地域奪回とともに、北方でも新羅への対応を求められ、倭国に援軍を要請して、新羅と戦闘、五五四年には聖明王が敗死するという一連の過程にある年であった。いずれも百済に危機が深まる時期であり、倭国の支援を求めてもっとも有効な切り札として仏教を伝えたと考えられるが、断案はなく、欽明天皇のときに百済の聖明王（在位五二三〜五五四年）が伝えたというのが最大公約数的理解である。

飛鳥寺（奈良文化財研究所提供）

欽明天皇が仏教受容の可否を諮問《しもん》したとき、大臣《おおおみ》の蘇我稲目《そがのいなめ》は、朝廷の財政を担当し、東漢《やまとのあや》氏・西文《かわちのふみ》氏・秦《はた》氏などの渡来系氏族とも密接な関係を有していたためか、崇仏を唱えた。一方、大連《おおむらじ》の物《もの》部尾輿《のべのおこし》や神祇祭祀を分掌する中臣鎌子《なかとみのかまこ》らはこれに反対した。尾輿らは仏像を「蕃神」と意識しており、当初の仏教に対する理解を教えてくれる。仏教には治病などの現世利益《げんぜりやく》や祖先供養の役割が期待されており、安易に「蕃神」を奉祀し、「国神《くにつかみ》」の庇護を失うことには慎重であらねばならなかった。

欽明天皇は崇仏を主張する稲目に仏像を託して仏教の信仰を認めるが、下略部分によると、国内に疫病が起こり、尾輿らの攻撃により、仏像は難波堀江《なにわのほりえ》に流され、「寺」は焼かれてしまった。同様の対立は稲目の子馬子《うまこ》と尾輿の子守屋《もりや》の間にもあり、欽明天皇の子敏《び》達《たつ》天皇のとき、五八四年に物部守屋の進言により敏達天皇が蘇我馬

飛鳥寺の仏像

子の仏殿を破却するなどの廃仏を実施し、翌年にはその悪報の瘡《かさ》で天皇が死去したとある。そして、五八八年には皇位継承の問題もあって、蘇我氏を中心とする勢力が物部氏と対立し、守屋が滅亡する。崇峻《すしゅん》天皇が即位し、この年から最初の本格的な寺院である飛鳥寺（法興寺、元興寺）の建立が開始され、次いで五九二年に推古《すいこ》天皇が即位して、飛鳥時代の仏教興隆がはじまるのである。

以上の崇仏論争は、仏教受容の初期段階を示す伝承的色彩が強い。物部氏もその本拠地の一つに渋川廃寺跡《しぶかわはいじあと》があり、大和川流域の渡来系氏族と密接な関係にあったから、早くから仏教受容の姿勢をみせていたものと思われる。推古朝以降に蘇我氏主導の下に進められる仏教興隆の輝かしい歴史のなかでは、蘇我氏と政治的に対立した物部氏は、仏教受容に反対して滅亡した勢力という役割を担わされたのではないかと考えられる。

出典　坂本太郎他校注『日本書紀』下〈日本古典文学大系〉岩波書店、一九六五年

参考文献　吉村武彦編『古代を考える　継体・欽明朝と仏教伝来』吉川弘文館、一九九九年／曾根正人『聖徳太子と飛鳥仏教』吉川弘文館、二〇〇七年

4 聖徳太子の政治

六二二年

聖徳太子は本名を厩戸王《うまやどおう》といい、父の用明《ようめい》天皇は欽明《きんめい》天皇と蘇我稲目《そがのいなめ》の娘堅塩媛《きたしひめ》の所生子、母穴穂部間人《あなほべのはしひと》皇女は欽明天皇と稲目の娘小姉君《おあねぎみ》の所生子であり、蘇我系の皇族として敏達天皇三年（五七四）に誕生した。母穴穂部間人皇女が宮中を巡行しているときに馬官の厩の戸の前でたちまちに出産し、父の天皇の宮の南の上殿に居住、一度に一〇人の訴訟を裁定することができたので、上宮厩戸豊聡耳太子《かみつみやのうまやどのとよとみみのたいし》と称したという。豊耳聖徳《とよみみのしょうとく》、豊聡耳法大王《とよとみみののりのおおきみ》という呼称も伝えられている。仏教を高句麗僧慧慈《えじ》に、儒教を博士の覚哿《かくか》に学んだ。五九三年二十歳のときに皇太子・摂政となり、最初の女帝である叔母の推古《すいこ》天皇を補佐して、推古朝の政治改革を推進した。内政面では推古十一年（六〇三）冠位十二階の制定、推古十二年憲法十七条を発布し、『天皇記』『国記』などの歴史書編纂を進め、天皇を中心とする中央集権国家の建設を構想したという。外交面では遣隋使《けんずいし》派遣を主導、留学生《るがくしょう》を送って先進文化を体得させ、また仏教への理解も深く、

聖徳太子像（宮内庁所蔵）

五九四年仏教興隆の詔を出し、自ら斑《いか》鳩寺《るがでら》（法隆寺）・四天王寺《してんのうじ》を造営、勝《しょう》鬘経《まんぎょう》・法華経《ほけきょう》・維摩経《ゆいまきょう》の講説をまとめた『三経義疏《さんぎょうぎしょ》』を作ったとされている。

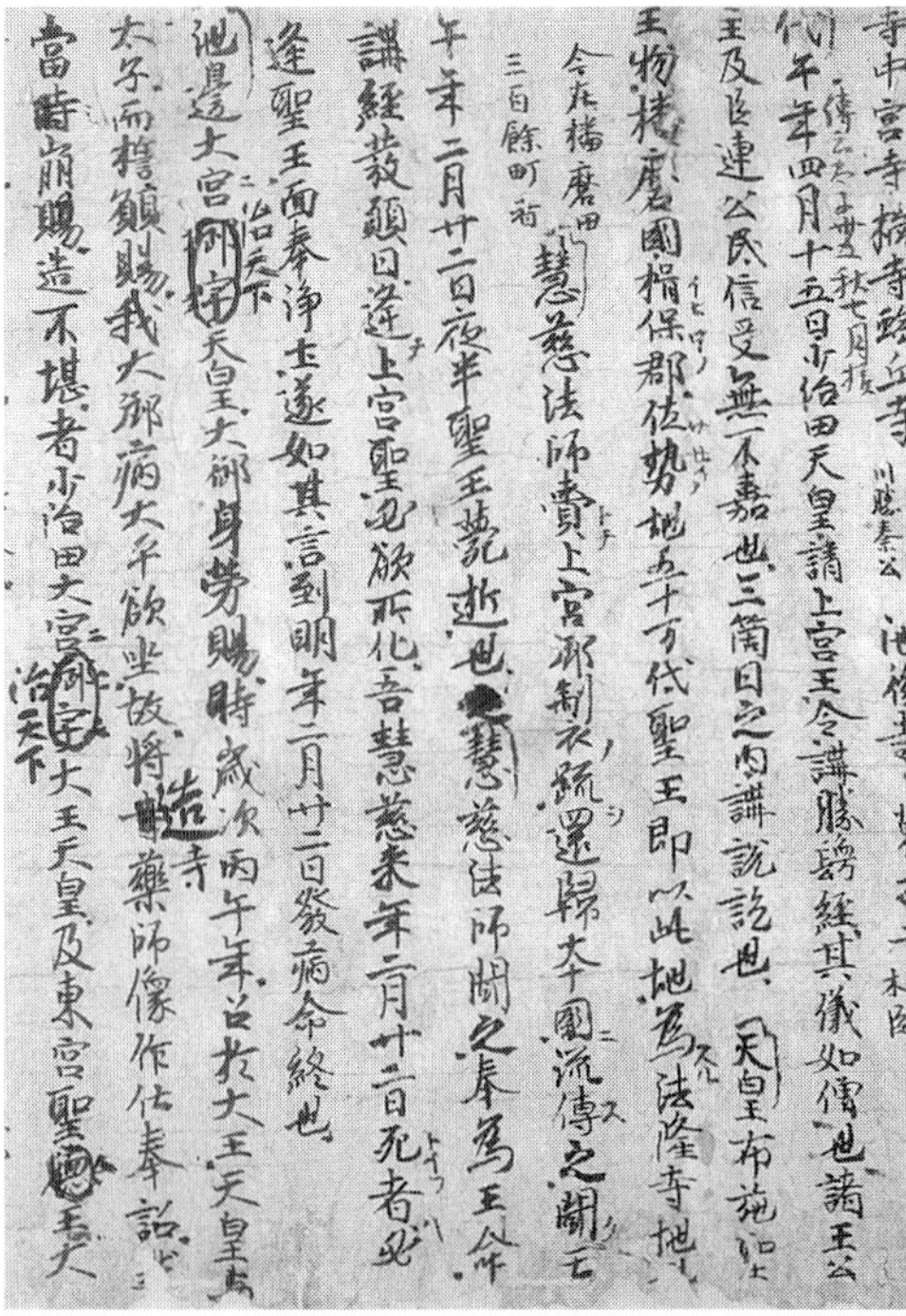
『上宮聖徳法王帝説』（知恩院所蔵）

【史料】『上宮聖徳法王帝説』

少治田宮御宇天皇《おはりたのみやにあめのしたおさめたまいしすめらみこと》の世に、**上宮厩戸豊聡耳命、島大臣《しまのおおみ》と共に天下《あめのした》の政《まつりごと》を輔《たす》けて三宝《さんぽう》を興隆《おこしさか》えしめたまひき。**元興・四天皇等の寺を起《た》て、爵《しゃく》十二級を制《つく》る。大徳《だいとく》・少《しょう》徳《とく》・大仁《だいにん》・少仁《しょうにん》・大礼《だいらい》・少礼《しょうらい》・大信《だいしん》・少信《しょうしん》・大義《だいぎ》・少義《しょうぎ》・大智《だいち》・少智《しょうち》なり。……壬午年《みずのえうまのとし》（六二二年）の二月廿二日の夜半に、聖王薨逝《ひじりのみここうせい》しましぬと聞く。慧慈《えじ》法師聞きて、王命《みこのみこと》の奉為《おんため》に経を講《と》き、願を発して曰はく、「上宮の聖に逢ひて、必ず化《おもむ》けられむと欲《おも》ふ。吾慧慈、来年の二月廿二日に死なば、必ず聖王に逢ひて、面《まのあた》り浄土に奉《つかえまつ》らむ」といふ。遂《つい》に其《そ》の言の如く、明年の二月廿二日に到りて、発病《やまいおこ》りて命終《う》せにき。

【解説】少治田宮御宇天皇は豊浦宮《とゆらのみや》で即位し、推古十一年（六〇三）から小墾田《おはりだ》（小治田）宮に居住した推古天皇のこと。島臣《しまのおみ》は蘇我稲目の子馬子《うまこ》のことで、その死去の際の記事に、「性《ひととなり》、武略有りて、亦《また》弁才有り、以て三宝を恭《つつし》み敬《うやま》ひて、飛鳥河の傍《ほとり》に家《いえい》せり。乃ち庭の中《うち》に小《いささか》なる池を開《ほ》れり。仍《よ》りて小なる嶋を池の中に興《つ》く。故《かれ》、時の人、嶋大臣《しまのおおおみ》と曰ふ」と見える（『日本書紀』推古天皇三十四年〈六二六〉五月丁未条）。推古朝の政治は聖徳太子が主導したとされるが、蘇我系の皇族であった彼が、叔父でもあり、権力闘争を勝ち抜き政治経験が豊富な蘇我馬子を凌駕することができたとは考え難く、史料に記されているように、「共に天下の政を輔けて」という方が実情を反映していると思われる。元興寺は飛鳥寺、四天皇寺は四天王寺（荒陵寺《あらはかでら》）のことである。

天寿国繍帳（中宮寺所蔵）

推古十一年制定の冠位十二階の冠位は個人に与えられるもので、昇叙も可能であったから、出身氏族や伝統的職務に基づくカバネにとらわれず、才用に応じた人材の登用と天皇に忠実な官僚機構の構築を目指したものではないかといわれる。しかし、冠位十二階では後代の三位以上に相当する冠位を定めておらず、蘇我氏、とくに本宗家《ほんそうけ》の者は冠位を授与された形跡がない。『上宮聖徳法王帝説』では馬子も制定者側と読める記述になっており、冠位十二階は天皇家・蘇我本宗家による朝廷の組織化の第一歩であったとみることができよう。大化元年（六四五）乙巳《いっし》の変で馬子の子蝦夷《えみし》が自害するときに、『天皇記』『国記』は蘇我蝦夷の家にあり、焼失するところを船史恵尺《ふねのふびとえさか》が取り出したというから、蘇我本宗家で作業が進められていたことがわかる。その他、憲法十七条に関しても、その内容・字句などから当時のものであるかどうかには論争がある。聖徳太子は後世の聖徳太子信仰によるさまざまな伝承に彩られた人物であり、そのベールを一つ一つ剝がしながら、実像に迫っていくことがさらなる課題となる。

史料後半部は聖徳太子死去の場面と慧慈との関係を物語るもの。『日本書紀』では推古天皇二十九年（三十年カ＝六二二）二月五日に死去したとあるが、二月二十二日とする説が有力であるようだ。高句麗に戻っていた慧慈が聖徳太子の死去を聞いて翌年の同日に死去することを宣言し、「上宮太子《かみつみやのひつぎのみこ》に浄土に遇《もうあ》ひて、共に衆生を化《わた》さむ」と述べたことは、『日本書紀』にも記されている。『日本書紀』では慧慈の死を評して、「是《ここ》を以て、時の人の彼も此も共に言はく、『其れ独《ひと》り上宮太子の聖《ひじり》にましますのみに非《あら》ず。慧慈も聖なりけり』といふ」と述べており、慧慈の伝承を通じてさらに聖徳太子を讃仰《さんぎょう》する構成になっている。太子の浄土往生を示す中宮寺所蔵「天寿国繡帳《てんじゅこくしゅうちょう》」の存在などとともに、こうした聖徳太子信仰は太子の死後、比較的早い時期に生まれていたことがうかがわれる。

出典　沖森卓也・佐藤信・矢嶋泉『上宮聖徳法王帝説 注釈と研究』吉川弘文館、二〇〇五年

参考文献　坂本太郎『聖徳太子』〈人物叢書〉吉川弘文館、一九七九年／大山誠一『〈聖徳太子〉の誕生』吉川弘文館、一九九九年／石田尚豊編『聖徳太子事典』柏書房、一九九七年

5 大化の改新（乙巳の変）

六四五年

天皇を中心とする中央集権国家建設を目指した聖徳太子《しょうとくたいし》の死後、馬子《うまこ》—蝦夷《えみし》—入鹿《いるか》とつづく蘇我本宗家《そがほんそうけ》が権力を取り戻し、専制政治を行なったので、これに危機を感じた中大兄《なかのおおえ》皇子（天智《てんじ》天皇）・中臣《なかとみ》（藤原）鎌足《かまたり》らは大化元年（六四五）に蘇我本宗家を滅ぼす。彼らは大化二年正月に改新詔《かいしんのみことのり》を発布して律令国家構築をめざす方針を打ち出したとされ、推古朝に中央集権国家の構想が誕生し、大化《たいか》の改新《かいしん》によって律令体制構築の方向が定まったと考えられてきた。しかし、『日本書紀』に記された改新詔に関してはその信憑《しんぴょう》性を疑問視する声が強まり、今日では大化元年に蘇我本宗家が討滅されたことはまちがいなく、これを干支《かんし》により乙巳《いっし》の変《へん》と称するが、必ずしも中央集権的律令国家の建設開始とはいえず、孝徳《こうとく》朝の改革や七世紀の制度の実態をさらに検討すべきであるという立場が有力になっている。

【史料】『日本書紀』皇極天皇四年（六四五）六月戊申（十二日）条

天皇、大極殿《だいごくでん》に御《おわ》す。古人大兄《ふるひとのおおえ》侍り。中臣鎌子連、蘇我入鹿臣の、人と為《な》り、疑《うたがい》多くして、昼夜剣《たち》持《は》けることを知りて、俳優《わざおき》に教へて、方便《たばか》りて解《ぬ》かしむ。入鹿臣、咲《わら》ひて剣を解《ぬ》く。入りて座に侍り。倉山田麻呂臣《くらやまだまろのおみ》、進みて三韓の表文《ふみ》を読み唱《あ》ぐ。……**倉山田麻呂臣、表文を唱《よみあ》ぐること将《まさ》に尽《つ》きなむとすれども、子麻呂《こまろ》等の来ざること恐《おそ》りて、流《い》づる汗身に浹《あまね》くして、声乱れ手動《わなな》く。鞍作臣《くらつくりのおみ》、怪《あやし》びて問ひて曰はく、「何故か掉《ふる》ひ戦《わなな》**

く」といふ。山田麻呂、対《こた》へて曰はく、「天皇に近つける恐《かしこ》みに、不覚《おろか》にして汗流《い》づる」といふ。中大兄、子麻呂等の、入鹿が威《いきおい》に畏《おそ》りて、便旋《めぐら》ひて進まざるを見て曰はく、「咄嗟《やあ》」とのたまふ。即ち子麻呂等と共に、出其不意《ゆくりもな》く、剣を以て入鹿が頭肩を傷《やぶ》り割《そこな》ふ。

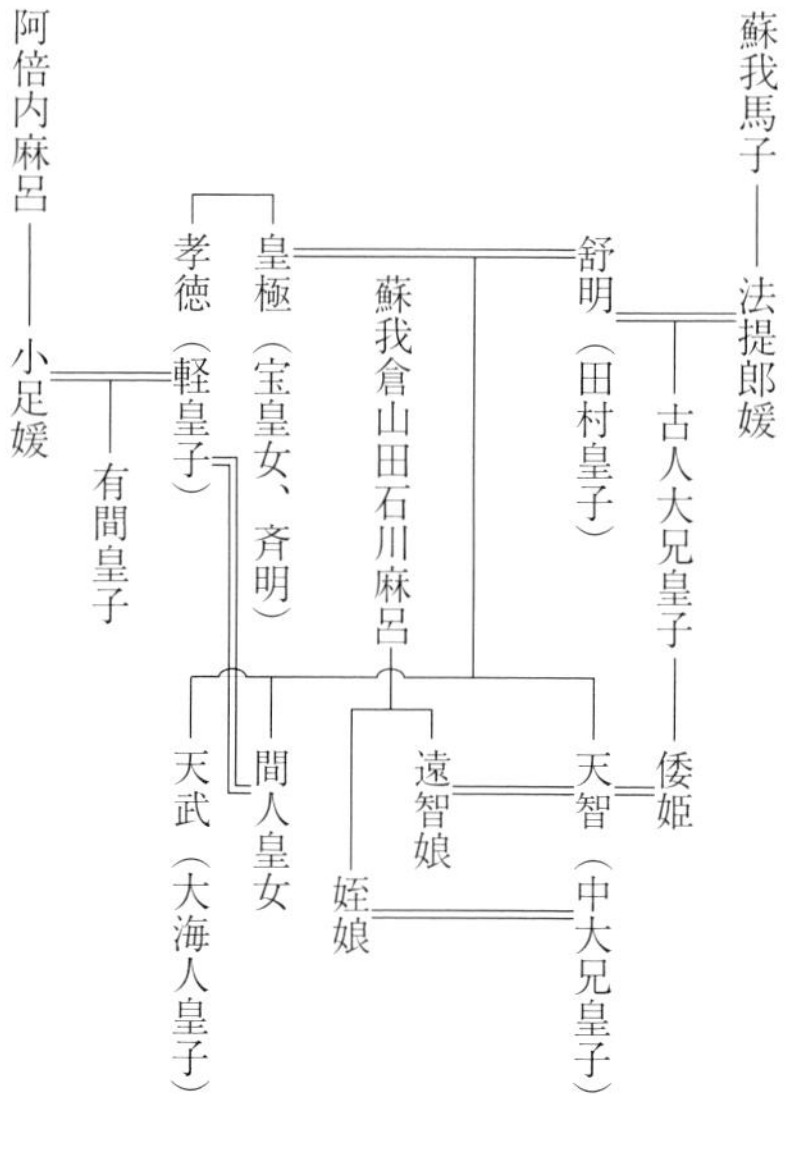

【解説】推古《すいこ》女帝の次には、聖徳太子の子山背大兄王《やましろのおおえのおう》と皇位継承を争った田村《たむら》皇子が舒明《じょめい》天皇として即位、百済宮《くだらのみや》・百済大寺を建設し、蘇我氏の拠点である飛鳥《あすか》を離れて王権の強化に努めたが、舒明十三年（六四一）に崩御、中大兄らの母である皇后宝《たから》皇女が皇極《こうぎょく》天皇として即位する。皇極朝では宮殿は飛鳥板蓋宮《あすかいたぶきのみや》に戻り、蘇我蝦夷《えみし》・入鹿《いるか》父子が専権をふるった。入鹿は皇極二年（六四三）に蘇我系の山背大兄王の一族を殺害し、聖徳太子以来の上宮王家《じょうぐうおうけ》が滅亡する。

皇極天皇が即位した六四二年ごろから東アジアの国際情勢は朝鮮三国対立の最終段階を迎え、百済が旧加耶《かや》地域を奪回、高句麗《こうくり》とともに新羅《しらぎ》を圧迫し、新羅は唐と提携して三国の闘争を勝ち抜こうとする。戦時体制構築のためには権力集中を急ぐ必要があり、王権の強化、あるいは有力貴族による専制政治など、各国はそれぞれの方式でこの課題に対処した。倭国の上宮王家討滅事件は、蘇我本宗家を中心とする体制構築の一環といえよう。

この構想に対して、天皇家を中心とする権力集中方式を模索したのが乙巳の変である。大化元年（六四五）

六月ごろには高句麗・百済からの使者が来朝しており、飛鳥板蓋宮では外交文書である上表文を読み上げる儀式が挙行される予定になっていた。中臣鎌足は蘇我氏の傍流である蘇我倉《そがくら》家の石川麻呂を味方にして、蘇我氏の勢力を分断することを企図し、石川麻呂の娘と中大兄の婚姻を仲介して、与党の形成に努めた。当日は用心深い入鹿の帯剣を俳優の戯言によってはずさせ、武器を取り上げたうえで、儀式の途中で佐伯子麻呂《さえきこまろ》・葛木若《かずらきわか》犬養網田《いぬかいのあみた》らが入鹿殺害を実行する手筈であった。ところが、上表文読み上げが終わりに近づいても入鹿襲撃ははじまらない。石川麻呂は冷や汗をかき、異常な発汗を入鹿に不審に思われたが、天皇の御前で緊張したためだと取り繕う。子麻呂らが入鹿の勢威を恐れて突入できない状況を感知した中大兄は、「やあ」と大声を出し、突撃、子麻呂らも従った。

伝飛鳥板蓋宮跡（後方の丘は甘檮岡）

　入鹿は天皇に対して、「臣罪を知らず」と弁明したが、中大兄らは入鹿が天皇の交替を企図していたことを指摘し、これを殺害してしまう。入鹿が構想していたのは、舒明《じょめい》天皇と蘇我馬子《うまこ》の娘法提郎媛《ほほてのいらつめ》の所生子である古人《ふるひと》大兄皇子の即位であり、蘇我系の天皇を立てることにより、蘇我本宗家を中心とする権力集中が達成される。乙巳の変後に皇極《こうぎょく》天皇が譲位の意志を示したときも、まず古人大兄に即位が打診されており、古人の辞退を経て、皇極天皇の弟軽《かる》皇子が孝徳《こうとく》天皇として即位することになる。

　中大兄皇子は皇太子になったが、左大臣は阿倍内麻呂《うちまろ》、右大臣は蘇

入鹿暗殺（『多武峯縁起絵巻』談山神社所蔵）

我倉山田石川麻呂で、彼らはともに娘を孝徳天皇に納《い》れていた。中臣鎌足は内臣《うちつおみ》になったというが、その動向は不明である。国博士《くにはかせ》として政治を補佐した高向玄理《たかむこのくろまろ》・僧旻《みん》はもと遣隋留学生で、孝徳天皇と密接な関係にあったようだ。したがって孝徳朝の改革は孝徳天皇を中心とする勢力が実施したものであり、中大兄・鎌足らは乙巳の変の実働部隊にすぎなかったと言わねばならない。中大兄はむしろ急進的な改革を進めようとする孝徳天皇の「抵抗勢力」になり、孝徳天皇を孤立に追い込んでしまい、次の白村江《はくそんこう》の敗戦後に改革の必要性を痛感する。

出典　坂本太郎他校注『日本書紀』下〈日本古典文学大系〉岩波書店、一九六五年

参考文献　野村忠夫『研究史 大化改新』増補版、吉川弘文館、一九七八年／森公章編『倭国から日本へ』〈日本の時代史〉吉川弘文館、二〇〇二年

6 白村江の戦い

六六三年

斉明《さいめい》元年（六五五）に皇極《こうぎょく》前天皇が重祚《ちょうそ》して斉明天皇として即位、孝徳朝の一〇年間が難波《なにわ》遷都に費やされ、未整備であった首都飛鳥《あすか》の荘厳化に着手する。この間、東アジアの国際情勢はさらに深刻化し、唐の高宗《こうそう》による高句麗《こうくり》征討再開、新羅《しらぎ》と百済《くだら》の対立も激化していた。倭国は斉明五年に遣唐使を派遣するが、百済征討を極秘に進める唐によって使者は抑留され、倭国が承知しないうちに、斉明六年七月に唐・新羅が百済を討滅する。唐・新羅は高句麗戦線に向かったので、旧百済領では百済遺民が百済復興運動を展開し、倭国はようやく百済滅亡を知る。倭国には皇極元年（六四二）ごろから百済義慈王《ぎじおう》の子豊璋《ほうしょう》が滞在しており、百済側は豊璋を百済王に迎え、百済再建を企図した。倭国もこれを支持し、斉明七年には斉明天皇らが筑紫《つくし》に移動、百済救援の出兵がはじまった。その最後の決戦の場が天智二年（六六三）八月の白村江《はくそんこう》の戦いであり、倭国の軍隊は唐・新羅との戦闘で壊滅的敗北を喫することになる。

【史料】『日本書紀』天智二年（六六三）八月己酉（二十八日）条

日本《やまと》の諸将《もろもろのいくさのきみ》と、百済の王《こきし》と、気象《あるかたち》を観《み》ずして、相謂《あいかた》りて曰はく、「我等《われら》先《さき》を争はば、彼自づからに退くべし」といふ。更に日本の伍《つら》乱れたる中軍《そいのいくさ》の卒《ひとども》を率《い》て、進みて大唐《もろこし》の陣《つら》を堅くせる軍《いくさ》を打つ。大唐、便《すなわ》ち左右《もとこ》より船を夾《はさ》みて繞《かく》み戦ふ。**須臾之際《ときのま》に、官軍《みいくさ》敗績《やぶ》れぬ**。水に赴きて溺れ死ぬる者衆《おお》し。艫舳《へとも》廻旋《めぐら》すこと得《え》ず。朴市田来津《えちのたくつ》、天《あめ》に仰ぎて誓ひ、歯を切《くいしば》りて嗔《いか》り、数十人《とおあまりひと》を殺しつ。焉《ここ》に戦死《たたかいう》せぬ。是《こ》の時に、百済の王豊璋、数人《あまたひと》と船に乗りて、高麗《こま》に逃げ去りぬ。

【解説】百済救援の出兵がはじまってまもなく、斉明七年（六六一）七月、斉明天皇は筑紫朝倉宮《あさくらのみや》で死去してしまう。宮の造営の際に朝倉社の木を伐った祟りとの風聞もあり、百済救援には早くも翳《かげ》りがさす。天皇の死後、中大兄《なかのおおえ》皇子が皇位継承の最有力候補者のまま、称制《しょうせい》という形で天皇位を代行し、百済救援の指揮をとった。百済遺民は唐の来援要請を受けた新羅によって一旦は抑圧されるが、斉明七年二月に再び活動を興起、四月には新羅軍を撤退させ、勢力を盛り返していた。その中心人物である鬼室福信《きしつふくしん》は、義慈王《ぎじおう》の子豊璋《ほうしょう》を百済王に戴冠するように要請しており、倭国も軍隊の派遣を決定する。倭国の軍隊渡海と半島の戦況を整理すると、次のようになる。

六六一年九月に百済王子豊璋の帰国を衛送して五〇〇〇人の第一次派遣軍が渡海する。この軍勢は六六一〜六六二年の百済優勢の状況を支えた。しかし、六六二年十二月百済遺民が山険で防御に有利な周留城《しゅうりゅうじょう》から豊穣な土地を擁する避城《へさし》への遷都を提案し、倭国の将士の強硬な反対を退けて移動したところ、唐・新羅軍の攻撃をうけ、六六三年二月には再び周留城に戻ることになった。六六三年二月に二万七〇〇〇人の第二次派遣軍

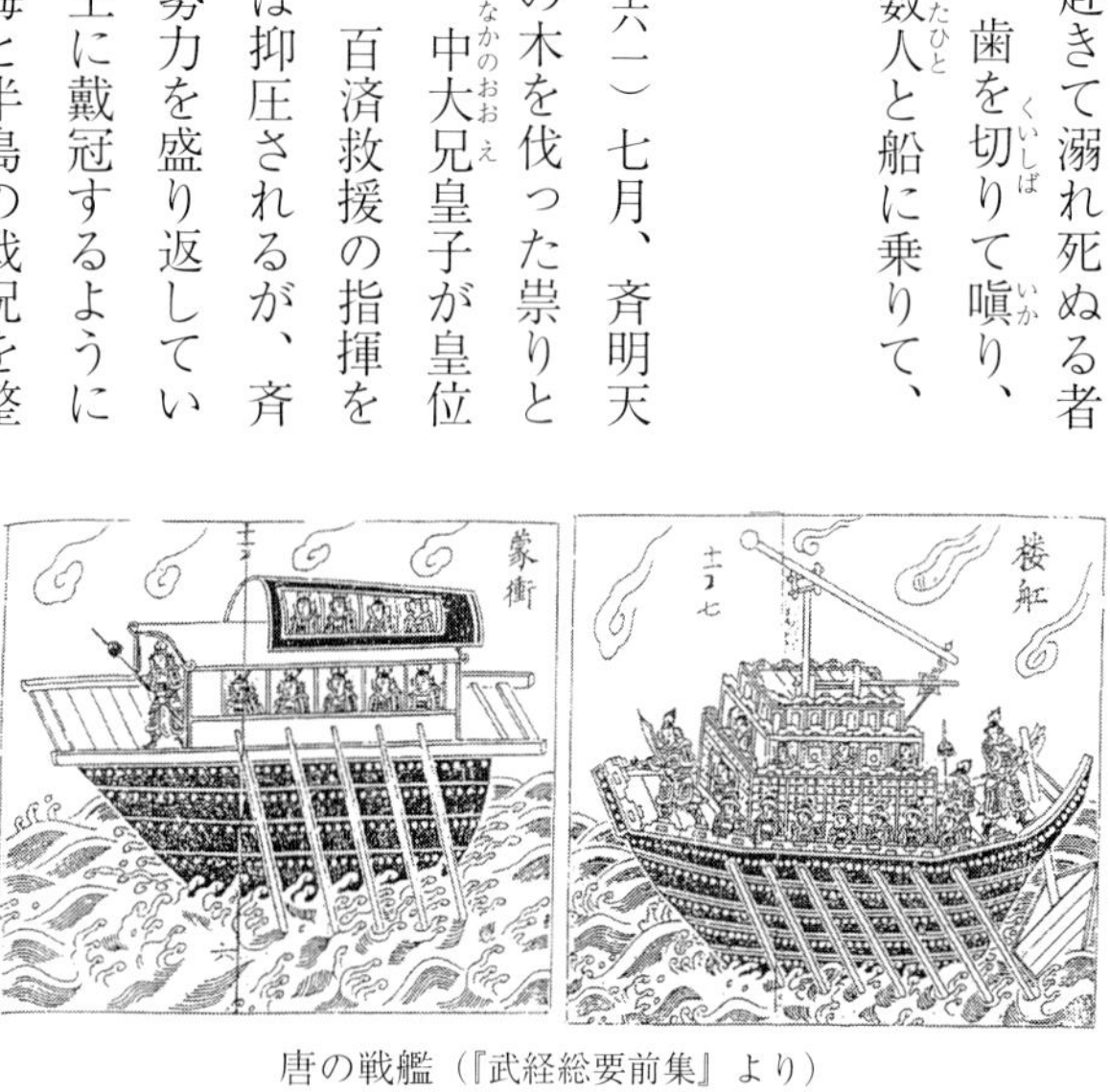

唐の戦艦（『武経総要前集』より）

が新羅方面に向かう。これは新羅本国を脅かすことで、百済の不利な戦況を好転させようとする方策だった。しかし、百済では豊璋と福信の対立が起こり、六六三年六月、豊璋が福信を殺害して復興運動に分裂が生じる。一方、唐・新羅軍は五月ごろから兵力を増強し、周留城攻略を企図しており、六六三年八月、周留城に迫る唐・新羅軍との決戦のため、倭国の万余の軍（第三次派遣軍カ）が白村江に向かうことになる。

六六三年八月十七日唐軍は戦船一七〇艘で白村江に陣列を整えていた。倭国の軍隊が到着したのは八月二十七日で、その兵力は船一〇〇〇艘とする史料もある（『三国史記《さんごくしき》』）が、装備の点では著しく劣るもので、当日の会戦は倭軍側不利、唐側は堅陣を守った。翌二十八日が白村江の戦いの本番である。史料によると、倭軍は単純な突撃戦法で、戦列は混乱し、壊滅的な敗北を喫したと記されている。倭軍は「舟」四〇〇艘が焚かれたとする記録があり（『旧唐書《くとうじょ》』劉仁軌《りゅうじんき》伝）、倭軍には百済・耽羅《とむら》（済州島）も参加していたという。史料にはまた六六一年以来百済人とともに戦い、『平家物語』の壇浦の戦いの際の平教盛《のりもり》さながらに奮死した朴市田来津《えちのたくつ》の活躍が描かれている。百済王豊璋は高句麗に亡命したというが、その後は不詳である。倭国には豊璋の弟善光《ぜんこう》らが亡命し、百済王族の血筋を伝えた。

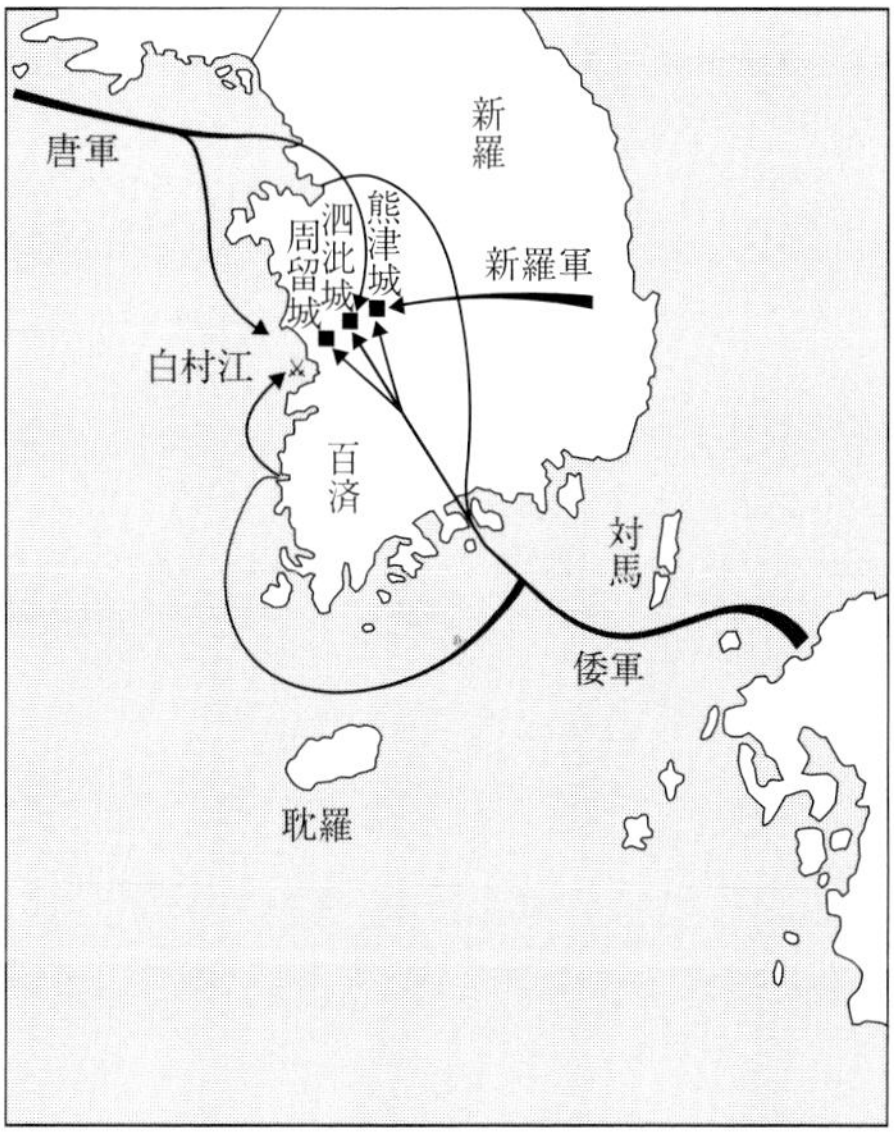

白村江の戦い

白村江の敗戦により百済は完全に滅亡、倭国も有史以来の半島との関係が一時中断し、亡命百済人の定住、唐・新羅の侵攻に備える一大防衛網の構築という課題の

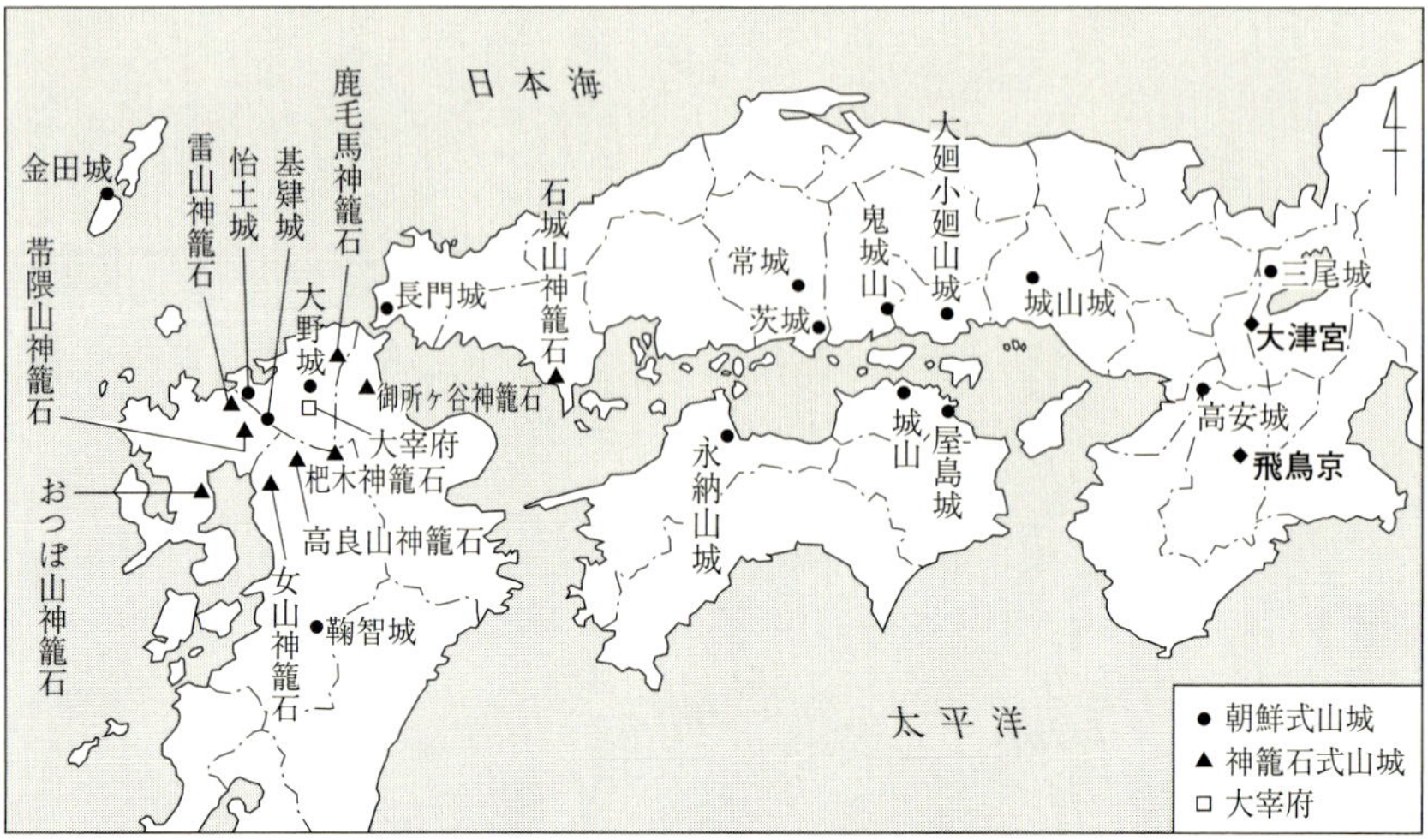

朝鮮式山城の分布（森公章『「白村江」以後』より）

なかで、中大兄は唐を模した中央集権的律令国家建設の必要性を痛感し、律令体制の構築に着手することになる。六六八年高句麗の滅亡後、今度は新羅が唐と戦争を開始、唐の勢力を駆逐して六七六年ごろに半島統一を遂げる（統一新羅の成立）ので、倭国はさらなる戦争を回避し、国家体制の再編に専念することができた。白村江の戦いはさまざまな意味で東アジア古代史上の歴史的転換点だったのである。

出典　坂本太郎他校注『日本書紀』下〈日本古典文学大系〉岩波書店、一九六五年

参考文献　森公章『「白村江」以後』〈講談社選書メチエ〉講談社、一九九八年

7 壬申の乱 六七一年

白村江《はくそんこう》の戦いの後、中大兄《なかのおおえ》皇子はまず天智《てんじ》三年（六六四）二月に大皇弟大海人《おおあま》皇子に命じて、甲子宣《かっしせん》と称される新施策を発令した。孝徳《こうとく》朝以来の課題であった縦割り的国家組織の部民制《べみんせい》に変更を求める第一歩となるもので、防衛体制構築のために労働力を一元的に徴発する中央集権国家のしくみを創出する作業であった。中大兄は天智六年に飛鳥《あすか》から近江大津宮《おうみおおつのみや》への遷都を行ない、天智七年に天智天皇として即位する。中臣鎌足《なかとみのかまたり》もようやく政治の表舞台に登場するが、彼らに残された時間は少なかった。鎌足は天智八年に死去、天智も天智九年に最初の全国的戸籍である庚午年籍《こうごねんじゃく》を作成するが、天智十年には病床につき、中国的な父子継承を構想して子大友《おおとも》皇子を重用、しかし弟大海人皇子（天武《てんむ》天皇）の存在も否定できないままに、皇位継承の課題を残しつつ死去し、天武元年（六七二）に壬申《じんしん》の乱《らん》が勃発する。

【史料】『日本書紀』天武天皇即位前紀天智十年（六七一）十月庚辰（十七日）・壬午（十九日）条

庚辰（十七日）に、天皇、臥病《みやまい》したまひて、痛みたまふこと甚し。是《ここ》に、蘇我臣安麻呂を遣して、東宮を召して、大殿に引き入る。時に安摩呂は、素《もと》より東宮の好《よみ》したまふ所なり。密《ひそ》かに東宮を顧みたてまつりて曰《もう》さく、「有意《こころしら》ひて言《のたま》へ」とまうす。東宮、茲《ここ》に、隠せる謀《はかりごと》有らむことを疑ひて慎みたまふ。天皇、東宮に勅《みことのり》して鴻業《あまつひつぎのこと》を授く。乃《すなわ》ち辞譲《いな》びて曰《もうしたま》はく、「臣が不幸《さいわいな》き、元より多《さわ》の病有り。何《いか》ぞ能《よ》く社稷《くにいえ》を保たむ。願はくは、陛下《きみ》、天下を挙げて皇后《きさき》に附せたまへ。仍《なお》、大友皇子を立てて、儲君《もうけのきみ》としたまへ。臣《やつかれ》は、今日出家して、陛下の為《みため》に、功徳を修《おこな》はむ」とまうしたまふ。天皇、聴《ゆる》したまふ。即日に、出家して法服《のりのころも》をきたまふ。因りて以て、私の兵器《つわもの》を収《と》りて、悉く司《おおやけ》に納めたまふ。壬午（十九日）に、吉野宮に入りたまふ。時に左大臣蘇賀赤兄《あかえ》臣・右大臣中臣金《かね》連、及び大納言蘇我果安《はたやす》臣等送りたてまつる。菟道《うじ》より返る。或《あるひと》の曰はく、「**虎に翼を着けて放《はな》てり**」といふ。是の夕に、嶋宮《しまのみや》に御します。

【解説】中臣（藤原）鎌足の伝記『家伝《かでん》』（藤氏家伝《とうしかでん》）上（大織冠伝《たいしょくかんでん》）によると、近江大津宮遷都間もなく、浜楼で宴会を行なったとき、大海人皇子が突然長槍で敷板を刺し貫くという出来事があった。天智天皇は大いに怒り、大海人を殺そうとしたが、鎌足の諫言《かんげん》で断念したという。中央集権的体制の確立とともに、天智は中国的な父子相継による新たな皇位継承方式を構想していたといわれ、従来方式では最有力の大海人には不満が募っていた。皇位継承可能な天智の男子として、伊賀国造《いがのくにのみやつこ》伊賀臣出身の伊賀采女宅子《うねめやかこ》所生の大友皇子がいた。『懐風藻《かいふうそう》』の伝記には、彼は亡命百済人《くだらじん》と交わりが深く、文武《ぶんぶ》の才《さい》に恵まれ、政治指導力も兼備した人物と描かれており、来朝した唐使劉徳高《りゅうとくこう》がその骨相に感嘆したという逸話もある。また大海人皇子の娘十《と》市《いち》皇女を妃とする他、鎌足の娘も嫁していた。

史料は壬申の乱の序章を物語るもので、天智が死去に際して、大海人に皇位を譲ろうとする場面であるが、実は皇位を狙う大海人の意図を暴いて、これを処断する計画であったと描かれている。蘇我安麻呂《そがやすまろ》の注意によってこれを察知した大海人は、自分は病気がちで、天皇位には耐えられないことを述べ、皇后である倭姫《やまとひめ》皇女（古人大兄《ふるひとのおおえ》の娘）の即位、大友皇子の立太子を進言、自らは出家して天皇の冥福を祈る仏事に専念したいと言い、この危地を脱する。大海人は即日出家し、謀叛の意図を否定するために兵器を返還し、飛鳥の嶋宮《しまのみや》に移動、次いで吉野に隠棲した。

乙巳《いつし》の変《へん》後に皇位継承を辞退して出家した古人大兄皇子は、吉野に隠遁したが、謀叛の罪により、結局は中大兄に殺害されている。したがって大海人の今後は、安全ではない。事実、近江朝廷には大海人の近江退去を「虎に翼をつけて放つようなものだ」と評し、謀叛の意図を指摘する声もあった。天武元年（六七二）五月、大友皇子を中心とする近江方の大海人に対する圧力が強まり、吉野への食料運搬の遮断や天智天皇の山陵造営と称して、美濃《みの》・尾張《おわり》の民衆が徴兵されているといった風聞が大海人の耳に達する。しかし、大海人側も無防備だったわけではなく、舎人《とねり》を派遣して情報把握に努め、美濃の安八磨評《あはちまのこおり》にあった湯沐邑《とうもくゆう》と緊密な連絡を交わすなどして、近江朝廷の動向を充分に掌握していた。また近江朝廷を見限って飛鳥に戻った大伴氏などの人びとや、近江朝廷に仕え、国司など地方官として要所に配せられている者のなかの大海人支持者との連絡も取っていた。

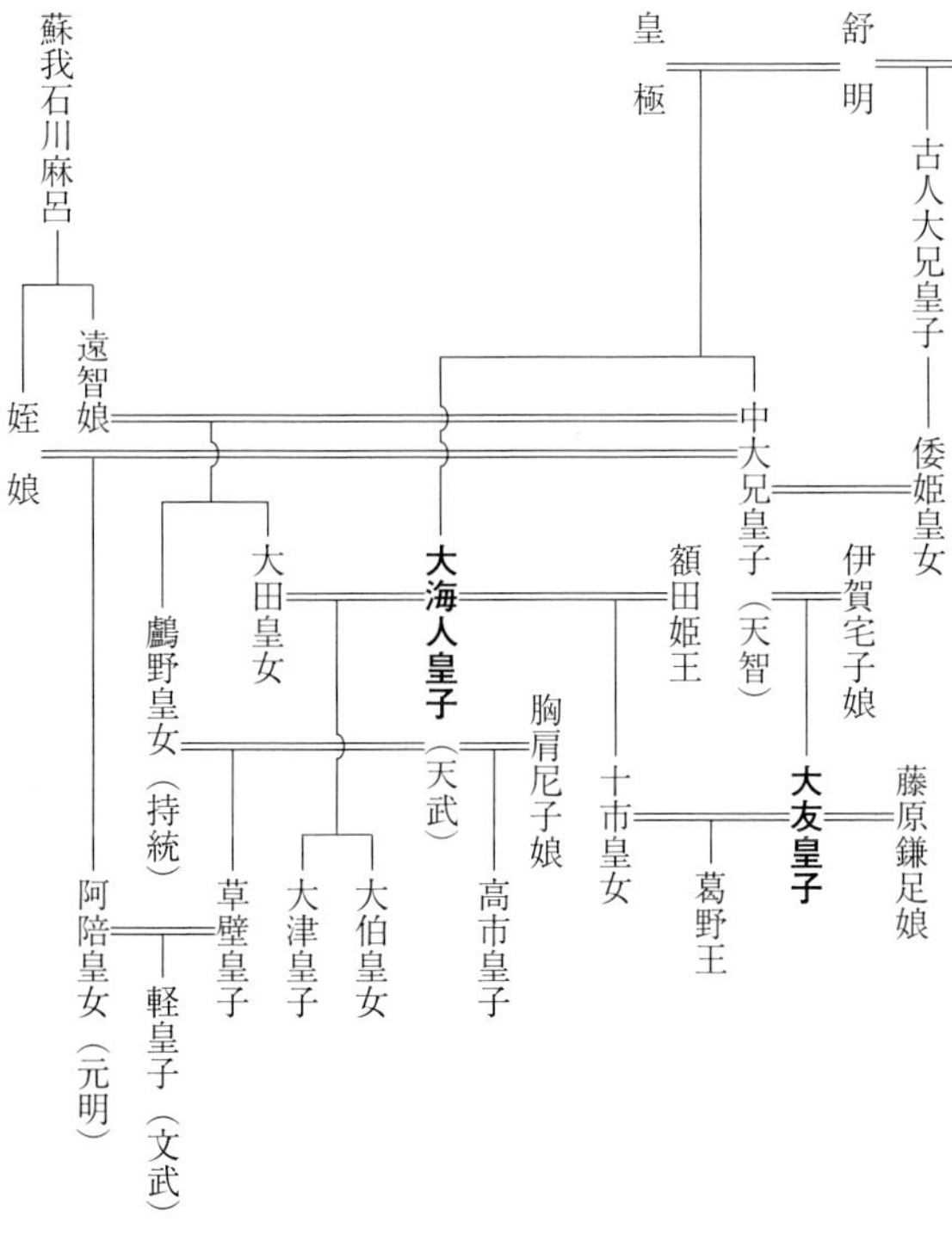

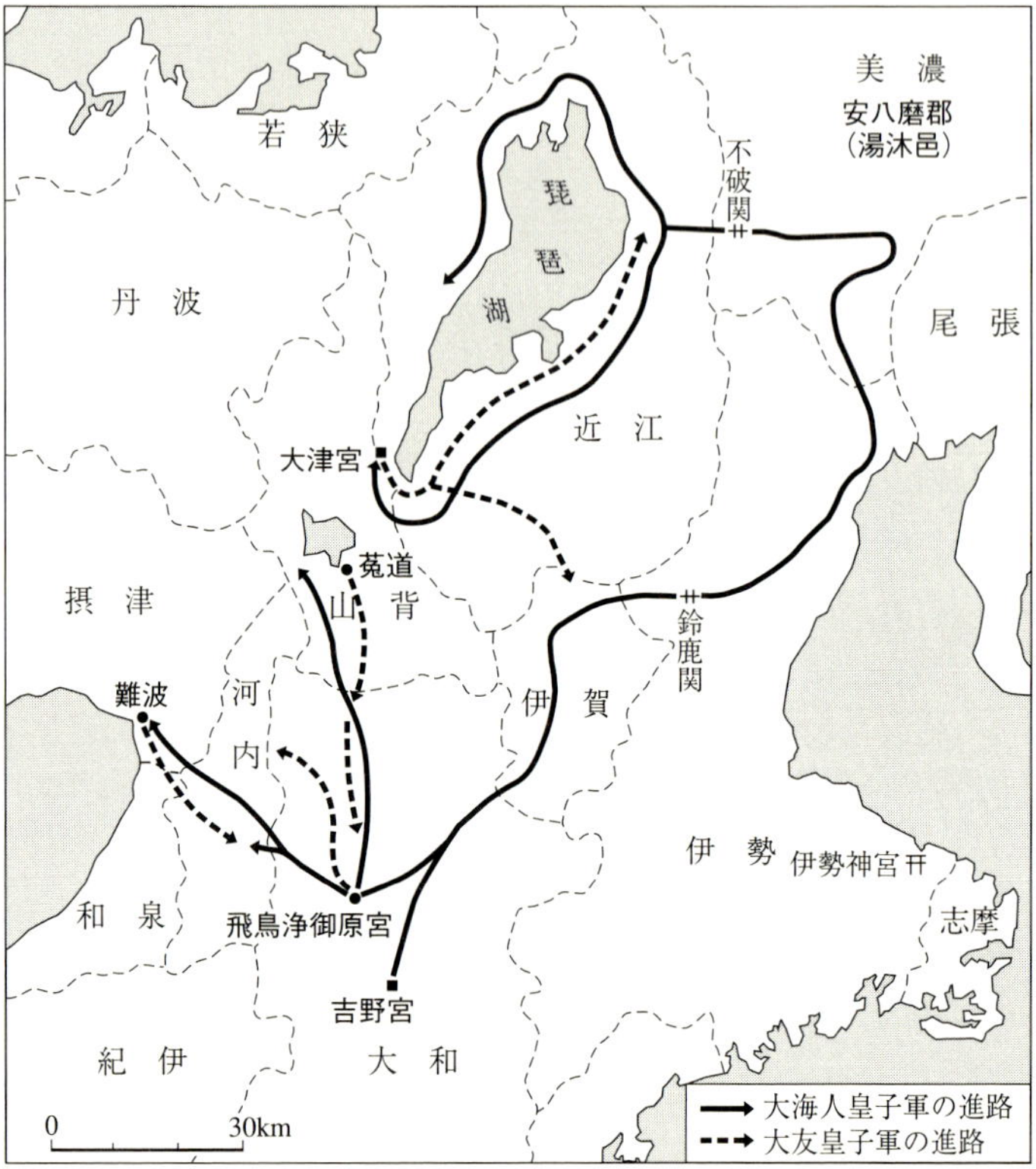

壬申の乱関係地図

参考文献　倉本一宏『壬申の乱』〈戦争の日本史〉吉川弘文館、二〇〇七年

こうして天武元年六月二十四日に吉野を出発した大海人は、伊賀を経由し、伊勢に入るころには味方が集まり、二十六日には美濃の不破《ふわ》道を塞《ふさ》ぎ、近江方と東国との交通を遮断することに成功した。近江朝廷との戦闘に奇跡的な勝利をおさめ、飛鳥に還都、天武天皇として即位して、「大君は神にしませば」（『万葉集』）と謳われる現人神《あらひとがみ》としての権威を背景に、天皇権威の伸張、中央集権的律令国家の確立に邁進することになる。

出典　坂本太郎他校注『日本書紀』下〈日本古典文学大系〉岩波書店、一九六五年

8 律令国家の威容―外国の使者も居並ぶ元日の儀式―

七〇一年

唐の律令《りつりょう》を学んで日本独自の律令国家に必要な法典を制定しようという明確な王権の意図が確認できるのは、『日本書紀《にほんしょき》』によれば、天武《てんむ》十年（六八一）二月二十五日のことであった（以下典拠は同じ）。この日に天武天皇は親王・諸王・諸臣を集めて「朕《ちん》、今よりまた律令を定め、法式を改めむと欲《おも》ふ」と命じた。このうち令は天武没後皇后の持統《じとう》が天皇位を継いだ持統三年（六八九）までにでき上がり、同年六月二十九日に二二巻一揃が諸司に頒布された（飛鳥浄御原令《あすかきよみはらりょう》）。律はいまだ未完成であり、基本的には唐律に準拠し、必要に応じて独自の運用を行なっていた。しかし、持統朝には、この令に基づく戸籍《こせき》（庚寅年籍《こういんねんじゃく》）が施行されて全国から租税を統一的に収集できるようになり（持統四年）、その結果日本初の膨大な条坊制を備えた藤原京《ふじわらきょう》が出現する（持統八年）など、律令国家の体制もでき上がりつつあった時代であった。持統天皇が文武《もんむ》元年（六九七）に文武天皇に譲位する前後には、飛鳥浄御原令の不備や欠を補うことも可能となり、日本の実情に即した律を纏め上げる条件も熟していた。この時期に大宝《だいほう》律令の制定が命じられたと推定され、文武四年六月に令が完成し（『続日本紀』以下同じ）、翌大宝元年（七〇一）八月に律も完成し、律令編纂の功を賞して藤原不比等《ふじわらふひと》以下編纂者に禄《ろく》が与えられた。ここに日本の古代国家は法律と体制の両面で律令国家の成立を宣言できる段階にきていた。本条はこの一連の途上で、律の完成も見通しが立った大宝元年正月一日の儀式のありさまを伝えるものである。

【史料】『続日本紀』大宝元年（七〇一）正月一日条

天皇《すめらみこと》、大極殿《だいごくでん》に御《おわ》しまして朝《ちょう》を受けたまふ。その儀、正門に烏形《うけい》の幢《はた》を樹《た》つ。左は日像《じつしょう》・青龍《せいりょう》・朱雀《しゅじゃく》の幢、右は月像《げつしょう》・玄武《げんぶ》・白虎《はくこ》の幢なり。蕃夷《ばんい》の使者《つかい》、左右に陳列す。**文物《ぶんぶつ》の儀、是《ここ》に備れり。**

【解説】大宝元年の朝廷での元日朝賀の儀式は、従来なかったような荘麗なものであった。天皇は朝堂院《ちょうどういん》（八省院《はつしょういん》）の一番奥に聳《そび》える大極殿に出御すると、朝堂院の広い庭には、文武百官が身分の高い者から低い者へ順々に居並んでいる。朝堂院南端にある正門の左右には烏形の幢が樹てられている。左は日像・青龍・朱雀の幢、右は月像・玄武・白虎の幢である。外国からの使者も左右に分かれて立ち並んでいる。これは、朝廷が文明国家としての儀礼・威容を整えたことを示すものであった。

大極殿での元日朝賀（早川和子画）

大宝元年元日の朝賀は、右述のように大宝律令完成の見通しの立ったこの時期に行なわれた。したがって、この元日の朝賀は、古代国家が日本独自の律令国家としてでき上がった威容を国の内外に高らかに宣言しようという意図が込められたセレモニーの性格をもった、画期的な儀式であった。新羅以下外国の使者が左右に居並ぶというこれまでにない異例の光景もこれを裏打ちしている。ときの天皇文武は、弱冠十九歳。『続日本紀』は彼の性格を寛大で中国の経書や史書に明るく弓術に長《た》けていたと述べている。しかし、持統天皇は依然健在で太上《たいじょう》天皇として彼を補佐しており、六年後に即位する元明《げんめい》天皇は文武の母として背後で彼を支えていた。また文武は大宝律令の選定を完成させた実力者藤原不比等の娘宮子《みやこ》を妻としていた。したがってこの儀式の案出は、文武天皇個人のリーダーシップで行なわれたというより、持統太上天皇、後の元明天皇、藤原不比等ら国家の中枢にあった人びとの合意のうえに行なわれたと見るべきであろう。

藤原京大極殿跡

出典　青木和夫他校注『続日本紀』一〈新日本古典文学大系〉岩波書店、一九八九年

参考文献　石母田正『日本の古代国家』岩波書店、一九七一年／井上光貞他校注『律令』〈日本思想大系〉岩波書店、一九七六年

9 大仏開眼供養

七五二年

天平勝宝四年（七五二）四月、聖武《しょうむ》天皇の発願《ほつがん》から九年の後に、毘盧舎那仏《びるしゃなぶつ》の巨大な金銅像が完成した。二度の火災に遇って、再建された現在の大仏は、像高一四・七三メートル、初めはそれより高かったと考えられる空前絶後の大きさで、技術的にも財政的にも多くの困難を伴ったが、国力を傾けても大仏を造立することは、仏教を受け入れた国の帝王のつとめであった。仏像は、全体が出来上がって、最後に眼に点を入れたところで仏になる。四月九日に行なわれた開眼供養《かいげんくよう》の導師は、インドからきた菩提僊那《ぼだいせんな》がつとめ、三年前に皇女の孝謙《こうけん》天皇に譲位していた聖武上皇は、光明《こうみょう》皇太后とともに列席し、天皇、百官《ひゃっかん》、数多くの僧が参列して、国家の盛儀を盛り上げた。儀式の後、宮廷の雅楽、諸寺の音楽、さまざまな歌舞が奉納されたが、インドや唐をはじめとする諸国の歌や舞も加わり、国際色豊かな律令国家の祭典が繰り広げられた。八世紀東アジアの文明を、積極的に受容した律令《りつりょう》国家が、その成果を顕示した名場面であった。

【史料】『続日本紀』天平勝宝四年（七五二）四月九日条

盧舎那大仏の像成りて、始めて開眼す。是の日、東大寺に行幸《みゆき》す。天皇親《みず》から文武《ぶんぶ》の百官を率い、設斎大会《せつさいだいえ》す。其の儀一《もはら》に元日に同じ。五位已上は礼服《らいぶく》を着し、六位已下は当色《とうじき》なり。僧一万を請す。既にして雅楽寮《ががくりょう》及び諸寺の種々の音楽、咸《ことごと》く来たり集まる。復《ま》た王臣諸氏の五節《ごせち》有り。久米儛《くめまい》、楯伏《たてふし》、踏歌《とうか》、袍袴《ほうこ》等の歌舞、東西より声を発して、庭を分けて奏す。作《な》す所の奇偉勝《あげ》て記すべからず。仏法東帰より斎会の儀、未《いま》だ嘗《かつ》て此《かく》の如《ごと》く盛んなるは有らず。

【解説】 聖武天皇は、天平十五年（七四三）、大仏の造立を発願した。もともとインドの仏教は、仏の姿をかたちに現すことをしなかったが、ヘレニズム文化の影響を受けて、インドの西方で仏像が作り始められ、仏教の伝播とともに各地に伝えられた。経典に説かれる仏の身体は、黄金の輝きを持ち、人間の姿を遙かに越える巨大なものとされていたので、仏教を受け入れた国の王は、可能な限り大きな仏像を作ろうとした。西域の仏教国には巨大な石仏が作られ、中国では、五世紀から、雲岡《うんこう》、竜門《りゅうもん》などに、巨大な仏像を彫り出した石窟《せっくつ》寺院が造られた。聖武天皇の発願より七〇年前、唐の高宗《こうそう》とその后則天武后《そくてんぶこう》は、洛陽《らくよう》郊外の竜門の奉先寺洞《ほうせんじどう》に、高さ一七メートルの大毘盧舎那仏を、その脇侍《わきじ》に一三メートルの菩薩像を完成させていた。聖武天皇は、河内《かわち》国の知識寺の丈六仏《じょうろくぶつ》（人間の二倍の大きさ）を拝して、大仏の造立を思い立った。初めは、当時都としていた近江《おうみ》国紫香楽《しがらき》（滋賀県信楽）に大仏を造立しようとしたが、都を平城京に戻したため、現在の東大寺の地で工事がつづけられ、

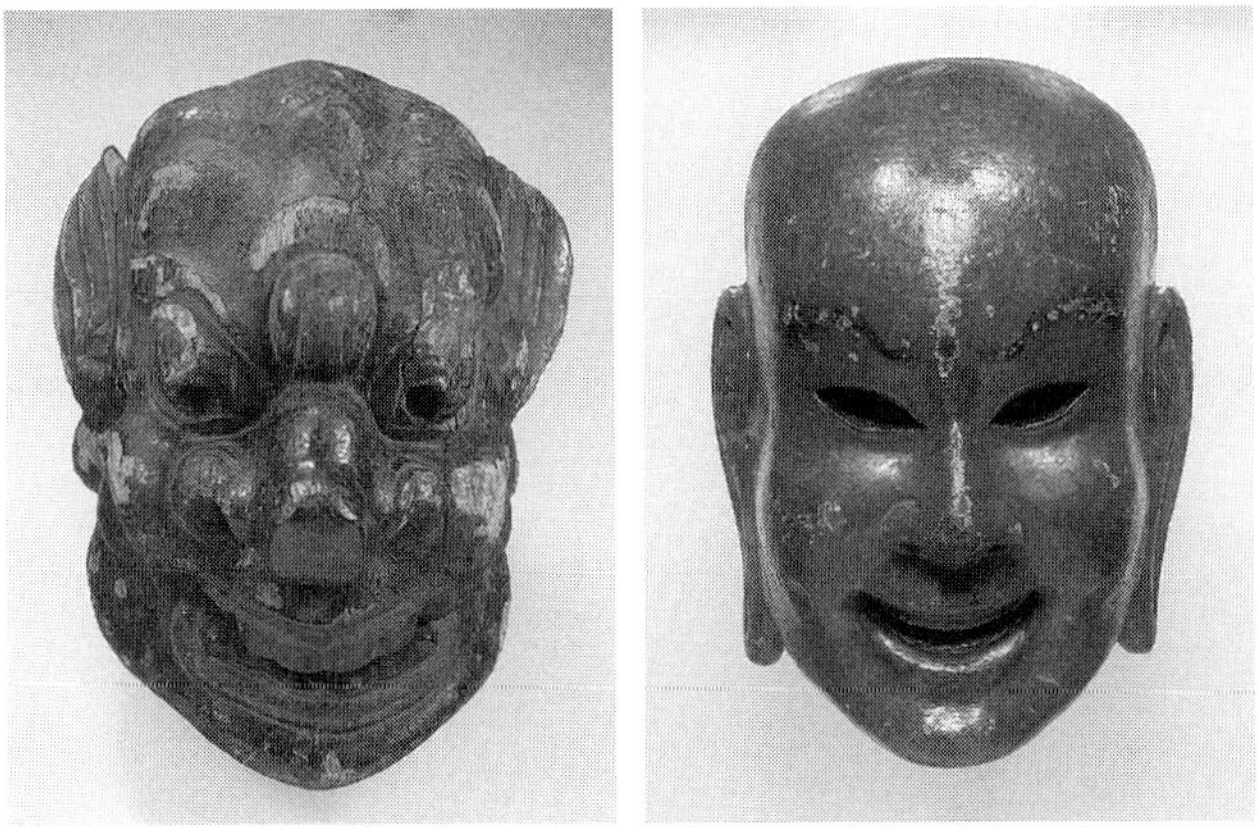

伎楽面（東大寺所蔵）

天平宝物の縷（正倉院宝物）

天平勝宝四年（七五二）に、開眼供養の法会を迎えることになった。仏教伝来から二世紀を経て、日本にも大仏が出現したわけである。

開眼供養の導師を務めたバラモン僧正菩提僊那が、大仏の眼に点を入れた筆には、二一五メートルもある藍染《あいぞめ》の絹の縷《る》（練絹の糸を束ねたものを三本縒《よ》り合わせてつくられている）が付けられ、聖武上皇以下、多くの参列者がその縷を握って、開眼に結縁《けちえん》した。そのときの筆と縷は正倉院に納められ、鎌倉時代に、平重衡《しげひら》の焼き打ちの後、重源《ちょうげん》が再建したときの開眼供養でも用いられ、現代に伝えられている。

出典　青木和夫他校注『続日本紀』三〈新日本古典文学大系〉岩波書店、一九九二年

参考文献　青木和夫『奈良の都』〈日本の歴史〉改版、中央公論新社、二〇〇四年

10 奈良朝の政変

七六二年

「咲く花の 薫《にお》ふがごとく今盛りなり」と詠じられた平城京《へいじょうきょう》繁栄の影で、奈良時代は政変がつづき、政治的には不安定であった。奈良時代初期の政治を主導した藤原不比等《ふじわらのふひと》が養老四年（七二〇）に死去すると、皇族の長屋王《ながやおう》が政治を担当する。しかし、天平元年（七二九）長屋王の変で自害、権力を握った武智麻呂《むちまろ》ら藤原四子も天平九年に疫病で死去し、王族出身の 橘 諸兄《たちばなのもろえ》が政権を運営するが、天平十二年に藤原広嗣《ひろつぐ》の乱が起こる。聖武《しょうむ》天皇は乱後に都を転々とし、この間に光明《こうみょう》皇后の甥藤原仲麻呂《なかまろ》が権力を握り、諸兄死後の天平宝字元年（七五七）には橘奈良麻呂《ならまろ》の乱を平定、淳仁《じゅんにん》天皇を擁立して、専制権力をふるう。仲麻呂も孝謙《こうけん》太上天皇の寵愛する道鏡《どうきょう》の登場を機に、天平宝字八年藤原仲麻呂の乱で敗死、宝亀元年（七七〇）称徳《しょうとく》天皇が死去すると、道鏡は下野薬師寺《しもつけやくしじ》に追放され、光仁《こうにん》天皇—桓武《かんむ》天皇の新しい皇統が出現し、平安時代へと変転していく。

【史料】『続日本紀』天平宝字六年（七六二）六月庚戌（三日）条

五位已上《いじょう》を朝堂《ちょうどう》に喚《め》し集《つど》へて、詔《みことのり》して曰《い》はく、「太上天皇の御命以て卿等諸《もろもろ》に語らへて宣《の》りたまはく、朕が御祖太皇后《おおきさき》の御命を以て朕に告《の》りたまひしに、**岡宮《おかのみや》に御宇《あめのしたしらしめ》しし天皇の日継《ひつぎ》は、かくて絶えなむとす**。女子の継《つぎ》には在《あ》れども嗣がしめむと宣りたまひて、此の政《まつりごと》行ひ給ひき。かく為《し》て今の帝と立ててすまひくる間に、うやうやしく相従ふ事は无《な》くして、とひとの仇《あた》の在る言《こと》のごとく、言ふましじき辞《こと》も言ひぬ、為《す》ましじき行《わざ》も為《し》ぬ。凡そかくいはるべき朕には在らず、別宮《ことみや》に御坐坐《おおましま》さむ時、しかえ言はめや。此は朕が劣《おじな》きに依りてし、かく言ふらしと念《おもほ》し召《め》せば、愧《はずか》しみいとほしみなも念す。また一つには朕が菩提心発すべき縁《よし》に在るらしとなも念す。是《ここ》を以て出家して仏の弟子と成りぬ。但し**政事は、常の祀《まつり》小事は今の帝行ひ給へ。国家の大事賞罰二つの柄《もと》は朕行はむ。**かくの状《さま》聞きたまへ悟れと宣りたまふ御命を、衆《もろもろ》聞きたまへと宣る」とのたまふ。

長屋王の墓

【解説】孝謙太上天皇―道鏡と淳仁天皇―藤原仲麻呂（藤原恵美《えみ》朝臣押勝《おしかつ》）の対立が明確になった状況を示すもので、奈良時代後半の政治史を画する場面である。文中の太皇后は孝謙太上天皇の母で、聖武天皇の皇后であった藤原光明子《こうみょうし》、「今の帝」は淳仁、天武天皇の子舎人《とねり》親王の子、本名を大炊王《おおいおう》といい、仲麻呂の支援で孝謙女帝の後継者になった。

「岡宮に御宇しし天皇」は天武《てんむ》天皇と持統《じとう》天皇の間に生まれた草壁《くさかべ》皇子で、本来は彼が皇位継承を予定されており、天武―草壁皇統として安定するはずであった。しかし、草壁が二十八歳で死去、母である持統天皇が即位し、孫の文武《もんむ》天皇の即位を実現したが、文武も病弱で、藤原不比等の娘宮子《みやこ》所生の首《おびと》皇子が聖武天皇として即位するまでには、文武の母元明《げんめい》天皇、文武の姉元正《げんしょう》天皇と、女帝の時代がつづいた。元正は草壁の娘であり、元正が聖武の母の役割を演じて、草壁皇統を伝えることができたとも言われている。

神亀四年（七二七）聖武天皇と光明子に待望の皇子が誕生し、異例の立太子が行なわれたが、翌年に死去すると、藤原氏は光明子を皇后にすることを企図し、長屋王を謀叛の罪で葬る。草壁皇統の迷走は奈良時代の政争を惹起する要因になった。結局、異例の女性皇太子から孝謙が即位し、聖武太上天皇は死の間際になって天武天皇の子新田部《にたべ》親王の子道祖《ふなど》王を次の皇太子とし、天武系皇統を維持した。道祖は仲麻呂らにより退けられ、淳仁即位となる。

聖武天皇は藤原広嗣の乱後に仏教に傾倒し、天平勝宝元年（七四九）四月に東大寺《とうだいじ》大仏の前に北面して「三《さん》宝《ぼう》の奴《やつこ》と仕へ奉れる天皇」と称している。仲麻呂の唐風化政策の一環として、平城宮の大改作が進められ、近江の保良宮《ほらのみや》に移居した孝謙太上天皇は病気になり、看病禅師道鏡の力で平癒《へいゆ》する。母光明皇太后は天平宝字四年（七六〇）に死去しており、精神的にも自由であった孝謙は、仏教への篤信《とくしん》から道鏡を寵愛、師弟愛のようなものを抱いたのではないだろうか。

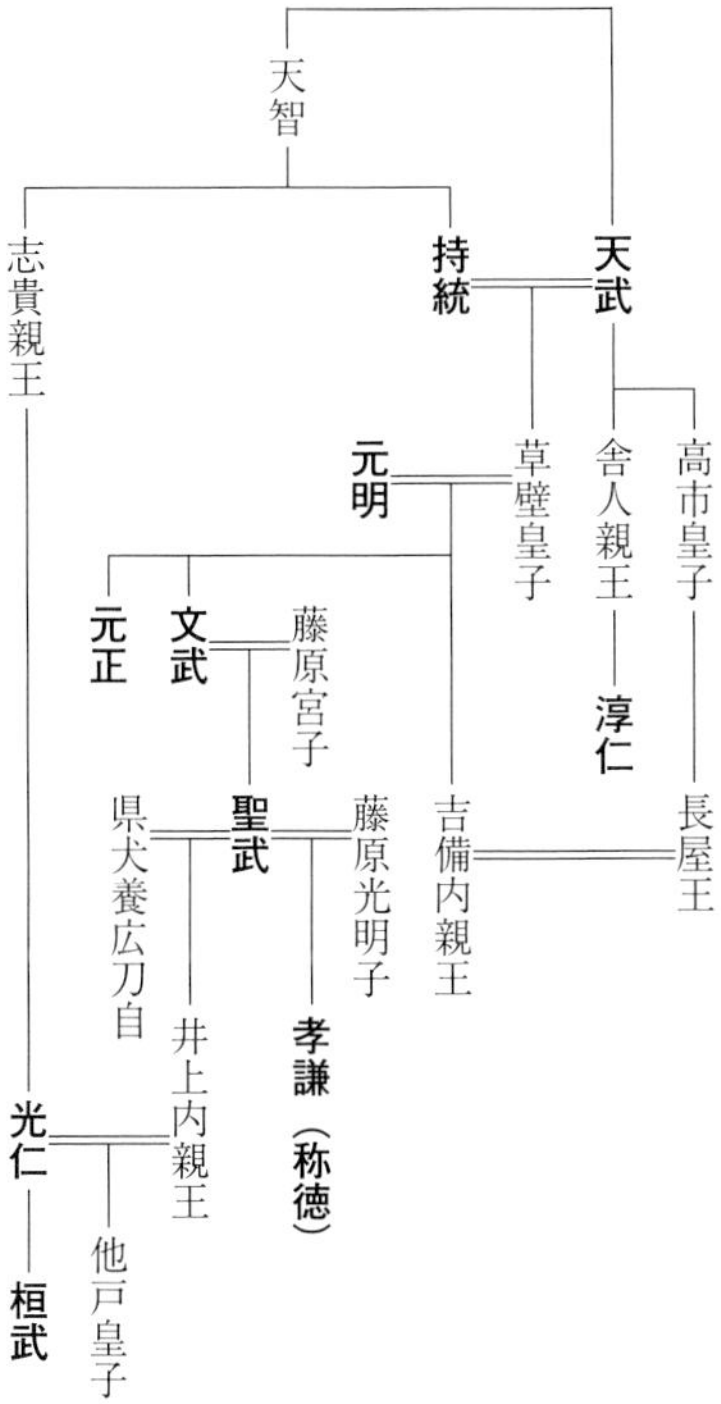

権力の絶頂に達していた仲麻呂は新たな競争者の出現を警戒し、二人の関係を淳仁天皇に諫《かん》言《げん》させたようだ。唯一の草壁皇統継承者を自認する孝謙は大いに怒り、「天皇は神々の祭や小さな事にかぎって採決するがいい。国家の大事と賞罰との両者は、朕がする」と宣言、平城宮には戻らず、法華寺《ほっけじ》に入ってしまう。ここから

政変が繰り返された平城京（模型）

両派の睨み合いがはじまり、天平宝字八年九月藤原仲麻呂の乱、乱後に淳仁は「廃帝」として淡路に幽閉される結末になる。神護景雲三年（七六九）の道鏡皇位事件は重祚《ちょうそ》した称徳天皇の意志、聖武天皇以来の過度な仏教への尊崇の念に起因するものと言われているが、この構想は阻まれ、宝亀元年（七七〇）天皇は死去する。天智《てんじ》の孫光仁天皇が即位したのは、聖武天皇の娘井上《いのうえ》内親王所生の他戸《おさべ》皇子が後継することで草壁皇統を維持できるという要素があったためと考えられるが、宝亀三年井上皇后・他戸皇太子廃号事件により、桓武天皇が即位、皇統は天智系として存続することになる。

出　典　青木和夫他校注『続日本紀』三〈新日本古典文学大系〉岩波書店、一九九二年

参考文献　青木和夫『奈良の都』〈日本の歴史〉改版、中央公論新社、二〇〇四年／笹山晴生『奈良の都』吉川弘文館、一九九二年／渡辺晃宏『平城京と木簡の世紀』〈日本の歴史〉講談社、二〇〇一年

11 菅原道真の左遷

九〇一年

菅原《すがわら》氏は、もとは土師《はじ》氏といい、土師器《はじき》や埴輪《はにわ》を作り、豪族《ごうぞく》の葬送と墳墓《ふんぼ》の築造に関わっていた。奈良時代に入って、陵墓を管理する職についたが、仏教の影響で、大きな墳墓が作られなくなると、学問の家に転じ、一族が住んでいた土地の名をとって、菅原氏を称するようになった。菅原清公《きよとも》は、平安時代初期に儒学者として活動し、遣唐使《けんとうし》の一員として入唐《にっとう》した。その子是善《これよし》は、文章博士《もんじょうはかせ》、大学頭《だいがくのかみ》などを歴任して、従三位に昇り、是善の子道真《みちざね》は、宇多《うだ》、醍醐《だいご》天皇の信任を受けて、文章博士、讃岐守《さぬきのかみ》などに任じられ、右大臣に登用された。道真の異例の昇進は、権勢を確立しようとしていた北家《ほっけ》藤原氏の反発を買い、左大臣藤原時平《ふじわらのときひら》の讒言《ざんげん》によって、延喜元年（九〇一）一月、大宰権帥《だざいのごんのそち》に左遷された。大宰府の配所で閉居をつづけた道真は、延喜三年二月に死んだが、その後、道真の祟《たた》りといわれる異変が相次いで起こり、朝廷は道真の罪を取り消して本官に復し、さらに正一位太政大臣を追贈《ついぞう》し、民間では京都の北野に天満天神《てんまんてんじん》を祀る社が建てられた。

【史料】**『菅家後集』**

九月十日

去年今夜侍清涼　去し年の今夜　清涼《せいりょう》に侍《はべ》りき

秋思詩篇独断腸
恩賜御衣今在此
奉持毎日拝余香

不出門
一従謫落在柴荊
万死兢々跼蹐情
都府楼纔看瓦色
観音寺只聴鐘声
……

秋の思ひの詩篇　独《ひと》り腸を断つ
恩賜《おんし》の御衣は今此《ここ》に在り
捧げ持ちて日毎に余香を拝す

一たび謫落《たくらく》せられて柴荊《さいけい》に在りてより
万死兢々《きようきよう》たり　跼蹐《きよくせき》の情
都府《とふ》の楼には纔《わずか》に瓦の色を看《み》る
観音寺《かんのんじ》にはただ鐘の声をのみ聴く

【解説】大宰府に左遷されてからの、道真の生活は厳しかった。住まいは荒れ果てたあばら屋で、米塩も途絶えがちだった。妻と年長の女子は都に残されたが、四人の男子は、土佐《とさ》、駿河《するが》、飛騨《ひだ》、播磨《はりま》の各国に流され、男女二人の幼児は同行を許されたが、大宰府で父に先立って死に、道真も病にかかって、左遷から二年後に、五十九歳で亡くなった。官人としての活動の傍ら、道真は『日本三代実録《にほんさんだいじつろく》』『類聚国史《るいじゆうこくし》』などの編纂に関わり、多くの詩文を残した。詩文は『菅家文草《かんけぶんそう》』『菅家後集《かんけこうしゆう》』に収められている。

道真の詩のなかで広く知られた「九月十日」は延喜元年（九〇一）、大宰府で詠まれたもの。詩中の「去年」は、昌泰三年（九〇〇）で、九月「十日乙未。公の宴あり、題に云ふ。秋思詩」（『日本紀略』）とある。重陽《ちようよう》の節句の翌日、内裏の清涼殿で宴が開かれ、道真は、秋を思うという題に応えて作った詩の、第三聯「君は春秋に

『北野天神根本縁起絵巻』（北野天満宮所蔵）

富み臣は漸《ようや》くに老いにたり、恩は涯岸《がいがん》無くして報《むく》いむことはなほし遅し」という句で、とくに好評を博し、醍醐《だいご》天皇は賞賛の意を表すために、着衣を脱いで道真に与えた。

翌年、九月十日、道真は配所で、恩賜の衣の入った箱を開けて、御衣を捧げ持ち、まだ残っている天皇の移り香に、清涼殿の宴を思い出し、今の身の上を歎《なげ》いた。『北野天神根本縁起』第四巻第三段は、この場面が描かれており、菊花紋のついた箱の中に、緋色《ひいろ》の衣が入っている。

「不出門」は、大宰府の配所の生活と心情を詠んだ、七言律詩《しちごんりつし》のはじめの四句。第三、四句は、『和漢朗詠集《わかんろうえいしゅう》』にも採られて、広く知られた。

後に、天満天神として祀られた道真については遣唐使派遣の中止の進言、都を追われる際に庭の梅に呼びかけた「東風《こち》吹かばにほひおこせよ梅の花あるじなしとて春な忘れそ」の歌、配流の地までの旅のことなどが知られ、天神の伝説も広く語

太宰府天満宮本殿

北野天満宮本殿

り伝えられたが、配流の地で悲運の死を迎えた道真が、毎日恩賜の御衣を捧持して君恩を忘れなかったという話は、学校教育の場で忠臣の姿として称賛され、広く知られる場面となった。

出典　川口久雄校注『菅家後集』〈日本古典文学大系〉岩波書店、一九六六年

参考文献　坂本太郎『菅原道真』〈人物叢書〉吉川弘文館、一九六二年

12 平将門の乱 九三九年

天慶二年（九三九）冬に常陸《ひたち》、下野《しもつけ》、上野《こうずけ》の国府《こくふ》を襲撃・占領し、部下を関東諸国の国司《こくし》に任命する謀叛《むほん》により、討伐された平将門《たいらのまさかど》の乱。その発端は、承平元年（九三一）以来の、将門の伯父平良兼《よしかね》との対立である。同じく伯父平国香《くにか》を討ち、国香の子貞盛《さだもり》、将門の伯父良正《よしまさ》、良兼らを合戦で破った将門は朝廷に提訴された。朝廷ではこの争いについて将門側に理を認め、承平七年良兼らを追討する宣旨《せんじ》を下し、これを受けた将門は良兼軍を打ち破った。良兼とともに敗れた平貞盛は将門の罪状を朝廷に訴え、武蔵国司源経基《つねもと》も将門の謀叛を訴えたため、貞盛は朝廷から追討の命令を得て天慶二年六月に帰国した。将門が関東諸国の国府襲撃という本格的な反乱を起こしたのは、この年の冬であった。翌三年正月に朝廷の命令を受けた藤原秀郷《ひでさと》、平貞盛らにより、二月将門は討たれ、反乱は鎮圧された。

【史料】『**将門記**』

将門、同月（十二月）十五日をもて上毛野《かみつけぬ》に遷《うつ》る次《ついで》に、上毛野介藤原尚範《ひさのり》朝臣、印鎰《いんやく》を奪はれ、十九日をもて、兼ねて使をつけて官堵《かんと》に追ふ。その後、府を領し庁に入り、四門の陣を固めて、且《か》つ諸国の除目《じもく》を放つ。時に一の昌伎《かんなぎ》あり、云へらく、八幡大菩薩の使と漬《くちばし》る。**朕《ちん》が位を蔭子《おんし》平将門に授け奉る。その位記《いき》は、左大臣正二位菅原朝臣の霊魂表《れいこんひょう》すらく、右八幡大菩薩、八万の軍を起して、朕が位を授け奉らむ。今すべからく卅二相の**

音楽をもて、早くこれを迎へ奉るべしといへり。ここに将門、頂《いただき》に捧げて再拝す。いはむや四の陣を挙《こぞ》りて立ちて歓び、数千しかしながら伏し拝す。また武蔵権守（興《おき》世王《よおう》）ならびに常陸掾藤原玄茂《はるもち》等、その時の宰人《さいじん》として、喜悦すること、譬《たと》へば貧人の富を得たるがごとし。美《び》咲《しょう》すること、さながら蓮花の開き敷くがごとし。ここに自ら製して諡号《いみな》を奏す。**将門を名づけて新皇《しんおう》と曰ふ。**

新皇姿の将門像（国王神社所蔵）

【解説】「兵」「もののふ」と呼ばれた、いわゆる「武士」階級の登場を告げる平将門の乱（乱の時期の年号にちなんで承平《じょうへい》・天慶《てんぎょう》の乱《らん》とも呼ばれる）のクライマックスは何といっても、天慶二年十二月、上野国の国府を占領した平将門が「新皇」を称したという、『将門記』に記された事件であろう。『将門記』は、平将門の乱に関する最も重要で信憑性も高い史料とされる。引用したのは、この事件を記した部分である。

上野国に侵攻した将門は、上野介藤原尚範（都の親王が国守となる「親王任国《しんのうにんこく》」の上野では上野介が現地国司の長）から印鎰（正倉の鍵、国印をも意味する）を奪い取って追放し、庁を占領して、諸国の国司を任命した。国司の任命とは、まさに天皇権を侵犯する、死罪に値する謀叛である。そのとき一人の巫女《みこ》が憑依《ひょうい》して八幡大菩薩の使者であると口走り、天皇の位を将門に授ける、その位記（位階の証明書）は菅原道真《みちざね》の霊が授け、八幡神自ら軍勢を起こして天皇の位を授けよう、「三十二相の音楽」（仏の三十二の優れた相を讃える経典を雅楽に合わせて歌う音曲）によって八幡の神を迎えよ、と託宣した。将門は頂礼《ちょうらい》（最高の敬意を表わす仏教の礼法）し、将門の軍勢はそ

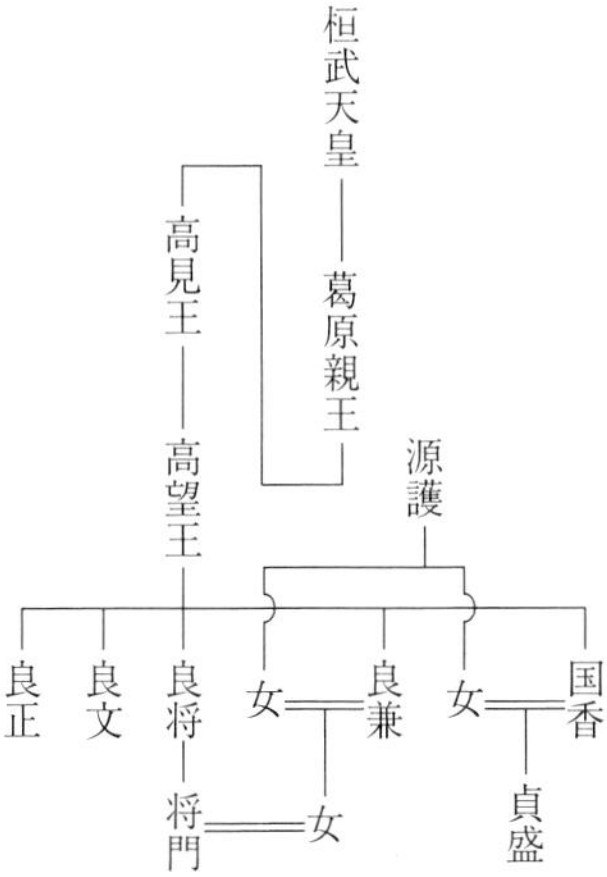

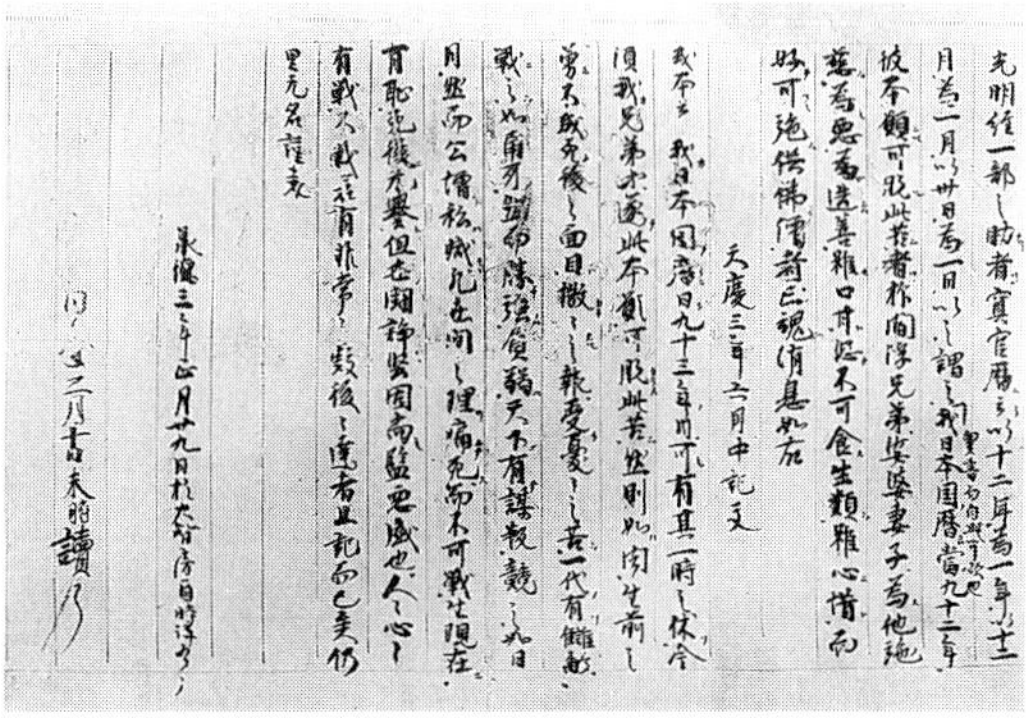

『将門記』（宝生院所蔵）

れに従って伏し拝んだ。こうして将門は「新皇」と称するに至った。

将門は鎮守府将軍平良将《よしまさ》の子、乱の発端となる対立の相手伯父良兼は下総介、乱のなかで殺害するに至った伯父国香、および国香・良兼と姻戚関係にあり将門の宿敵となった源護《まもる》はともに常陸大掾《ひたちだいじょう》、つまり親王任国である常陸の国府の現地長官である。平将門の乱は受領《ずりょう》として任国に下り、任期後も滞在する土着国司層の親族相互の争いに始まった。将門は源護らから朝廷に訴えられた際には、若いころに仕えた太政大臣藤原忠平《ただひら》に縋《すが》り、恩赦を得ている。乱の当初の実態は、土着国司層の私闘に過ぎなかったと思われる。

ところが天慶二年六月に平貞盛や源経基の訴えにより朝廷が召喚した後、十一月に常陸国の国府を襲って国司を捕え監禁し、十二月には下野国の国府を襲って占領し国司らを追放、さらに既述のように上野国でも同様のことを行なって、諸国の国司を任命するという公然たる謀叛へと突き進んでいく。

『将門記』には、上野国の国府を占領し、諸国の国司を任命した日、太政大臣藤原忠平に送ったという弁明書が収められている。原型となる将門書状の存在も推測され、注目されてきた史料であるが、そのなかで将門は「将門すでに柏原《かしわばら》帝王（桓武《かんむ》天皇）の五代の孫なり。たとひ永く半国（日本の半分）を領せむに、あに非運と謂はんや。昔は兵威を振ひて天下を取る者、皆史書に見えたるところなり。将門天の与へたるところすでに武芸にあり」と述べ、自らの血筋と武勇とを根拠に関東の支配を正当化している。「帝王」の子孫として源氏・平氏を名乗り、「武芸」に携わった土着国司層から出た発言として、多くを考えさせるものといえよう。

出　典　竹内理三校注「将門記」『古代政治社会思想』〈日本思想大系〉岩波書店、一九七九年

参考文献　川尻秋生『平将門の乱』〈戦争の日本史〉吉川弘文館、二〇〇七年

13 才気を競う女房

平安中期

かな文字の成立と普及が、日本の文化の発展にもたらしたものは、はかり知れない。貴族官人は漢字を学び、漢字で書かれた法律、文書によって、政務を執り、漢字を使ってさまざまな記録、詩文を作成し、史書を編纂した。寺院に集まった僧侶は、漢訳仏典の解読に明け暮れていた。高度な外来文化は、漢字によって伝えられたので、貴族官人は何をおいても、漢字を学び、漢字で読み書きすることを重んじていた。日本語を表記するかな文字が作られ、『万葉集』のような苦労をすることなしに、和歌を文字に書くことができるようになると、かな文字で書かれた序文を持つ、最初の勅撰和歌集の『古今和歌集《こきんわかしゅう》』が編纂された。それは、日本文学の独立宣言であった。文字といえば漢字を考えた男と違って、女はかな文字を使って和歌を遣り取りし、日記、随筆、物語を書いた。小野小町《おののこまち》、和泉式部《いずみしきぶ》をはじめとする数多くの女性歌人、『蜻蛉日記《かげろうにっき》』の藤原道綱《みちつな》の母、『更級日記《さらしなにっき》』の菅原孝標《すがわらのたかすえ》の娘などが現れたが、『源氏物語』の紫式部《むらさきしきぶ》は内省的で理知的な人物として、『枕草子』の清少納言《せいしょうなごん》は機知に富む直情径行の性格の人として、女流文学者の双璧とされてきた。

【史料】『**枕草子**』

雪のいと高う降りたるを、例ならず御格子《みこうし》まゐりて、炭櫃《すびつ》に火おこして、物語などして集まりさぶらふに、

「少納言よ、香爐峯《こうろほう》の雪いかならん」と仰せらるれば、御格子あげさせて、御簾《みす》を高くあげたれば、わらはせ給ふ。

人々も、「さることとは知り、歌などにさへ歌へど、思ひこそよらざりつれ。なほ、此の官の人には、さべきなめり」といふ。

【解説】『枕草子』二九九段には、清少納言が中宮定子《ていし》の前で、機転を効かせた振る舞いをして、好評を博したことが書かれている。雪が高く降り積もった日、清少納言が仕える、一条天皇の中宮定子の居室は、格子を下ろし、女房たちが、火を入れた炉の周りに集まって物語などをしていた。そのとき、中宮が「香爐峯の雪はど

浮世絵に描かれた清少納言
（勝川春章「雪月花」より）

うでしょうか」と言ったのを聞いた清少納言は、すぐに格子を上げさせ、簾《すだれ》を高く巻きあげたので、中宮は微笑まれ、周りの女房たちは、白楽天《はくらくてん》の詩句は知ってはいるが、ここで咄嗟《とっさ》に思い出せなかったといって、さすが清少納言だと感心した。

白楽天の詩は、「日高く睡足《ねむりた》りて猶起《なおおき》るに懶《ものう》し、小閣衾《ふすま》を重ねて寒を怕《おそ》れず、遺愛寺《いあいじ》の鐘は枕を欹《そばだ》てて聴き、香爐峯の雪は簾を撥《かか》げて看《み》る」という詩で、『白氏文集《はくしもんじゅう》』にあり、広く知られていたが、女房たちは漢詩文に通じてはいなかった。清少納言の才気を伝えるこの場面は、明治十七年（一八八四）の『小学唱歌集』「才女」に、「まきあげたる小簾《みす》のひまに、君のこころもしら雪や。蘆山《ろざん》の峯遺愛のかね、めにみるごときその風情」と歌われ、御簾を掲げる清少納言の姿は、王朝の優美な文化を語る書物の挿絵の図柄として、しばしば用いられた。

『枕草子』は、清少納言の鋭い感受性と美意識を伝えて、平安時代の随筆として他の追従を許さないが、才気煥発の振る舞いは、時に傍若無人の誹《そし》りを免れ難かった。同時代に、一条天皇の中宮彰子《しょうし》に仕えた紫式部は、『紫式部日記』のなかに、「清少納言こそ、したり顔にいみじう侍りける人。さばかりさかしだち、真名《まな》（漢字）書きちらして侍るほども、よく見れば、まだいとたへぬことおほかり」と書き、他人と違う自分を見せようとばかり考えている人は、終わりはよくないだろうと言っている。才能を競い合った女房たちの、批評として興味深い。

出典　池田亀鑑・岸上慎二校注『枕草子・紫式部日記』〈日本古典文学大系〉岩波書店、一九五八年

参考文献　土田直鎮『王朝の貴族』〈日本の歴史〉改版、中央公論新社、二〇〇四年

14 摂関政治

一〇一八年

摂関《せっかん》政治は、藤原氏北家《ほっけ》の人びとが、天皇の外戚《がいせき》という立場に立って、天皇を補佐したり、天皇に代わったりして、政治を行なった政治形態で、良房《よしふさ》・基経《もとつね》が執政した、九世紀後半の前期と、実頼《さねより》から道長《みちなが》・頼通《よりみち》の、十世紀後半から十一世紀半ばの後期とに分けられる。後期には、摂関は常置の職となったが、摂関が実頼・伊尹《これまさ》・兼通《かねみち》・頼忠《よりただ》・兼家《かねいえ》・道隆《みちたか》と目まぐるしく代わった不安定な時代を経て、道長・頼通の時代になって、七〇年におよぶ安定期に入り、摂関家は公家社会の要職を独占し、多くの荘園《しょうえん》の寄進《きしん》を受けて、大きな力を持ち、その周りには王朝文化の優美な花が開いた。道長の後を継いだ頼通の代になって、摂関家の娘に男御子が生まれず、摂関に代わって、上皇《じょうこう》が執政する院政《いんせい》が始まる。道長の絶頂を示す場面として、三人の娘が、つづけて三代の皇后となった日に、欠けた所のない満月のように、この世の望みはすべて遂げられたという和歌を周りの貴族たちに披露した場面が、広く知られている。

【史料】『小右記』寛仁二年（一〇一八）十月十六日条

今日、女御《にょうご》藤原威子《いし》を以《もっ》て皇后に立つるの日なり。〈前太政大臣の第三娘なり。一家に三后を立つること、未《いま》だ曾《か》って有らず〉……太閤《たいこう》、下官を招き呼びて云ふ。和歌を読まんと欲す。必ず和すべしてえり。答へて云ふ。

何ぞ和し奉らざらんと。又云ふ。誇りたる歌になむ有る。但《ただ》し宿構《しゆくこう》に非《あら》ずてえり。

此の世をば　我が世とぞ思ふ　望月の　虧《か》けたる事も　無しと思へば

余申して云ふ。御歌優美なり。酬答《しゆうとう》するに方無し。万座只此の御歌をすべし。元稹《げんしん》の菊の詩に、居易《きよい》和せず。深く賞歎《しようたん》して、終日吟詠すと。諸卿饗応《きようおう》し、余も亦《また》数度吟詠す。太閤和解して、殊《こと》に和することを責めず。夜深く月明らかに、酔を扶《たす》けて各各退出す。

【解説】摂関の立場は、北家の中心に立つ人物が、娘を後宮《こうきゆう》にいれ、その娘が生んだ皇子を天皇に立てることによって成り立っていた。幼少のうちに立てられた天皇の外祖父として、摂政《せつしよう》となり、天皇が成人すれば、関白《かんぱく》として、政務を総覧することが、常態となった。

後宮は、律令の定めでは、皇后・妃《ひ》・夫人・嬪《ひん》が

藤原道長（『紫式部日記絵巻』藤田美術館所蔵）

忠平―実頼―斉敏―実資
忠平―師輔―兼家―道隆―定子（一条皇后）
兼家―道長―彰子（一条中宮）（後朱雀母・後一条母）
道長―妍子（三条中宮）
道長―威子（後一条中宮）
道長―嬉子（後朱雀皇后）（後冷泉母）
道長―盛子（三条女御）
道長―寛子（小一条院女御）

村上―冷泉―三条―小一条院
村上―円融―一条―後一条
一条―後朱雀―後冷泉
後朱雀―後三条

あったが、平安時代になると、女御《にょうご》・更衣《こうい》が置かれ、内侍所《ないしどころ》の尚侍《しょうじ》（尚侍督《ないしのかみ》）・典侍《てんじ》・掌侍《しょうじ》などの女官も、天皇に近侍する女性として、注目された。北家の貴族たちは、外戚の地位を得るために、娘を後宮にいれ、また諸親王に仕えさせることを競った。何人もいる女御・更衣のなかで、父の官位が高く、男御子の母となった女御が、皇后、中宮《ちゅうぐう》の宣下《せんげ》を受けることになったので、後宮の女官の父親の間では、激しい争いが繰り広げられた。さまざまな駆け引きが行なわれ、娘の懐妊を祈り、懐妊となれば男御子であることを願う祈禱が行なわれ、延《えん》暦寺《りゃくじ》、園城寺《おんじょうじ》など大寺院の高僧が効験《こうけん》を競った。

敦成親王（後一条天皇）の五十日祝
（『紫式部日記絵詞』東京国立博物館所蔵）

『小右記《しょうゆうき》』は、藤原実資《さねすけ》の日記で、実資が小野宮《おののみや》邸を相続して、右大臣であったことから小と右の字を取って名づけられた。小野宮邸は、文徳《もんとく》天皇の皇子惟喬《これたか》親王の邸宅で、後に藤原実頼《さねより》が住み、実頼の孫実資に伝えられた。実頼に始まる小野宮流は、北家藤原氏の名流で、師輔《もろすけ》に始まる九条流と並ぶ政治、経済力を保持していた。実資は、小野宮家が伝える故実をまとめた『小野宮年中行事』の著者で、九条流の道長に対して、自由に物をいうことができる人物であった。

東三条殿の模型（京都府京都文化博物館所蔵）

威子《いし》の立后《りつごう》の日、道長は、一家から三人目の后を出したことを誇って催した祝宴で、「此の世をば、我が世とぞ思う……」という和歌を披露して、同席の面々に唱和して和歌を詠むよう促した。実資は、元稹《げんしん》の菊の詩に、白楽天《はくらくてん》が唱和しなかったという故事を持ち出して、道長の和歌を吟ずるだけで、自作の和歌を詠ずることをしなかった。得意絶頂の道長を醒《さ》めた目で見ていたことがわかる。道長は、この後四人目の皇后を立てた。

出典　東京大学史料編纂所編『小右記』五〈大日本古記録〉岩波書店、一九六九年

参考文献　土田直鎮『王朝の貴族』〈日本の歴史〉改版、中央公論新社、二〇〇四年／朧谷寿『藤原道長』〈ミネルヴァ日本評伝選〉ミネルヴァ書房、二〇〇七年

15 前九年の役

一〇六二年

前九年《ぜんくねん》の役《えき》は、永承六年(一〇五一)に安倍頼時《よりとき》(当時は頼良《よりよし》)討伐のために源頼義《よりよし》が陸奥守《むつのかみ》に着任してから、頼時が討たれた後も抵抗をつづけた頼時の子貞任《さだとう》を討伐する康平五年(一〇六二)までの、安倍一族と源頼義との抗争をいう。頼義は安倍氏と陸奥守藤原登任《なりとう》らとの抗争を鎮圧するために陸奥守《むつのかみ》に任じられ任国に下った。当初帰順した頼時は、頼義の配下を襲撃したとの理由で、陸奥守に再任された頼義に天喜五年(一〇五七)討伐される。だがその子貞任・宗任《むねとう》は黄海《きのみ》で討伐軍を迎撃し、大勝利を収めた。以後本格的な反撃策に出られなかった頼義は、康平五年七月にやはり俘囚《ふしゅう》の首長、出羽《でわ》国の清原武則《きよはらたけのり》の参陣を得て、九月に衣川関《ころもがわのせき》を攻略、貞任・宗任兄弟は嫗戸《うばこ》・厨川《くりやがわ》の柵《さく》で最後の抵抗を試みたがついに厨川の柵は陥落、貞任は戦死し、宗任は降伏した。

【史料】『古今著聞集』巻九「源義家衣川にて安倍貞任と連歌の事」

伊予守源頼義朝臣、貞任・宗任等を責むる間、陸奥に十二年の春秋《しゅんじゅう》を送りけり。鎮守府《ちんじゅふ》を発《た》ちて、秋田城《あきたのじょう》に移りけるに、雪はだれにふりて、軍の男どもの鎧《よろい》みな白妙《しろたえ》になりにけり。衣河《ころもがわ》の館《たち》、岸高く川ありければ、楯をいたゞきて甲《かぶと》に重ね、筏《いかだ》を組みて責め戦ふに、貞任等たへずして、つひに城の後より逃れおちけるを、一男八《はち》幡太郎義家《まんたろうよしいえ》、衣河に追ひ立て責めふせて、「きたなくも、後をば見するものかな。しばし引きかへせ。物言は

ん」と言はれたりければ、**貞任見帰りたりけるに、**

　　衣のたてはほころびにけり

と言へりけり。貞任、轡《くつばみ》をやすらへ、錏《しころ》をふりむけて、

　　年を経《へ》し糸の乱れのくるしさに

と付けたりけり。その時義家、はげたる矢をさしはづして帰りにけり。さばかりの戦ひの中に、やさしかりけることかな。

【解説】前九年の役を描いた著名な軍記物『陸奥話記《むつわき》』は、安倍頼時（当初頼良、源頼義に帰順したときに改名）を俘囚《ふしゅう》らの「酋長《しゅうちょう》」（群書類従本では「東夷《とうい》の酋長」）であり、「六箇郡（胆沢《いさわ》・和賀《わが》・江刺《えさし》・稗貫《ひえぬき》・志波《しわ》・岩手《いわて》の六郡、北上平野一帯）の司《つかさ》」と記しており、現在では俘囚の首長として朝廷から俘囚たちの統括権を認められていた存在と見られている。したがって源頼義の陸奥下向のきっかけとなった、安倍氏と陸奥守藤原登任《なりとう》・秋《あき》田《た》城介《じょうのすけ》平重成《しげなり》との間で起こった永承五年の鬼切部《おにきりべ》の戦いも、国司等の地位を得て現地を支配する「兵《つわもの》の家」（武士）の間の争いであったと考えられる。藤原登任は国守を歴任する受領《ずりょう》層の出身で『今昔物語《こんじゃくものがたり》』に登場し「余五将軍」として著名な平維茂《これもち》と姻戚関係をもち、平重成は維

『前九年合戦絵巻』（国立歴史民俗博物館所蔵）

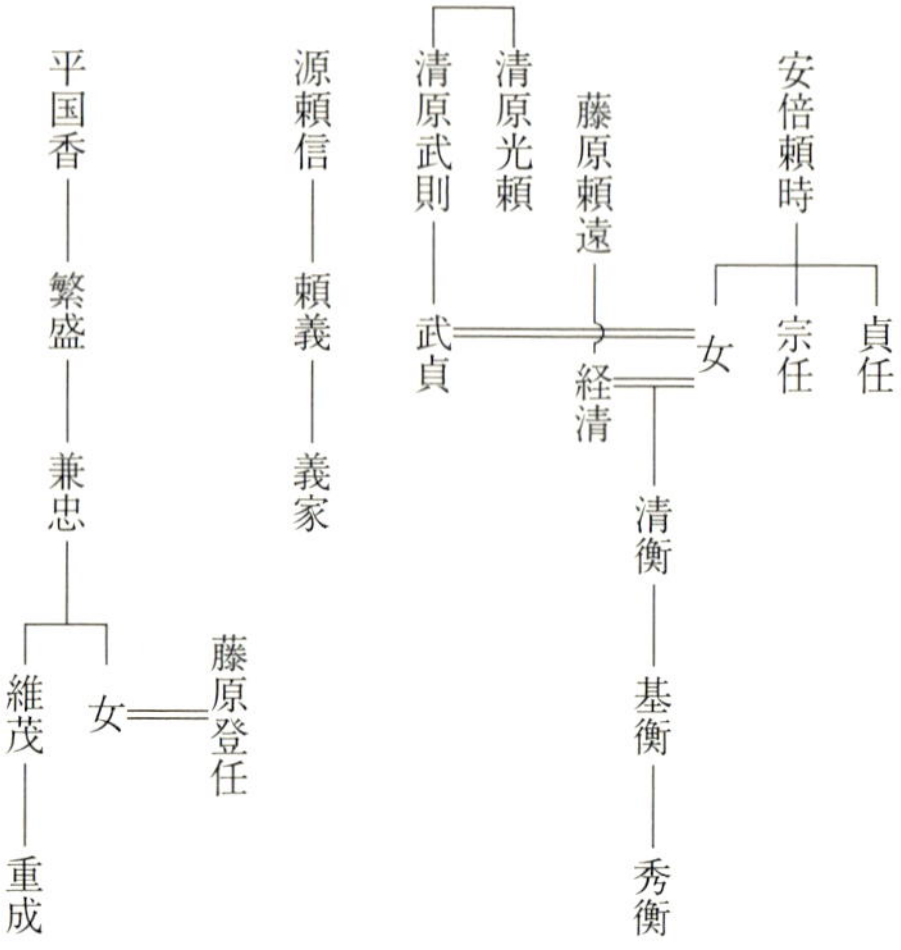

茂の子、一方の安倍氏も藤原経清《つねきよ》、平永衡《ながひら》ら有力な在庁官人らと姻戚関係をもち、両者とも、在地では同様な階層に属する「兵の家」の者であった。

彼らの争いを鎮圧するために陸奥守に就任した源頼義は、源頼信の子である。頼信は平忠常の乱の鎮圧を命じられて甲斐守《かいのかみ》に任じられ、その功績により武将の名を高めた。息子の頼義も、京都で武官系の官職を歴任した後相模守《さがみのかみ》に任じられた。上東門院《じょうとうもんいん》藤原彰子《しょうし》の病気平癒祈願の恩赦で、鬼切部合戦の紛争を許され頼義に帰順した頼時に対し、頼義配下の在庁官人藤原光貞《みつさだ》を襲撃したとの嫌疑により、天喜四年追討の宣旨が発せられ、頼義は陸奥守に再任される。頼義は俘囚たちを誘って頼時を討伐するが、貞任・宗任らの抵抗に遭い、黄海合戦で大敗を喫した。結局出羽国の「俘囚の主」清原光頼《みつより》・武則《たけのり》兄弟を説きつけて、つまり俘囚相互の勢力争いを利用することで、安倍氏を制圧したのである。

引用した史料は、衣川の館攻略の際の有名な逸話である。頼義軍に従っていた頼義長男の源義家が、退却しようとする安倍貞任に向かって敵に後をみせるとは卑怯な、引き返せと呼びかけ「衣のたてはほころびにけり」（衣服の経糸と衣川の館とを懸けている）と下の句を詠んだところ、貞任は「年を経し糸の乱れのくるしさに」と上の句をつけた。感心した義家はつがえた矢をはずして見逃したという。江戸時代にすでに「好事者《こうず》」の創り話とされたものであるが、有名だったらしく『平家物語』（延慶本、第二中）にもみえる。また降参して都へ連行された貞任の弟宗任に、「奥《おく》の夷《えびす》」をからかってやろうとした公家らが、梅の花の一枝を見せて「これは何か」と尋ねると、宗任は「わが国の梅の花とは見たれども大宮人《おおみやびと》はいかが言ふらん」と即座に返歌して鼻を明かしたという逸話も知られている（『平家物語』剣の巻）。

独自の高度な文化をもちながら滅んでいった「東夷」の「酋長」という安倍氏像が、中世の公家に伝承されていたことを垣間見せてくれる。

出　典　永積安明他校注『古今著聞集』〈日本古典文学大系〉岩波書店、一九六六年

参考文献　関幸彦『東北の争乱と奥州合戦』〈戦争の日本史〉吉川弘文館、二〇〇六年

16 鹿ケ谷事件 一一七七年

平安時代末の仁安二年（一一六七）、平清盛《たいらのきよもり》は、従一位太政大臣に昇った。翌年、重病に罹《かか》って出家したが、後白河《ごしらかわ》上皇と協議して、妻の妹平滋子《しげこ》が生んだ上皇の第四皇子を即位させ（高倉《たかくら》天皇）、摂津《せっつ》の福原《ふくはら》で政治の実権を握りつづけ、平氏の全盛時代を現出させた。それに対して、院の近臣の藤原成親《ふじわらのなりちか》、法勝寺《ほっしょうじ》の執行俊寛《しゅんかん》らは、京都鹿ケ谷《ししがたに》（京都市左京区）にあった俊寛の山荘に集まり、平氏打倒の謀議《ぼうぎ》を重ねた。謀議は、治承元年（一一七七）の初めから、五月末までつづけられたが、極秘の協議が清盛に密告されて、成親、俊寛、西光《さいこう》らが捕らえられ、平氏打倒は失敗に終わった。『平家物語』巻一には、鹿ケ谷の山荘の謀議の様子が、平氏滅亡への流れの発端として語られている。西光は斬首され、成親は備前《びぜん》に流されて殺され、その子息成経《なりつね》、平康頼《たいらのやすより》、俊寛の三人が、九州の南の鬼界ケ島《きかいがしま》に流された。翌年、成経、康頼は許されて都に帰ったが、俊寛だけは許されなかった。悲惨な死を遂げた俊寛の物語は、能の「俊寛」や、歌舞伎の「平家女護島《へいけにょうごのしま》」に取り上げられて、広く知られた。

【史料】『平家物語』巻第一「鹿谷」

東山の麓、鹿の谷と云所は、うしろは三井寺《みついでら》につづいて、ゆゆしき城郭にてぞありける。俊寛僧都の山庄あり。かれに常はよりあひよりあひ、平家ほろぼさむずるはかりことをぞ廻らしける。或時、法皇も御幸なる。故少納言信西《しんぜい》が子息浄憲《じょうけん》（静憲）法印御供仕る。其夜の酒宴に、此由を浄憲法印に仰あはせられければ、「あなあさまし、人あまた承候ぬ。唯今もれ聞こえて、天下の大事に及候なんず」と、大きさわぎ申ければ、新大納言けしきかはりて、ざっと立たれけるが、御前に候ける瓶子《へいし》を、狩衣《かりぎぬ》の袖にかけて、引倒《ひきたお》されたりけるを、法皇、「あれはいかに」と仰ければ、大納言立帰って、「平氏倒れ候ぬ」とぞ申されける。**法皇ゑつぼにいらせおはしまして、「者ども参って猿楽《さるがく》つかまつれ」と仰ければ、平判官康頼参りて、「あら、あまりに平氏のおほう候に、もて酔て候」と申。**俊寛僧都、「さてそれをばいかが仕らむずる」と申されければ、西光法師、「頸《くび》をとるにしかじ」とて、瓶子のくびをとってぞ入りにける。浄憲法印あまりのあさまつしさに、つやつや物も申されず。おそろしかりし事どもなり。

【解説】『平家物語』には、後白河法皇が静憲法印を伴って、鹿ケ谷の俊寛の山荘に赴いたとあるが、慈円《じえん》の『愚管抄《ぐかんしょう》』によると、後白河法皇は、平治《へいじ》の乱《らん》で敗死した信西（藤原通《みち》憲《のり》）の子静憲を、法勝寺の執行にして、厚く信任していたため、側近の俊寛をつぎの執行に取り立てた後も、静憲が住んでいた鹿ケ谷の山荘に出かけて意見を求め、平清盛も静憲を

歌舞伎「平家女護島」（1995年10月，俊寛＝中村吉右衛門，国立劇場提供）

重んじていた。その山荘に法皇の側近の成親、西光、俊寛らが集まって、平家を滅亡させる謀議を重ね、法皇も静憲もその動きを知っていたということになっている。反平家の最初の事件となった、この陰謀をめぐっては、公家社会にさまざまなうわさが飛び交ったものと思われるが、『平家物語』の伝承が広く知られるものとなった。

引用文中の「三井寺」は園城寺《おんじょうじ》。東山《ひがしやま》を東へ越えると園城寺の前に出る。「新大納言」は藤原成親、平重盛《しげもり》の婿であったが、右大将の職を望んで平宗盛《むねもり》に敗れたため、平家打倒の謀議に加わったといわれている。「瓶《へい》子《し》」は、狭い口の付いた瓶《かめ》で、酒を入れ、宴席に並べられる。音が同じなので平氏にかけた。法皇が座興としてけしかけた猿楽は、物まねを主にした芸能で、康頼、俊寛、西光の三人が、余りにも瓶子・平氏が多いのでと言って、酔った姿を演じ、頸をとるのがよいと唱えて、瓶子の首を取って退席したという。

激怒した清盛は、陰謀を未然に防ぐべく、弾圧を加え、『平家物語』のなかでも広く知られる、俊寛の悲劇につながった。

出典 『平家物語』一〈岩波文庫〉岩波書店、一九九九年

参考文献 上横手雅敬『源平の盛衰』〈講談社学術文庫〉講談社、一九九七年

中世

17 以仁王の令旨

一一八〇年

治承《じしょう》・寿永《じゅえい》の内乱のきっかけは、平清盛《たいらのきよもり》による後白河上皇《ごしらかわじょうこう》の院政停止《いんせいちょうじ》であった。治承三年（一一七九）十一月、平清盛は数千の軍勢とともに入京し、関白藤原基房《かんぱくふじわらのもとふさ》らを解任し、後白河上皇を幽閉した。すでに延暦寺《えんりゃくじ》の強訴《ごうそ》や鹿ケ谷《ししがたに》事件などで深まっていた平氏一族と上皇との対立は、これで決定的になった。翌四年、後白河上皇第二皇子以仁王《もちひとおう》は、令旨《りょうじ》を発し平氏追討の兵を上げる。『吾妻鏡《あずまかがみ》』等により知られる令旨は、平清盛一党による国家への反逆と仏法・僧侶への迫害など「仏法破滅」の罪状をあげ、彼らを追討するため挙兵《きょへい》したことを宣言し、志ある者に蜂起《ほうき》を呼びかけたものであり、皇位簒奪者《さんだつしゃ》を討伐した天武《てんむ》天皇や、仏敵を討伐した聖徳太子《しょうとくたいし》に自らを擬している。令旨は諸国の源氏に伝えられ、蜂起を促した。伊豆では源頼朝《みなもとのよりとも》が目代《もくだい》の館を襲う。鎌倉幕府成立に至る大動乱の始まりであった。

【史料】『平家物語』（延慶本）第二中

大衆《だいしゅう》をも防ぎ、凶徒《きょうと》をも退《しりぞ》け、朝賞《ちょうしょう》に預《あずか》（与）り、宿望をも遂《とげ》し事は、源平両氏勝劣なかりしかども、当時は雲泥《うんでい》の交《まじ》はりを隔《へだ》て、主従の礼よりも甚《はなはだ》し。纔《わずか》に甲斐《かい》なき命を生たれども、国々の民百姓《たみひゃくしょう》と成て、所々に隠れ居たり。**国《くに》には目代《もくだい》に従ひ、庄には預所《あずかりどころ》に仕へ、公事雑役《くじぞうやく》に駈り立られて、夜も昼も安き事なし。**何計《いかばか》りかは心憂《う》く候らん。君思召《おぼしめ》し立ちて令旨《りょうじ》をだに下され候はゞ、皆夜《よ》を日《ひ》に継ぎて打上り、平家を滅ぼさむ事、日剋《じっこく》を廻《めぐ》らすべからず。平家を滅ぼして、法皇の打《う》ち籠《こめ》られておはします御心をも休め奉らせ給ひなば、孝の至りにてこそ候はめ。神明も必ず恵《めぐみ》を垂《た》れ給ふべし」など細々と申ければ、……「然るべき事にてこそ有らめ」と思食《おぼしめし》て、令旨を諸国へ思召《おぼしめ》し立ち給ひにけり。

【解説】『平家物語』によると以仁王に挙兵を勧めたのは源頼政《みなもとのよりまさ》であったという。引用した史料は、頼政が以仁王に挙兵を勧めたときの言葉。平氏に比べて不遇な源氏の武士たちの事情を訴え、以仁王の令旨さえあれば、必ず諸国の源氏が立ち上がると説いている部分である。頼政が叛乱を企てた理由を『平家物語』は次のように記す。頼政の嫡子伊豆《いずの》守仲綱《かみなかつな》が秘蔵していた名馬を清盛の次男宗盛《むねもり》が欲しがったためにそれを贈ったところ、仲綱が一旦惜《お》しんだことを遺恨《いこん》に思った宗盛が、贈られた馬を「仲綱」と名づけ、「仲綱め、取りて繋《つな》げ、仲綱めに轡《くつわ》はげよ（嵌《は》めること）。散々に乗れ、打て」などと衆人のなかで公言して辱めたからだという（第二中）。

橋合戦（『平家物語図屏風』神奈川県立歴史博物館所蔵）

はたしてこのような事実があったかどうかは確

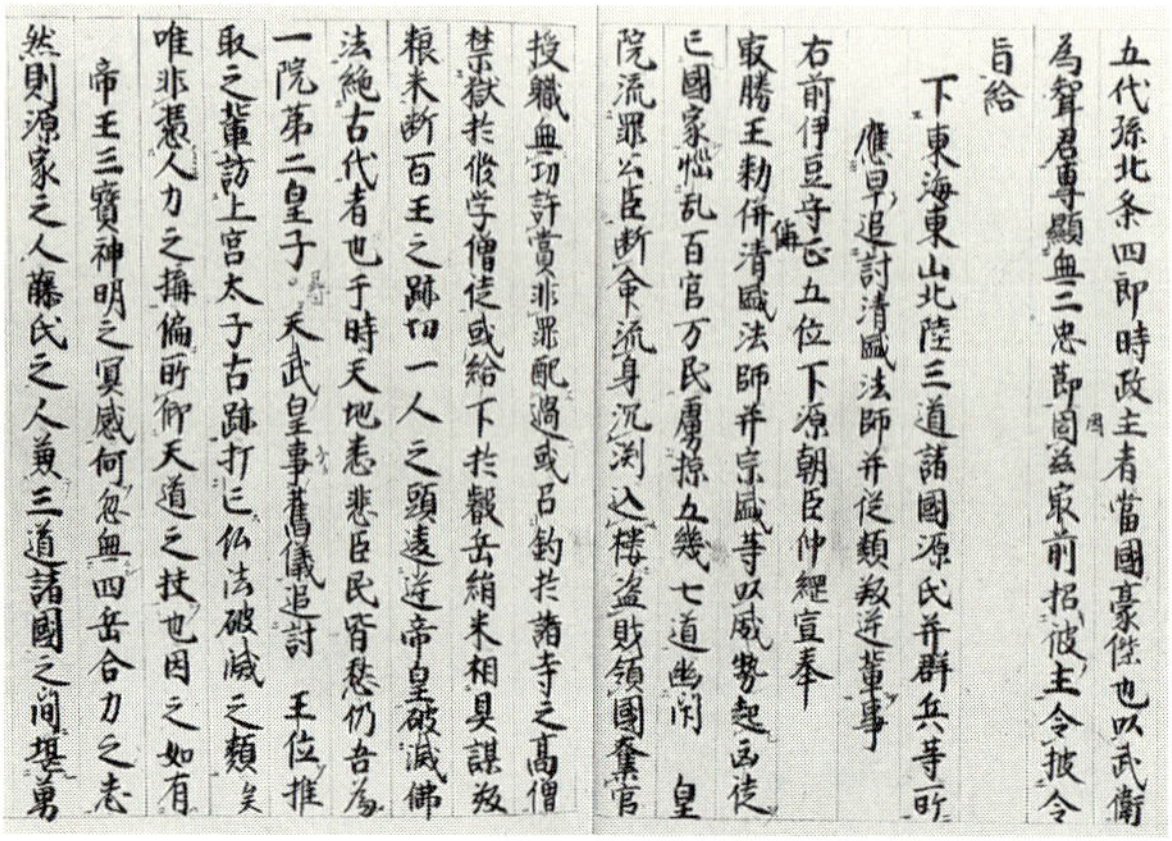
五代孫北条四郎時政主者當國豪傑也以武衛
為聟君専顕無二忠節因茲最前招彼主令披令
旨給
下 東海東山北陸三道諸國源氏并群兵等所
應早追討清盛法師并従類叛逆輩事
右前伊豆守正五位下源朝臣仲綱宣奉
最勝王勅偁清盛法師并宗盛等以威勢起凶徒
亡國家悩乱百官万民虜掠五畿七道幽閉 皇
院流罪公臣断命流身沈淵込楼盗財領國奪官
授職無功許賞非罪配過或召釣於諸寺之高僧
禁獄於修学僧徒或給下於叡岳絹米相具謀叛
粮米断百王之跡切一人之頭違逆帝皇破滅佛
法絶古代者也于時天地悉悲臣民皆愁仍吾為
一院第二皇子 天武皇帝舊儀追討 王位推
取之輩訪上宮太子古跡打亡仏法破滅之類矣
唯非憑人力之構偏所仰天道之扶也因之如有
帝王三寶神明之冥感何忽無四岳合力之志
然則源家之人藤氏之人兼三道諸國之間堪勇

『吾妻鏡』北条本（内閣文庫所蔵）
治承4年4月27日条に以仁王の令旨を載せる．

かめられない。しかし以仁王の平氏討伐計画が露顕し、三井寺《みいでら》に逃れた以仁王のもとに源頼政が軍勢を率いて馳せ参じ、平氏の軍勢と戦って戦死したことは確かである。この二人の接点は鳥羽《とば》上皇と美福門院《ふくもんいん》の娘八条院《はちじょういん》にあったとされている。保元《ほうげん》の乱《らん》以前に美福門院で昇殿を許された頼政は、美福門院で育てられた二条《にじょう》天皇にも仕え、嫡子の仲綱もまた二条天皇の側近として仕えたことが知られている。こうした関係から美福門院の娘八条院とも密接な関係があった。頼政の養子仲家《なかいえ》は八条院蔵人《くろうど》となっている。頼政配下の武士たちも八条院領ゆかりの者が目立つ。足利《あしかが》判官代義房《よしふさ》は八条院領下《しも》野《つけ》国足利荘の武士であり、平治の乱のときには頼政の配下に下河辺《しもこうべ》行義《ゆきよし》が、以仁王の乱のときには頼政側近として頼政謀叛の計画を頼朝に伝えた下河辺行平《ゆきひら》がいるが、彼らの名字の地は八条院領下総《しもうさ》国下河辺荘であろう。

一方、以仁王自身が八条院の猶子《ゆうし》として密接な関係にあった。また八条院女房三位局《さんみのつぼね》と以仁王との間に出来た子供たちも八条院の養子となっていた。さらに以仁王の令旨を諸国の武士たちに伝えたのが、源為義《ためよし》の末子で、八条院蔵人に任じられた源行家《ゆきいえ》であった。以仁王の平氏討伐計画の背後に、八条院ゆかりの武士たちがいたことがうかがえる。二条天皇の兄弟ではあるが、高倉《たかくら》上皇の子安徳《あんとく》天皇が即位し、皇位への望みを断たれた以仁王が平氏追討を思い立ったときに源頼政がその計画に加わったことは、こうした背景から自然に理解できる。

源頼政が以仁王に蜂起を勧めたというのは『平家物語』の創作だとする見解もある。だが『平家物語』にみえる頼政の言葉、すなわち「国」にあっては国衙《こくが》の「目代」に従属し、荘園では荘園領主の役人である「預所」に従属し、「公事雑役に駈り立られて、夜も昼も安き事なし」との言葉は、平氏政権に反旗を翻《ひるがえ》した武士たちの心情を的確に伝えるもののように思われる。

出典　北原保雄・小川栄一編『延慶本平家物語』上、勉誠社、一九九〇年

参考文献　五味文彦『平家物語、史と説話』〈平凡社選書〉平凡社、一九八七年

18 平家の都落ち 一一八三年

治承四年（一一八〇）五月、源頼政《みなもとのよりまさ》が以仁王《もちひとおう》を奉じて平家《へいけ》追討の旗を挙げると、翌月、平清盛《たいらのきよもり》は三歳の安徳《あんとく》天皇を福原《ふくはら》に移して、遷都を強行した。清盛は、平家一門の別荘地として摂津《せっつ》国の福原（神戸市兵庫区）を開き、大輪田泊《おおわだのとまり》を築いて瀬戸内海進出の拠点にしていた。四〇〇年つづいた平安京を捨てる遷都は、公家《くげ》と都に住みついていた平家にとって、想像を絶するできごとであり、東国から都に攻め上ってくる源氏の動きに脅《おび》えながら、公家と平家一門が福原に移動した。『平家物語』巻七は、「主上都落」「維盛《これもり》都落」「忠教《ただのり》都落」「経正《つねまさ》都落」「一門都落」と数段を費やして、混乱のなかを脱出する平家の人びとの動きを述べている。

【史料】『平家物語』巻七「忠教都落」

薩摩守《さつまのかみ》の給ひけるは、「年来《としごろ》申承《もうしうけたまわ》ッて後、おろかならぬ御事に思ひまゐらせ候へ共、この二三年は京都のさわぎ、国々のみだれ、併《しかしながら》当家の身の上の事に候間、疎略《そりゃく》を存ぜずといへども、常に参りよる事も候はず。君既に都を出《いで》させ給ひぬ。一門の運命はや尽き候ひぬ。撰集《せんじゅう》のあるべき由承候しかば、生涯の面目《めんぼく》に、一首なり共、御恩をかうぶらうど存じて候しに、やがて世のみたれ出できて、其沙汰《そのさた》なく候条、ただ一身の歎《なげき》と存ずる候。世しづまり候なば、勅撰《ちょくせん》の御沙汰候はんずらむ。是に候巻物のうちに、さりぬべきもの候はば、一首なりとも御恩を蒙《こうむ》ッて、草の陰にてもうれしと存候はば、遠き御まもりでこそ候はんずれ。」……

其後《そののち》、世しづまッて、千載集《せんざいしゅう》を撰ぜられけるに、忠教のありしあり様、言ひおきしことの葉、今更思ひ出《いで》て哀《あわれ》也ければ、**彼《かの》巻物のうちに、さりぬべき歌いくらもありけれ共、勅勘《ちょくかん》の人なれば名字をあらはされず、故郷花《こきょうのはな》といふ題にてよまれたりける歌一首ぞ「読人知らず」と入れられける。**

さざなみや志賀《しが》のみやこはあれにしをむかしながらの山ざくらかな

【解説】福原は、海に面した傾斜地で、都城の計画に適さず、公家、寺社の反対を抑えきれずに、遷都から五ヵ月で京都に戻ることになった。治承五年（一一八一）閏二月、清盛が死に、平家一門の人びとは、増大してくる源氏の力を防ぐことで、精一杯になり、寿永二年（一一八三）七月、西海に向かうに際して、福原の館は焼き払われた。

『平家物語』巻七「忠教都落」は、平重盛の子維盛《これもり》が、藤原成親《なりちか》の娘にあたる北の方と別れを惜しんで福原に向かったこと、

福原遷都（『平家物語絵巻』林原美術館所蔵）

青葉の笛

大和田建樹 作詞
田 村 虎 蔵 作曲

可憐の情を以て（♩＝84）
mp
mf
p
f
dim.
いちの　た　にの　いく　さ　や　ぶ　れ　うたれし
へいけの　きんだち　あわれ　あかつきさむき　すまの
あらしに　きこえ　し　はこれか　あおば　の　ふーえ

平経盛《つねもり》の子経正が、幼いときを童形《どうぎょう》で過ごした仁和寺《にんなじ》の御室《おむろ》に別れを告げに行き、預かっていた琵琶《びわ》の名器を返したことなど、貴族文化に馴染《なじ》んだ平家の公達《きんだち》が、都を出て行ったときの話を記しているが、そのなかで最も広く知られたのが、忠教（忠度）の物語である。

薩摩守《さつまのかみ》忠教は、藤原俊成《としなり》を師として和歌の道に励んでいたが、都を出るに際して和歌への思いを捨てきれず、夜更けに師の邸を訪れて、自撰の和歌を書いた一巻を託し、戦乱が治まって機会があれば、勅撰集に入れられることを生涯の望みとしていることを告げて、西国に向かった。忠教は、一《いち》の谷《たに》で討ち死したが、『千載集』の撰者となった俊成は、忠教の歌一首を読人知らずとして入れた。

この話は、世阿弥《ぜあみ》作の『謡曲』「忠度《ただのり》」となり、小学唱歌「青葉の笛」の第二節に歌われて、『平家物語』の名場面の一つとして、広く知られた。

出典　梶原正昭他校注『平家物語』三〈岩波文庫〉岩波書店、一九九九年

参考文献　上横手雅敬『源平の盛衰』〈講談社学術文庫〉講談社、一九九七年／石母田正『平家物語』〈岩波新書〉岩波書店、一九五七年

19 壇浦の戦い

一一八五年

寿永三年（一一八四）正月、源頼朝《よりとも》の派遣した源範頼《のりより》・同義経《よしつね》の軍勢は木曾義仲《きそよしなか》を滅ぼして入京し、平氏《へいし》追討の宣旨《せんじ》を受けると、福原《ふくはら》に復帰していた平氏を二月に一《いち》の谷《たに》の合戦で破る。平氏は讃岐《さぬき》国屋島《やしま》に退いた。頼朝は平氏追討のために梶原景時《かじわらかげとき》・土肥実平《どひさねひら》に播磨《はりま》・美作《みまさか》・備《び》前《ぜん》・備中《びっちゅう》・備後《びんご》の諸国を占領させるとともに、畿内・近国の武士たちに対する指揮権を義経に与えることを朝廷に申し入れた。こうして西国武士の動員体制をととのえ、範頼を総大将に軍勢は鎌倉を出発する。だが合戦は思うように進まず、兵粮《ひょうろう》と兵船《へいせん》の不足に悩まされ、逃げ帰ろうとする武士さえいたという。そこで翌元暦二年（一一八五）正月、頼朝は義経に四国へ出陣を命じる。二月、義経は讃岐国屋島を急襲し、平氏を海上に追い出し、さらに周防《すおう》国の武士や伊予《いよ》国の武士河野《こうの》氏を動員した水軍により、三月に壇浦《だんのうら》で平氏の軍勢を壊滅させた。

【史料】『平家物語』（覚一本）巻一一「先帝身投」

源氏のつは物《もの》ども、すでに平家の舟に乗り移りければ、水手《すいしゅ》・梶取《かんどり》ども、射殺《いころ》され、斬り殺されて、船を直すに及ばず、舟底に倒れ伏しにけり。新中納言知盛《とももり》卿、小舟に乗つて御所《ごしょ》の御舟に参り、**「世のなかは今はかうと見えて候《そうろう》。見苦しからん物共みな海へ入れさせ給《たま》へ」とて艫舳《ともへ》に走り廻り、掃《は》いたり、拭《のご》ふたり、塵拾《ちりひろ》ひ、**

手づから掃除《そうじ》せられけり。女房達「中納言殿、いくさはいかにや、いかに」と口々に問ひ給へば、「**めづらしきあづま男をこそ御覧《ごらん》ぜられ候《そうら》はんずらめ**」とて、から〳〵と笑ひ給へば、「なんでうのたゞいまの戯《たわむ》れぞや」とて、声々におめきさけび給ひけり。

【解説】『吾妻鏡《あずまかがみ》』によると、平氏が長門《ながと》国壇浦で討滅されたという、源義経からの知らせが鎌倉の源頼朝のもとに届いたのは、元暦二年四月十一日のことであった。その報告によると、合戦は三月二十四日、長門国赤間関《あかまがせき》の海上で行なわれ、昼ごろには決着がついた。源氏の兵船は八四〇艘余り、対する平氏の兵船は五〇〇艘余りであったという。この兵船の数量の差が勝敗を分けた原因と思われる。安徳《あんとく》天皇と平清盛《たいらのきよもり》の妻時子《ときこ》は入水《じゅすい》し、平教盛《のりもり》、知盛《ともり》はじめ、経盛《つねもり》、資盛《すけもり》ら平氏一門がそれにつづいた。安徳天皇の母平徳子《とくこ》すなわち建礼門院《けんれいもんいん》もこれにつづこうとしたが、源氏の兵士に救い上げられ、捕虜にされた。捕虜となったのは、平宗盛《むねもり》・清宗《きよむね》父子、平時忠《ときただ》ら平氏一門と安徳天皇の乳母《めのと》や平重衡《しげひら》の妻をはじめとする女房たちである。

捕虜となった平氏一門はほとんど処刑される一方、平氏ゆかり

壇浦の戦い（『平家物語絵巻』林原美術館所蔵）

の女性は謀叛《むほん》の科《とが》をかけられることはなく、多くが生涯を全うしたという。こうした事情からみれば、捕虜として処刑されることを拒否した平氏一門の自害は自然に理解できるとしても、謀叛の科を受けるはずのない安徳天皇や、その母平徳子、さらに平時子ら女性たちが自殺しようとしたのは、当時の通念からみて異様であるとも見られる。

一方『平家物語』は平氏の滅亡を、こうした異様に悲劇的な結末にふさわしい、一つの王権が時代の否応ない流れのなかで滅亡していくありさまとして描き出した。時子は「女の身であっても、敵の手にかかるつもりはない。天皇に殉《じゅん》ずる覚悟であるから、志ある者はあとにつづくがよい」と宣言する。そして自分をどこに連れていくつもりか、と尋ねる安徳天皇に対し、「前世に積んだ功徳《くどく》によって天皇に生まれられた貴方も、今は御運が尽きました。極楽浄土《ごくらくじょうど》に御供《おとも》申し上げます」と答え、現世の暇乞《いとまご》いと来世の祈りとを勧める。女性たちまでもが自殺を選んだのは自分たちの天皇に殉じたから、というのが『平家物語』の作者の解釈のように思われる。

安徳天皇像（宮内庁書陵部所蔵）

そして引用した部分に見える平知盛の行動は、王権を擁する一門の滅亡という運命を受け入れた武士のそれとして描かれている。「水手・梶取」まで射殺され、船を動かすことさえままならなくなる敗戦のなかで、逃れられない滅亡の到来を知った知盛は、天皇の船が敵方に「見苦しき物」を見せることがないよう、自ら先に立って掃除を始めた。驚いて戦況を尋ねる女房たちに「見たこともない東国の男たちを御覧になる時がきた」と答え笑った。平時子はじめ女房たちが天皇とともに自殺する覚悟をしたのは、この知盛の言葉を聞いた後であった。このような事実があったか否かは不明であるし、平氏の滅亡を、一つの王権の滅亡と見ることが妥当かどうかもわからない。しかしこの場面は『平家物語』の多くの読者に、長く感動を与えてきた。

出典　梶原正昭他校注『平家物語』下〈新日本古典文学大系〉岩波書店、一九九三年

参考文献　河内祥輔『頼朝の時代』〈平凡社選書〉平凡社、一九九〇年

20 西行と頼朝の出会い

一一八六年

西行《さいぎょう》は、藤原秀郷《ふじわらのひでさと》九代の後胤《こういん》で、紀伊国《きいのくに》に拠点を持つ武門の出であった。藤原頼長《よりなが》の日記『台記《たいき》』（永治二年〈一一四二〉三月十五日条）に、「重代《じゅうだい》の勇士を以て法王《ほうおう》（鳥羽《とば》）に仕《つか》え、俗《ぞく》時《じ》より心を仏道《ぶつどう》に入る。家富み、年若く、心に憂《うれ》い無きに、遂《つい》に以《もっ》て遁世《とんせい》す。人これを嘆美《たんび》するなり」とあり、康治二年（一一四三）に、頼長を訪ねて、『法華経《ほけきょう》』一品《いっぽん》の写経《しゃきょう》を勧進《かんじん》したことが記されている。世を捨てて、歌人と交わり、吉野《よしの》や高野山《こうやさん》に住み、伊勢《いせ》、四国、陸奥《むつ》などを旅して歌を詠《よ》んだ。西行は、後鳥羽院《ごとばいん》に「生得《せいとく》の歌人」と評され、『新古今和歌《しんこきんわか》集《しゅう》』には、九四首もの歌がおさめられている。文治二年（一一八六）東大寺再建《とうだいじさいこん》の勧進のため、陸奥平泉《ひらいずみ》への旅の途中、鎌倉で源頼朝《みなもとのよりとも》に面会した。文学史上中世を画する西行と、鎌倉に幕府を開いた頼朝との出会いは、『吾妻鏡《あずまかがみ》』に記されている。

【史料】『吾妻鏡』文治二年（一一八六）八月十五日・十六日条

十五日……。二品《にほん》（頼朝）鶴岡宮《つるがおかのみや》に御参詣《ごさんけい》あり。しかるに老僧一人、鳥居《とりい》の辺《あた》りに徘徊《はいかい》す。これを怪《あや》しみ、（梶原《かじわら》）景季《かげすえ》を以て名字《みょうじ》を問わしめ給《たま》うの所、佐藤兵衛尉憲清法師《さとうひょうえのじょうのりきよほっし》なり。今、西行と号すと云々《うんぬん》。よりて奉幣《ほうへい》以後《いご》、心静かに謁見《えっけん》を遂《と》げ、和歌の事を談ずべきの由、仰《おお》せ遣《つか》わさる。……この間、歌道ならびに弓馬《きゅうば》の事に就《つ》き、条々《じょうじょう》尋《たず》ね仰せらるる事あり。**西行申していわく、弓馬の事は、在俗《ざいぞく》の当初、なまじ家風《かふう》を伝うといえ**

源頼朝像（東京国立博物館所蔵）

西行像（神宮文庫所蔵）

ども、……皆忘却《ぼうきゃく》し了《おわ》んぬ。詠歌《えいか》は花月《かげつ》に対して感を動かすの折節《おりふし》、わずかに三十一字を作るばかりなり。全く奥旨《おうし》を知らず。然《しか》れば是《こ》れ彼《か》れ報じ申さんと欲する所無しと云々。然れども恩問等閑《おんもんとうかん》ならざるの間、弓馬の事に於《お》いては、具《つぶ》さに以てこれを申す。すなはち俊兼《としかね》をしてその詞《ことば》を記し置しめ給う。縡《こと》、終夜を専《もっぱ》らにせらると云々。

十六日……。西行上人退出す。頻《しき》りに抑留《よくりゅう》すといえども、敢《あ》えてこれに拘《かか》わらず、**二品銀《しろがね》作《つく》りの猫を贈物に宛らる。上人これを拝領しながら、門外において放遊《ほうゆう》の嬰児《えいじ》に与えると云々。**これ重源上人《ちょうげんしょうにん》の約《やく》諾《だく》を請け、東大寺料の沙金《しゃきん》を勧進せんがため、奥州に赴く。此《こ》の便路をもって鶴岡に巡礼すと云々。陸奥守秀衡入道《ひでひらにゅうどう》は上人の一族なり。

【解説】西行は、鎌倉に向かう途中、小夜《さよ》の中山で富士を見て、「年たけてまた越ゆべしと思ひきやいのちなりけり小夜の中山」、「風になびく富士のけぶりの空に消えて行方《ゆくえ》も知らぬわが思ひかな」という有名な歌を詠んだが、鎌倉に入った八月十五日は、鶴岡八幡宮の放生会《ほうじょうえ》で、流鏑馬《やぶさめ》が行なわれる日であった。

頼朝は、神前の儀を終えた後、かつて都の人びとに、流鏑馬の名手として知られた西行と対面し、弓馬の道の奥義《おうぎ》と故実《こじつ》を尋ね、詠歌《えいか》の心について語り合おうとした。西行は、歌はものに感動したとき、自《おの》ずから湧き出てくるもので、詠歌の秘訣《ひけつ》など知らないし、遁世《とんせい》して、弓馬のことも忘れてしまったと答えたが、頼朝の熱心な問いに応じて、夜を徹して語った。

翌十六日、幕府を辞去した西行は、頼朝から贈られた銀作りの猫を、門前で遊んでいた子供に与えて、陸奥国に向かった。ときに西行六九歳、頼朝は四〇歳、東大寺勧進《かんじん》重源《ちょうげん》は六六歳であった。西行と頼朝との対面は、史上希有《けう》の名場面であり、幕府を後にする西行の姿も、一幅《いっぷく》の絵である。

鶴岡八幡宮

出典　『吾妻鏡』前篇〈新訂増補国史大系〉吉川弘文館、一九三二年

参考文献　目崎徳衛『西行』〈人物叢書〉吉川弘文館、一九八〇年

21 大原御幸

一一八六年

平清盛《たいらのきよもり》と妻時子《ときこ》の間に生まれた徳子《とくこ》は承安元年（一一七一）、一七歳で入内《じゆだい》して後白河《ごしらかわ》天皇の皇子である一一歳の高倉《たかくら》天皇の女御《にようご》となり、翌年中宮《ちゆうぐう》になった。治承二年（一一七八）に生まれた皇子が、治承四年に安徳《あんとく》天皇となると、翌年、建礼門院《けんれいもんいん》の院号宣下《せんげ》を受けた。高倉天皇の母は、清盛の妻平時子の妹滋子《しげこ》（建春門院《けんしゆんもんいん》）であったから、徳子と高倉天皇はいとこにあたる。安徳天皇の外祖父となった、清盛の地位は絶頂に達した。安徳天皇の即位は、治承四年二月のことであったが、五月には源頼政《よりまさ》が以仁王《もちひとおう》を奉じて反平家の旗を挙げ、六月に清盛は福原《ふくはら》遷都を強行し、八月には源頼朝《よりとも》が伊豆《いず》で挙兵というように、清盛の周辺は目まぐるしく変化し、翌年、清盛は世を去った。寿永二年（一一八三）七月、平家一門と平家の軍兵《ぐんぴよう》は、天皇を奉じて西海に赴き、文治元年（一一八五）三月、壇浦《だんのうら》の合戦に敗れて滅亡した。天皇は入水《じゆすい》したが、母の建礼門院は、源氏の兵に引き上げられ、京都に送還された。同年五月、京都で出家し、ついで大原《おおはら》の寂光院《じやっこういん》に入って、高倉・安徳両天皇の冥福を祈る日々を送り、建保元年（一二一三）五九歳で亡くなった。後白河上皇が、寂光院に隠れ住む建礼門院を訪ねる話は、源平合戦を総括し、『平家物語』全巻の幕を引く物語として、人びとの心に深い感動を与えつづけている。

【史料】『平家物語』灌頂巻《かんじょうかん》

〔大原御幸《ごこう》〕かかりし程に、文治《ぶんじ》二年の春の比《ころ》、建礼門院大原の閑居《かんきょ》の御すまひ御覧ぜまほしうおぼしめされけれ共、きさらぎ・やよひの程は、風はげしく、余寒もいまだ尽きせず、峰の白雲消えやらで、谷のつららもうちとけず。春過夏きたッて、北まつりも過しかは、法皇、夜をこめて、大原の奥へぞ御幸なる。……西の山のふもとに、一宇《いちう》の御堂《みどう》あり。即《すなわち》寂光院是也《これなり》。**ふるう作りなせる前水《せんずい》・木立、よしあるさまの所なり。「甍《いらか》やぶれては、霧不断の香《こう》をたき、枢《とぼそ》落ちては、月常住の灯《ともしび》をかかぐ」とも、かやうの所をや申べき。**

〔六道之沙汰《ろくどうのさた》〕女院《にょういん》重ねて重ねて申させ給ひけるは、「我平相国《われへいしょうこく》のむすめとして、天子の国母《こくも》となりしかば。一天四海、みなたなごころのままなり。……六欲《ろくよく》・四禅《しぜん》の雲の上にて、八万の諸天に囲繞《いにょう》せられさぶらうらむ様に、百官悉《ことごとく》あふがぬものやさぶらひし。……人間の事は、愛別離苦《あいべつりく》・怨憎会苦《おんぞうえく》共に我身に知られてさぶらふ……」。

【解説】平家滅亡の翌年、後白河《ごしらかわ》法皇は大原の寂光院に、尼となって安徳天皇と平家一門の菩提《ぼだい》を弔《とむら》う建礼門院を訪ねる。仏前に供える花を摘《つ》んで、山から帰ってきた女院は、法皇の来訪に驚くが、やがて自分の生涯を、

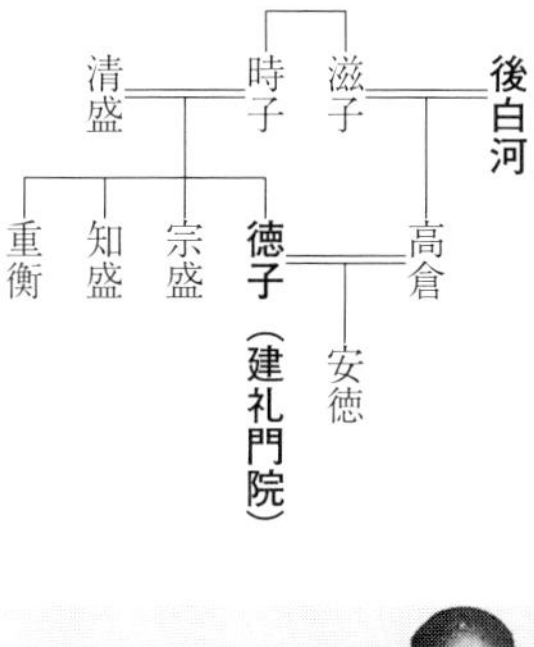

後白河法皇像（長講堂所蔵）

建礼門院像（寂光院所蔵）

「天上の果報《かほう》も、是《これ》には過《すぎ》じ」と思われた初めから、「四苦・八苦、一《ひとつ》として残る所」ない運命に翻弄《ほんろう》され、餓《が》鬼《き》、修羅《しゅら》、地獄のなかで苦しんだことを、法皇に語る。『平家物語』全一二巻の後に付け加えられた「灌頂巻」は、「女院出家」「大原入《いり》」「大原御幸」「六道之沙汰」「女院死去」の五段で構成され、清盛の悪業とその報いを述べ、女院の極楽往生の願いが叶えられたことを伝えて、平家の物語を閉じている。

動乱の時代を背後で操っていた後白河法皇と、数奇な運命を辿《たど》った女院が対面する「大原御幸」の場面は、『平家物語』のなかでも、格別の思いを寄せられ、謡曲『大原御幸』も名高い。

出典　梶原正昭他校注『平家物語』四〈岩波文庫〉岩波書店、一九九九年

参考文献　石母田正『平家物語』〈岩波新書〉岩波書店、一九五七年

22 平泉炎上

一一九〇年

源頼朝《みなもとのよりとも》が関東諸国を制圧し、鎌倉《かまくら》に御所《ごしょ》を設けたころ、陸奥《むつ》・出羽《でわ》は、平泉《ひらいずみ》に本拠を置く藤原氏《ふじわらし》が鎮守府《ちんじゅふ》将軍として統治していた。平氏滅亡後、弟の源義経《よしつね》が後白河法皇《ごしらかわほうおう》に迫って頼朝追討の院宣《いんぜん》を得たことを理由に、頼朝は諸国に守護《しゅご》・地頭《じとう》を置くなど、諸国の支配権を手にする。義経が奥州に逃れ、藤原秀衡《ひでひら》に匿《かくま》われると、秀衡の死後、頼朝は後継の泰衡《やすひら》に義経の追討を迫り、朝廷に泰衡追討の宣旨《せんじ》を申請する。追い詰められた泰衡は文治五年（一一九〇）閏四月に義経を急襲して殺害した。これを知った頼朝はただちに朝廷に泰衡追討を要請し、これをしぶる朝廷を尻目に全国から動員した軍勢を率い七月、奥州へ出陣、八月に平泉を攻略した。泰衡は郎党《ろうとう》に殺害される。九月、頼朝が朝廷に送った藤原氏討伐の報告書と入れ違いに、朝廷より泰衡追討の宣旨が鎌倉に届いた。頼朝は東国全体を支配下に収めたのである。

【史料】『吾妻鏡』文治五年（一一九〇）八月二十一日条

泰衡《やすひら》を追ひ、岩井《いわい》郡平泉に向はしめ給ふ。しかるに泰衡が郎従《ろうじゅう》、栗原《くりはら》、三迫《さんのはざま》等要害《ようがい》において、鏃《やじり》を礪《みが》くといへども、攻戦強盛《こうせんごうせい》の間、防ぎ奉るに利を失ふ。宗《むね》たるの者、若次郎《わかじろう》は三浦介《みうらのすけ》のために誅《ちゅう》せらる。同九郎大夫《くろうだゆう》は、所《ところ》六郎朝光《ろくろうともみつ》討ちてこれを獲《と》る。このほか郎従、悉《ことごと》く以《もっ》て誅戮《ちゅうばつ》、残るところ卅許《さんじゅうばか》りの輩《ともがら》これを生虜《いけど》る。ここ

に二品《にほん》松山《まつやま》道を経て、津久毛《つくも》橋に到り給ふ、梶原平二景高《かじわらへいじかげたか》、一首の和歌を詠ずるの由《よし》これを申す。

陸奥《みちのく》の、勢《せい》は御方《みかた》に津久毛橋、渡して懸《か》けん泰衡が頸《くび》

祝言の由、御感ありと云々、**泰衡、平泉の館を過ぎ、猶《なお》逃亡す。**こと急ぎて自宅の門前を融《とお》るといへども、暫時《ぜんじ》も逗留するあたはず、纔《わずか》に郎従許《ばか》りを件《くだん》の館の内に遣《つかわ》し、高屋《たかや》・宝蔵《ほうぞう》等に火を縦《はな》つ、杏梁桂柱《きょうりょうけいちゅう》の構へ、三代の旧跡を失ひ、麗金《れいきん》昆玉《こんぎょく》の貯へ、一時の新灰《しんたん》たり。倹《けん》は存《そん》し、奢《しゃ》は失《うしな》ふ、誠に以《もっ》て慎《つつし》むべきものや。

源義経画像（中尊寺所蔵）

【解説】藤原泰衡が使者によって送り届けた源義経の首の、首実検が終わって間もなく、多年義経を匿《かくま》った科《とが》によって泰衡を追討すべく、源頼朝は朝廷に泰衡追討の宣旨を申請した。すでに二月ごろから奥州討伐に向けて全国的な動員準備を行なっていたとされる。そして朝廷からの勅許《ちょっきょ》がないことに業をにやし、大庭景能《おおばかげよし》に故実を尋ねたところ、「軍中には将軍の令を聞き、天子の詔《みことのり》を聞かず」という諺《ことわざ》もあるように、すでに天皇に申請したのなら、とくに返事を待つ必要はない、ことに泰衡は累代《るいだい》の御家人《ごけにん》の末裔《まつえい》ではないか、綸旨《りんじ》なしに討伐しても問題はない、との答えを得て出陣に踏み切った、と『吾妻鏡』は伝える。

七月十二日、頼朝は朝廷に対して泰衡討伐の宣旨を催促した。これに対し朝廷が、義経の首を差し出した以上、今年は許可を見送ると返事すると、これを無視して出陣を決定した。頼朝は討伐軍を、東海道沿いに北進する軍勢、北陸道沿いに出羽国念珠関《ねずがせき》に進軍する軍勢、そして自ら率いて白河関《しらかわのせき》から進入する軍勢の三つに分け、七月十九日に鎌倉を出陣した。二十九日に白河関を越え、八月十日には泰衡兄の国衡《くにひら》を討伐し、十二日には多賀国府《たがこくふ》に到着する。さらに泰衡の拠点多加波々城《たかはばじょう》を囲んだが、泰衡はすでに逃走し、籠城《ろうじょう》していた郎従たちは降伏した。そして引用史料にみえるように本拠地の平泉を目指したのである。

中尊寺

毛越寺庭園

平泉に向かう頼朝の軍勢に対し、泰衡の郎従たちが栗原《くりはら》、三迫《さんのはざま》などで防戦するが衆寡敵《しゅうかてき》せず、ほとんどの郎従たちが討死し、わずかに残った三〇名ほどは生捕りとなった。松山道を経て津久毛橋へと進軍したところで梶原景高が「奥州の武士たちはほとんど頼朝の味方についたから、後は泰衡を梟首《きょうしゅ》するのみ」（「味方につく」と「津久毛橋」、首を「渡す」〈取った首をみせしめに人目に曝《さら》す〉と橋を渡すとが、それぞれ掛詞《かけことば》になっている）との意味の和歌を詠み、頼朝は感心したという。

泰衡は平泉の館の門前を通っただけでほとんど留まる時間もなく逃走した。その逃走にあたって郎従らに建物に火をかけさせ、建物や宝物を全焼させたという。二十二日に頼朝が平泉に着いたときには、館は跡形もなくなっており、「家はまた烟《けむり》と化し、数町の縁辺《えんぺん》、寂寞《じゃくまく》として人なし」（『吾妻鏡』文治五年八月二十二日条）というありさまだったという。

出典　『吾妻鏡』前篇〈新訂増補国史大系〉吉川弘文館、一九三二年

参考文献　五味文彦「京・鎌倉の王権」同編『京・鎌倉の王権』〈日本の時代史〉吉川弘文館、二〇〇三年

23 承久の乱

一二二一年

建保七年（一二一九）源実朝《さねとも》が暗殺されてから、後鳥羽《ごとば》上皇と幕府との対立は決定的になった。新たな将軍として幕府が要請した皇子の下向を後鳥羽上皇は拒否する。かねて実朝を通じて幕府を従えようと目論み、有力な御家人を重用し、西面《さいめん》の武士を設置する一方、天皇家の所領のほとんどと、全国の知行国《ちぎょうこく》を掌握するなど経済的基盤もととのえてきた上皇は、ここに至り挙兵を決意した。承久三年（一二二一）五月、院中に官軍を集結させ、従軍しなかった京都守護伊賀光季《いがみつすえ》を討ち、親幕派の西園寺公経《さいおんじきんつね》父子を弓場殿《ゆばどの》に幽閉し、北条義時《よしとき》以下を追討せよとの宣旨《せんじ》を発した。九条家から幼い将軍を迎えたばかりで、有力御家人相互の対立も取沙汰されていた幕府は窮地に追い込まれたはずであった。だが、御家人《ごけにん》たちは亡き将軍の母北条政子《まさこ》を中心に結束し、京都へ攻め上り、上皇の軍勢を打ち破ったのである。

【史料】『承久記』（慈光寺本）下

同（七月）十日は武蔵太郎時氏《ときうじ》、鳥羽殿へこそ参り給《たま》へ。物具《もののぐ》しながら南殿《なんでん》へ参り給ひ、**弓のうら弭《はず》にて御前の御簾《みす》をかき揚げて、「君は流罪《るざい》せさせおはします。とくとく出《いで》させおはしませ」と責め申す声・気色《きそく》、琰魔《えんま》の使に異ならず。**院ともかくも御返事なかりけり。武蔵太郎重ねて申されけるは、「いかに宣旨は下り候ぬやらん。猶《なお》謀叛の衆を引き籠《こめ》てましますか。とくとく出させおはしませ」と責め申しければ、今度は勅答あり。

「今我が報ひにて、争《いかで》か謀反の者引き籠べき。但《ただし》、麻呂《まろ》が都を出なば、宮々に離れまいらせん事こそ悲けれ。なかんづく彼の堂別当《べっとう》が子伊王左衛門能茂《よししげ》、幼より召つけ、不便《ふびん》に思食《おぼしめさ》れつる者なり。今一度見せまいらせよ」とぞ仰せ下されける。

【解説】引用した史料は、京都を制圧し、鳥羽殿にやってきた幕府軍が、後鳥羽上皇の身柄を掌中にしたときのありさまを描いたものである。ここに至るまでの経緯を簡単に述べておきたい。

追討の宣旨が鎌倉にもたらされると、御家人たちは北条義時の館に集まった。御家人たちの前で北条政子は、頼朝あっての鎌倉であり、鎌倉あっての御家人である、御家人たちの「官位」も「俸禄《ほうろく》」もすべて頼朝の恩に発することを想起させ、逆臣の讒言《ざんげん》による不当な宣旨に対し、武士として「名前を惜しむ」なら頼朝への恩返しのために戦うべきであり、「院中」へ参じたければこの場で申し出よ、と迫った。居並ぶ御家人たちはことごとくその命に応じたという（『吾妻鏡』承久三年五月十九日条）。軍議の場では足柄・箱根を固めて都の軍勢を迎え撃とうとする案と、大江広元《おおえひろもと》が強く主張したようにただちに都へ進撃しようとする案の二つが出された。義時は二つの案をもって政子に伺いを立てた結果、ただちに上洛する方針に決定した（同上）。御家人たちの頂点にいたのは九条家から来たばかりの幼い将軍ではなく、頼家、実朝という二代の将軍の母として君臨していた「尼将軍《あましょうぐん》」だったのである。後鳥羽上皇の誤算といえば、相当に大きな誤算だったといえよう。

後鳥羽上皇像（水無瀬神宮所蔵）

東海道からは北条泰時《やすとき》・時房《ときふさ》の率いる一〇万余騎の軍勢が、東山道からは武田信光《たけだのぶみつ》の率いる小笠原長清《おがさわらながきよ》ら五万余騎の軍勢が、北陸道からは北条朝時《ともとき》の率いる四万余騎の軍勢が京都を目ざした。諏訪社《すわしゃ》の神官諏訪氏が、神前で従軍の可否を占った結果、幕府軍に従軍し、その軍勢を宮烏《みやがらす》の大群が先導したという伝承まで残されている。六月十四日には宇治川《うじがわ》を突破し上皇方の軍勢を打ち破った。翌日幕府軍は京都に入り、上皇方を全面降伏に追い込む。後鳥羽上皇は義時追討の宣旨を撤回し、その官職を元通りにした。上皇方だった山田重忠《やまだしげただ》（重貞）、三浦胤義《たねよし》らは自害した。重忠、胤義らが最後の一戦を覚悟して上皇のいる高陽院《かやいん》殿に参じたところ、上皇は幕府軍の攻撃を避けるために、御所を去るよう命じたので、武士たちは「かかりける君に語らはれまいらせて、謀反を起しける胤義こそ哀れなれ」と詰《なじ》ったという（『承久記』慈光寺本）。

引用部分には、上皇の御簾《みす》を遠慮会釈なく弓の弭《はず》でかきあげ、流罪を宣告する北条泰時の嫡男時氏に対し、しばし絶句した上皇は、さらに「謀叛の衆」を引き渡すよう迫る時氏に、幼少より召し遣った伊王能茂に会うことを懇願したと記されている。事実か否かは不明であるが、関東武士の結集した力が古代以来の王朝権力を打ち摧《くだ》いた瞬間はみごとに描写されている。『承久記』のなかで最も成立が早いとされる慈光寺本を用いた。

出典　栃木孝惟他校注『保元物語・平治物語・承久記』〈新日本古典文学大系〉岩波書店、一九九二年

参考文献　目崎徳衛『史伝後鳥羽院』吉川弘文館、二〇〇一年／五味文彦「京・鎌倉の王権」同編『京・鎌倉の王権』〈日本の時代史〉吉川弘文館、二〇〇三年

北条政子の墓

24 御恩と奉公 ―謡曲『鉢木』―

鎌倉中期

封建制《ほうけんせい》は、中国古代の地方分権的な政治体制をいうことばであったが、法制史学者中田薫《なかたかおる》（一八七七〜一九六七）が、鎌倉時代の法制を研究して、武家社会がヨーロッパ中世の社会と似た構成を持っていることを指摘して以来、フューダリズムの訳語として、一般に用いられるようになった。日本とヨーロッパの比較のなかで、しばしば取り上げられたのが、土地を仲立ちとして結ばれる主従契約の慣行で、主人に名簿《みようぶ》を差し出して家人になった従者は、主人から経済的利権や名誉を与えられる代わりに、主人のために戦いに参加し、日常的な勤務に従事する奉公をつとめた。封建制は、日本の中世社会を考える重要な概念となり、主命を受けて馳《は》せ参じた御家人が、所領を安堵《あんど》され、恩賞を与えられる謡曲『鉢木《はちのき》』の説話は、主従関係の説明のためにしばしば取り上げられた。

【史料】謡曲『鉢木』

ワキ　やああれなるは佐野《さの》の源左衛門《げんざえもん》の尉常世《じようつねよ》か。これこそいつぞやの大雪に宿《やど》借りし修行者よ見忘れてあるか。いで汝《なんじ》その時佐野にて申ししよな。**今にてもあれ鎌倉に御《おん》大事あらば、ちぎれたりともその具足取つて投げかけ、錆《さ》びたりとも薙刀《なぎなた》を持ち、痩《や》せたりともあの馬に乗り、一番に馳せ参ずべき由申しつる、言葉の末を違《たが》へずして、参りたるこそ神妙《しんびよう》なれ。**まづまづ今度の勢《せい》づかひ、全く余《よ》の儀にあらず。常世が言葉の末真《まこと》か偽《いつわり》か知らん為なり。又当参の人々も、訴訟あらば申すべし。理非《りひ》によつてその沙汰致すべき所なり。まづまづ沙汰の初めには、常世が本領佐野の庄、三十余郷《ごう》、返し与ふる所なり。また何より以つて切《せつ》なりしは、大雪降つて寒かりしに、秘蔵せし鉢の木を切り火に焚いてあてし志、いつの世にかは忘るべき。いでその時の鉢の木は、梅桜松にてありしよな。その返報に加賀に梅田、越中に桜井、上野《こうずけ》に松井田、これ三箇《が》の庄、子子孫孫に至るまで、相違あらざる自筆の状、安堵に取り添へたびければ、

シテ　常世御教書《みきようじよ》賜りて

【解説】『鉢木』は、四番目物、人情物に分類される曲で、男舞も切り合いもない劇であるが、武士のあるべき姿をあらわし、身をやつして諸国を回る北条時頼《ほうじようときより》が登場することで人気を博した能である。作者は不明。シテは、佐野常世。ワキは、前場は旅の僧、後場は最明寺《さいみようじ》入道時頼。

ある夜、降りしきる雪のなかを、上野国《こうずけ》(群馬県)の佐野に着いた旅の僧が、貧しい常世の家に一夜の宿を乞う。一度は断るが、僧を迎え入れた常世は、粟《あわ》の飯をすすめ、客人を温める薪《たきぎ》もないので、大切にしていた鉢植えの梅松桜の木を、一つ一つ別れを惜しんで炉に投ずる。常世は旅の僧に、自分は一族の横領《おうりよう》に遇って零落《れいらく》の身になっているが、いざ鎌倉の時には一番に駆けつけ、命

能「鉢木」(平成4年12月，シテ＝梅若六郎，国立能楽堂提供)

を捨てて戦う覚悟でいることを語る。僧は翌朝、別れを惜しみつつ去っていった（以上前場）。

その後、諸国の御家人に、鎌倉に集まれという命令が出た。常世は、貧しい具足を身につけ、痩《や》せ馬に跨《また》がって一番に駆けつける。招集をかけたのは、前執権最明寺入道時頼、あの旅の僧であった。時頼は、常世のことばに偽りのなかったことを賞し、横領されていた本領を安堵し、鉢の木にちなんで、梅・松・桜の名を持つ土地を、恩賞として与える。

北条時頼が執権を退いた後、身をやつして旅に出て、諸国の実情を視察したという話は、『増鏡《ますかがみ》』や『太平記《たいへいき》』の挿話となって人びとに知られ、後の水戸黄門漫遊譚《みとこうもんまんゆうたん》の原型になった。

北条時頼像（建長寺所蔵）

出典　横道萬里雄他校注『謡曲集』下〈日本古典文学大系〉岩波書店、一九六三年

参考文献　佐々木馨『北条時頼と廻国伝記』吉川弘文館、一九九七年

25 モンゴル襲来

一二七四年

一二六六年、モンゴル皇帝フビライが発した、日本に朝貢《ちょうこう》を命じる国書《こくしょ》が大宰府《だざいふ》に至ったのは文永五年（一二六八）正月である。幕府はフビライの命令を再三にわたり拒否、国号を元《げん》と改めたモンゴルは文永十一年十月、およそ三万数千の軍勢を派遣して対馬《つしま》・壱岐《いき》を占領し、博多湾《はかたわん》に来襲した（文永《ぶんえい》の役《えき》）。日本軍の苦戦にもかかわらず、モンゴル軍は一日で撤退する。日本側の軍事力を瀬踏みし、日本に脅威を与えるための第一撃だったとされる。弘安四年（一二八一）六月モンゴル軍約四万がふたたび博多に来襲する（弘安《こうあん》の役《えき》）。モンゴル軍には、南宋の滅亡により服属した江南軍約一〇万が合流した。だが日本側の防戦と、折からの暴風雨によりモンゴル軍は敗走した。防戦に従軍した一武士の手により記された、モンゴル襲来に関する希有《けう》の記録がここに引用する『蒙古襲来絵詞《もうこしゅうらいえことば》』である。

【史料】**『蒙古襲来絵詞』上巻第四段**

武房《たけふさ》に、凶徒赤坂の陣を駆け落とされて、二手になりて大勢は麁原《そはら》に向きて退《ひ》く。小勢は別府《べふ》の塚原《つかはら》へ退く。塚原より鳥飼《とりかい》の汐干潟《しおひがた》を大勢に成り合はむと退くを追駆《おいか》くるに、馬干潟《うまひがた》に馳《は》せ走《たば》して、その敵《かたき》を延ばす。凶徒は麁原に陣を取りて、色々の旗を立て並べて、乱鉦《らんしょう》暇《ひま》なくして犇《ひしめ》き合ふ。**季長《すえなが》馳せ向かふを、藤源太資光《とうげんたすけみつ》申す。「御《み》かたは続き候らん。御待ち候て、証人を立てて御合戦候へ」と申すを、「弓箭《きゅうせん》の道、先《まず》を以て賞《しょう》とす。唯駆《ただか》**

けよ」とて、喚《おめ》いて駆く。凶徒麁原より鳥飼潟の塩屋の松の下《もと》に向け合わせて合戦す。一番に旗指馬《はたさしうま》を射《い》られて跳《は》ね落とさる。季長以下三騎痛手負《いたでお》ひ、馬射られて跳ねしところに、肥前国の御家人白石《しろいし》六郎通泰《みちやす》後陣《ごじん》より大勢にて駆けしに、蒙古の軍《いくさ》引き退《しりぞ》きて麁原に上がる。馬も射られずして、夷狄《いてき》の中に駆け入り、通泰続かざりせば、死ぬべかりし身なり。

【解説】『蒙古襲来絵詞』は肥後《ひご》国の地方武士で幕府の御家人であった竹崎季長《たけざきすえなが》により作成された。奥書によれば作成の時期は永仁元年（一二九三）、幕府内で専制的な勢力をふるっていた平頼綱《たいらのよりつな》が北条貞時《さだとき》に滅ぼされたころである。石井進氏によれば、その頼綱に滅ぼされた安達泰盛《あだちやすもり》とその一族への感謝を表明するために、この絵巻は作成されたという。

『蒙古襲来絵詞』には文永の役の後に、自らの一番乗りを訴訟すべく、遠路を鎌倉に下った竹崎季長に館での面会を許し、その言い分を聞き届け、将軍に取り次いでくれた安達泰盛のことが詳しく描写されている。その結果、季長は肥後国海東郷の地頭《じとう》に任じられたのであった。さらにこの絵巻には、弘安の役の折、退散していく敵軍を追撃すべく出陣した季長に、泰盛の次男で肥前国守護代の安達盛宗《もりむね》が自らの船への同乗を許したことも記されている。

『蒙古襲来絵詞』（宮内庁三の丸尚蔵館所蔵）

恩賞をもとめる竹崎季長
左は恩賞奉行安達泰盛．（『蒙古襲来絵詞』宮内庁三の丸尚蔵館所蔵）

その結果、季長は敵船に乗り移って軍功を立て、それを安達盛宗の前で報告できたのであった。泰盛・盛宗らを霜月騒動《しもつきそうどう》で滅ぼした平頼綱自身が、今度は滅亡した時期に到って、文永・弘安の役でうけた、こうした恩顧を記念して季長が作成したのが『蒙古襲来絵詞』（一名『竹崎季長絵詞』）であったという。

文永の役では、当時の鎮西奉行武藤《むとう》・大友《おおとも》両氏のもとに統率された幕府の御家人勢の一人として出陣した季長は、その日当番の司令官として采配をとっていた武藤景資《かげすけ》の、息《おき》の浜《はま》で待機して敵軍を討取ろうとの命令を無視し、わずか五騎で、すでに菊池武房に蹴散らされて退却するモンゴル軍を追撃する。わずか主従五騎では一番乗り以外の軍功を立てることができないからであった。

引用部分はモンゴル軍との戦いの場面である。モンゴル軍を塚原《つかはら》、鳥飼潟《とりかいがた》と追走した季長は、敵が陣取る麁原《そはら》（祖原）に駆け入ろうとした。郎党《ろうとう》の藤源太資光の、「間もなくやって来る味方の軍勢を待ち、軍功を証明してくれる証人のいるところで合戦しては」との忠告にも耳を貸さず「弓箭《きゅうせん》の道、先を以て賞とす」とばかり攻め込んだ。はたして季長と旗指《はたさ》しの馬は敵に射殺され、季長、三井資長《すけなが》（季長の姉聟）、それに若党一人が重傷を負い、窮地に陥ったところを後から駆けつけた肥前国の御家人白石光泰《しらいしみつやす》の軍勢に救われたのである。

無事帰還した季長は白石光泰と互いに相手の証人となり、大将武藤景資の前で一番乗りの軍功を認められたと、『蒙古襲来絵詞』は記している。

出典　小松茂美編『蒙古襲来絵詞』〈日本の絵巻〉中央公論社、一九八八年

参考文献　石井進『鎌倉びとの声を聞く』日本放送出版協会、二〇〇〇年／近藤成一「モンゴルの襲来」同編『モンゴルの襲来』〈日本の時代史〉吉川弘文館、二〇〇三年

26 一遍と福岡市 一二七八年

十三世紀は、後に鎌倉新仏教の名で呼ばれ、近代にまでつづく仏教諸派の開祖が輩出した世紀である。そのなかでも、最後に現われた時宗の開祖とされる一遍《いっぺん》はひときわ異彩を放っている。伊予《いよ》国の御家人河野《こうの》氏の出身だった一遍は、衣食住、家族のすべてを捨てて、一生を遊行《ゆぎょう》と呼ばれる念仏勧進《ねんぶつかんじん》の旅に捧げた。生涯の終わりに自ら所持していた経典や書籍をすべて焼き捨て、彼を慕い、その遊行に従ってきた弟子たちに見守られながら生涯を終えたという。「捨聖《すてひじり》」の名にふさわしい生涯であった。明治年間にはわずか五百数十ヵ寺を有していた時宗だが、一遍の後継者他阿真教《たあしんきょう》が百余の道場を建立したのをはじめ、京都には金光寺《こんこうじ》、金蓮寺《こんれんじ》、歓喜光寺《かんぎこうじ》といった寺院が建立され、室町中期には全国に二〇〇〇の道場をもつ大規模な宗派であったという。中世の色彩豊かな宗派ともいうことができよう。

【史料】『一遍聖絵』巻四・第一四段

備前《びぜん》国藤井と云《い》ふ所の政所《まんどころ》に御座《おわ》して念仏勧《すす》め給ひけるに、家主は吉備津《きびつ》宮の神主が子息なりけるが、他へ違《たが》ひたり。その妻女聖《ひじり》を尊びて、法門《ほうもん》など聴聞《ちょうもん》し、俄《にわか》に発心《ほっしん》して出家を遂げにけり。聖は福岡の市《いち》と云ふ処にて念仏勧め給ふ程に、彼の夫帰り来りて、これを見侍りて、目もあやに覚えて、事の由を尋ぬるに、女答へて云く、「尊《とうと》き捨《す》て聖《ひじり》の御座しつるが、念仏往生の様、出離生死《しゅつりしょうじ》の趣説かれつるを聴聞するに、誠に尊く覚えて、夢幻《ゆめまぼろし》の世の中に、あだなる露《つゆ》の姿を飾りても、何時迄《いつまで》かあるべきなれば」出家をしたる由を語る。夫は無悪不造の者なりければ、大きに怒りて、「件の法師原《ほっしばら》何処《いずこ》にても尋ね出だして、責め殺さむ」とて出でけるが、福岡の市にて聖に尋ね会ひ奉りぬ。大太刀《おおだち》脇《わき》に挟みて、聖の前に近づき侍りけるに、聖未だ見給はざる者に向かひて、「汝は吉備津宮の神主の子息か」と尋ねられけるに、**忽《たちま》ちに瞋恚《しんに》止み、害心《がいしん》失せて、身の毛もよだち尊く覚えける程に、即ち本鳥《もとどり》(髻)を切りて、聖を知《ち》識《しき》として出家を遂げにけり。**

【解説】一遍の生涯は、一遍の近親であり、弟子として遊行《ゆぎょう》に従った聖戒《しょうかい》が製作した『一遍聖《いっぺんひじり》絵《え》』(全一二巻)によって知ることができる(他に『遊行上人縁起』〈『一遍上人絵詞伝』〉も有力な史料)。これによると、家を継いだものの、出家して、信濃国善光寺《ぜんこうじ》に参詣したり、伊予国窪寺《くぼでら》や菅生《すごう》の岩屋《いわや》で修行したりした一遍が伊予国を出たのは、文永十一年(一二七四)二月、参詣した紀伊国熊野社《くまのしゃ》で神託を受け、「同行を放ち捨て」て一人で遊行の旅に出て九州で念仏勧進を行なったのが建治二年(一二七六)、そして安芸国《あき》厳島神社《いつくしまじんじゃ》に参詣し、

『一遍聖絵』(清浄光寺所蔵)

吉備津神社

引用史料に見えるように、備前国藤井（岡山市西大寺一宮）に行ったのは弘安元年（一二七八）のことであった。

一遍は藤井という在所の「政所《まんどころ》」の家に立ち寄った。政所とは、その地域の年貢の徴収、警察権の発動などを司る、領主の役割を果たす機関である。そしてこの藤井では備前一宮《いちのみや》の吉備津神社《きびつじんじゃ》の神主の息子の館が政所となっていた。念仏を勧める一遍に、家主の妻が帰依《きえ》して出家した。留守だった夫は、帰宅して出家した妻の姿に驚き、事情を尋ねると「尊い捨聖の説法が、ありがたく思え、世の無常が身に沁《し》みて」出家したとのこと、これに激怒し「その坊主を何としても探し出して責め殺してやる」とばかり家を出て、福岡（瀬戸内市長船町福岡）の市で一遍を発見し、太刀に手をかけて近づく夫に、一遍は一度も会ったことがないのに「お前は吉備津宮の神主の息子か」と問いかけた。その声を聞いた夫はたちまち怒りが失せ、一遍を殺そうとする気持ちも萎《な》え、それどころか身の毛がよだつほど尊く感じ、その場で自分の髻《もとどり》を切って、一遍を知識《ちしき》（戒師《かいし》）として出家した、というのが引用史料の大意である。

この後に『一遍聖絵』は、吉備津宮神主の息子の出家につづいて「弥阿弥陀仏、相阿弥陀仏を始めとして、出家と遂ぐる者、惣《そう》じて二百八十余人はべりけり」と記している。事実二八〇人を超える出家者が居たかどうかはわからないが、福岡の市での出来事が多くの人びとに衝撃と感動を与えたことは想像に難くない。一遍の念仏勧進が行なわれた主な場の一つが市場であったことが知られるとともに、そこでの、政所の領主の出家という出来事が大きな衝撃をもって迎えられたことが推測される。中世の市場について多くを考えさせる場面である。

出典　『一遍上人絵伝』〈日本の絵巻〉中央公論社、一九八八年

参考文献　金井清光『一遍と時衆教団』角川書店、一九七五年／今井雅晴編『遊行の捨聖　一遍』〈日本の名僧〉吉川弘文館、二〇〇四年

27 異類・異形の悪党

鎌倉末期

鎌倉末期の社会の重要な要素に悪党《あくとう》がある。悪党とはもともと夜討《ようち》、強盗、山賊、海賊などの凶悪犯を指すが、十三世紀の中ごろから悪党が国々で蜂起するようになった。幕府は事態を重視し、悪党を逮捕するとともにこれを匿《かくま》う荘園領主や守護・地頭をも取り締まろうとした。しかし全国的に広がり、交通路に沿って自在に移動する悪党の活動はますます盛んになった。悪党には大きな社会的背景があったとされている。ちょうどこの時代、日本では貨幣の流通が盛んになり、貨幣経済の発達のなかでこれまで安定していた土地所有権も揺らぐようになった。貨幣の力で土地を取得し、伝統的な所有権を脅かす下級武士、商人、芸能民らが悪党として行動するようになり、その行動様式は御家人までも巻き込んでいった。後醍醐《ごだいご》天皇《てんのう》の討幕運動に参じた楠木正成《くすのきまさしげ》、名和長年《なわながとし》らも悪党の要素をもっていたとされる。

【史料】『峯相記《みねあいき》』

正安《しょうあん》・乾元《けんげん》の比《ころ》より目に余り、耳に満ちて聞へ候し所々の乱妨、浦々の海賊、寄取《よせとり》、強盗、山賊、追落しひまなく、**異類《いるい》・異形《いぎょう》なるありさま人倫に異なり**、柿帷《かきかたびら》に六方笠《ろつぽうがさ》を着て、烏帽子《えぼし》・袴《はかま》を着し、人に面《おもて》を合せず。忍びたる体《てい》にて数不具なる高しこを負ひつ。柄鞘《えさや》はげたる太刀《たち》を佩《は》き、竹ながゑ、撮棒《さいぼう》、杖ばかりにて、鎧《よろい》・腹巻《はらまき》等を着るまでの兵具更になし。**かゝる類十人二十人、或は城に籠り、寄手《よせて》に加はり、或は引入れ・返《かえ》り忠《ちゆう》**

を旨として、更に約諾を本《もと》とせず。博打《ばくち》・博奕《とばく》を好みて、忍び、小盗を業とす。武士方の沙汰、守護の制禁にもかゝはらず日を逐《お》て倍増す。……**正中《しょうちゅう》・嘉暦《かりやく》の比はその振舞ひ先年に超過して天下の耳目《じもく》を驚かす。**よき馬に乗り列《つら》なり、五十騎・百騎打続き、引馬《ひきうま》、唐櫃《からびつ》、弓箭《ゆみや》、兵具《ひょうぐ》の類ひ金銀をちりばめ、鎧・腹巻照り輝くばかりなり。……**警固の守護等彼の権威に恐れ、追罰の武士も還《かえ》りて憚《はばか》りをなす。**よつて追捕《ついぶ》、狼藉《ろうぜき》、苅田《かりた》、苅畠《かりばた》、討入《うちいり》、奪取《ばいどり》、結句は残る荘園あるべしとも見へず。……或いは賄賂《わいろ》に滞り、或いは勇威に憚るかの間、御下知・成敗用ゐざるに科《とが》なし。……国中の上下、過半彼等に同意する間、廉直《れんちょく》の才士《さいし》・神妙《しんみょう》の族《やから》、耳を押へ、目を塞ぎて旬《しゅん》をわたる処に、果して元弘の重事《ちょうじ》出で来る。

【解説】『峯相記《みねあいき》』は播磨《はりま》国峯相山鶏足寺《ぶしょうさんけいそくじ》に貞和四年（一三四八）に参詣した者が昔のことを知る老僧から話を聞くという形式で書かれている。どこの国も同じような状況とはいうものの、この播磨国《はりまのくに》はことに悪党蜂起の噂があるが、何時からはびこるようになったのか、という参詣者の問いに答えた言葉が引用の部分である。

正安・乾元年間（一三〇〇年前後）からと答えた僧は、柿色《かきいろ》の帷子《かたびら》に六方笠（女物の笠）などのいでたち、「高

悪党（『芦引絵』逸翁美術館所蔵）

悪党（『地蔵菩薩霊験記』フリア美術館所蔵）

楠木正成像（大阪城天守閣所蔵）

しこ」（竹の矢籠）・「竹ながゑ」（竹の槍）・「撮棒」（魔除けの棒）・杖を武器とし、鎧・腹巻などの防具を着けない「異類《いるい》・異形《いぎょう》」の風体、「返り忠」（寝返り）を行ない、博打を好み、盗みをするという行動様式を語る。

引用部分にはないが、僧はつづけて元応元年（一三一九）に幕府が、地頭・御家人から起請文《きしょうもん》（誓約書）を徴収して悪党の在所を焼き払い、処刑・捕縛を徹底して行なうなどの取り締まりをしたものの、二、三年なりをひそめる程度の効果しかなかったと述べる。そして引用部分にあるように、正中・嘉暦年間（一三二〇年代）には立派な馬に乗り、金銀で飾った武器をもち、贅沢《ぜいたく》な鎧《よろい》・腹巻《はらまき》をした一〇〇騎におよぶ騎馬隊で行動するまでに勢力を伸ばし、幕府も取り締まることができないほど大きな勢力となって国中の大方の人びとを従わせ、幕府の法を遵守《じゅんしゅ》する者の方が日陰者にされるほどの状況となり、ついに「元弘の重事」すなわち鎌倉幕府の滅亡に至ったのだと述べる。

『峯相記』によれば悪党たちは、以前の所有者に味方すると言いがかりをつけて領地を奪い、城を構え、防備をして立て籠もり、矢倉を上げ、走木《はしりぎ》（高いところから材木を転がして寄せ手を防ぐ）を用い、礫《つぶて》を投げる、といったゲリラ戦を行ない、「無尽《むじん》」（金融）に手を出す一方、傭兵《ようへい》として隣国の但馬《たじま》、丹波《たんば》、因幡《いなば》、伯耆《ほうき》などの諸国から賄賂を取って攻め込んできたという。幕府の滅亡の大きな要因となる悪党の姿が活写されており、そのゲリラ戦のありさまは、河内国赤坂城《あかさかじょう》・千早城《ちはやじょう》で戦う楠木正成の姿を髣髴《ほうふつ》とさせる。

出典　「峯相記」『続群書類従』第二八輯上、続群書類従完成会、一九二四年

参考文献　村井章介「南北朝の動乱」同編『南北朝の動乱』〈日本の時代史〉吉川弘文館、二〇〇三年／新井孝重「悪党と宮たち」前掲『南北朝の動乱』

28 足利尊氏と六波羅探題の滅亡

一三三三年

正中《しょうちゅう》の変（一三二四年）、元弘《げんこう》の変（一三三一年）の二度にわたる後醍醐《ごだいご》天皇の討幕計画は挫折したかにみえたが、幕府内部の政治状況は不安定で内紛が治まらなかった。一方、依然として活動をつづける楠木正成《くすのきまさしげ》や赤松円心《あかまつえんしん》らと結んだ後醍醐の皇子護良《もりよし》親王の討幕活動もつづいていた。そしてこのような状況のなかで、北条一門の硬直化した専制政治に反発した幕府の御家人《ごけにん》たちが離反する。元弘三年（一三三三）、後醍醐軍を掃討するために派遣された足《あし》利尊氏《かがたかうじ》が後醍醐方に寝返り、京都の幕府の拠点六波羅《ろくはら》探題を攻撃すると、探題北条仲時《なかとき》以下六波羅勢は鎌倉へ向けて落ちようとした。同じころ、上野国新田《にった》荘で挙兵した新田義貞《よしさだ》は鎌倉を攻撃し、北条高時《たかとき》以下を自殺させた。こうして源頼朝の挙兵以後、一五〇年余りにして鎌倉幕府は滅亡した。

【史料】『**太平記**』**巻九**「**越後守仲時已下《いか》自害事**」

その時軍勢共に向ひて宣《のたま》ひけるは、「武運《ぶうん》漸《よう》く傾きて、当家の滅亡近きにあるべしと見給ひながら、弓矢の名を重んじ、日来《ひごろ》の好みを忘れずして、是《これ》まで着き纏《まと》ひ給へる志、中々申すに言《ことば》はなかるべし。その報謝《ほうしゃ》の思ひ深しといへども、一家の運已《すで》に尽《つ》きぬれば、何を以てか是を報ずべき。今は我旁《かた》がたのために自害をして、生《しょう》前《ぜん》の芳恩を死後に報ぜんと存ずるなり。仲時不肖《ぶしょう》なりといへども、平氏一類の名を揚《あ》ぐる身なれば、敵共定めて我が首を以て、千戸侯《せんここう》にも募《つの》りぬらん。**早く仲時が首を取つて源氏の手に渡し、咎《とが》を補ひて忠《ちゅう》に備へ給へ」と、云ひ果てざる言《ことば》の下に、鎧脱いで押膚脱《おしはだ》ぎ、腹掻《かきき》切つて伏し給ふ。糟谷三郎宗秋《かすやむねあき》是を見て……**「……今《こん》生《じょう》にては命を際《きわ》の御先途《せんど》を見終《は》て進《まい》ひらせつ。冥途《めいど》なればとて見放し奉るべきにあらず。暫《しば》らく御待ち候へ。**死出《しで》の山の御伴《おとも》申し候はん」とて、越後守の、柄口《つかぐち》まで腹に突立《つきた》て置かれたる刀を取りて、己《おのれ》が腹に突立て、仲時の膝に抱《いだ》き付き、覆《うつぶ》しにこそ伏したりけれ。是を始めて、佐々木隠岐前司・子息次郎右衛門……是等を宗《むね》徒《と》の者として、都合四百三十二人、同時に腹をぞ切たりける。**血はその身を浸《ひた》して恰《あたか》も黄河の流れの如くなり。

【解説】関東に落ちのびようとした六波羅軍に決定的な打撃を与えたのは、敗軍の将兵を襲って掠奪を試みる「野伏《のぶし》」「溢者《あぶれもの》」らであったと『太平記』は伝える。まず京都から山科に向かう渋谷越《しるたにごえ》の苦集滅道《くずめじ》で「野伏」の攻撃により六波羅探題（南方）の北条時益《ときます》は討死し、糟谷七郎はその場で追腹を切った。さらに篠原《しのはら》から柏原へ至る東山道沿いに待ち構える「山立《やまだち》・強盗・溢者」らの落人狩りによって打撃をうけた六波羅探題（北方）北条仲時以下の軍勢は、近江番場《ばんば》で周囲を「当国・他国の悪党」らに包囲され、進退きわまって「麓《ふもと》の辻堂《つじどう》」に立て籠もる。さらに京都を落ちるときには仲間に加わっていた佐々木時信の寝返りを知った仲時以下の武士たちはとうとう集団自決に追込まれた。引用した『太平記』の文は、この自決を描いた部分である。

　仲時はつき従ってきた将兵に、従軍を労《いたわ》って言った。「武運に見放され、北条家がまもなく滅亡することを知りながら、武士としての名を重んじ、拙者に従ってくれた志には御礼の言葉もない。何とかその志に報いたいが、北条家が滅亡を迎えた今、報いる力はないから、方々《かたがた》には拙者の首を差し出して生前の芳恩に報いたい。拙者のような者でも、いやしくも平氏の一類である以上、わが首を、敵は一千戸を領知する大名に取り立てるに値する手柄と見るに違いない」。その言の終わらぬうちに仲時は切腹し、糟谷宗秋は冥土の伴をすると宣言して自害し、仲時一党四三二名が一斉に自害したという。

『太平記』に「麓の辻堂」と記された場所は、現在蓮華寺《れんげじ》（滋賀県米原市番場）であるとされ、ここには北条仲時以下の死者を弔う過去帳が伝えられ、境内には彼らを供養する夥《おびただ》しい五輪塔が建てられている。この過去帳は最後まで北条仲時につき従った者たちの全容を知る貴重な史料になっている。それによると自害した者の大部分は北条氏代々の家来であって、一般の御家人は数えるほどしかいない。六波羅探題と最後まで命運をともにしたのは北条家に仕える者たちが主力であって御家人ではなかった。北条氏は幕府とともに滅んだが、御家人たちの多くは足利尊氏、新田義貞らと行動をともにし、次の時代を生きていくことになったのである。

北条仲時ほか墓所（蓮華寺）

出典　後藤丹治他校注『太平記』一〈日本古典文学大系〉岩波書店、一九六〇年

参考文献　佐藤進一『南北朝の動乱』〈日本の歴史〉改版、中央公論新社、二〇〇五年／村井章介「南北朝の動乱」同編『南北朝の動乱』〈日本の時代史〉吉川弘文館、二〇〇三年

29 新田義貞と鎌倉幕府の滅亡

一三三三年

元弘三年（一三三三）の鎌倉幕府の滅亡にとって、決定打となったのは有力御家人たちの離反であった。前項でも触れた足利尊氏《あしかがたかうじ》の寝返りや、関東の有力御家人新田義貞《にったよしさだ》の鎌倉攻めがそれである。足利氏も新田氏も八幡太郎義家《よしいえ》の次男足利式部大夫義国《よしくに》に発し、義国の子義重《よししげ》が新田太郎と名乗り、同じく義国の子義康《よしやす》は足利陸奥判官《むつはんがん》と名乗った。ともに源氏の将軍家と先祖を同じくする名族である。ながく幕府の実権を掌握してきた北条氏を見放した御家人が結集したのは、「源家累葉《るいよう》の族《やから》」を自称したという足利尊氏（『太平記』巻九）のもとであった。同じ「源家累葉の族」であるはずの新田義貞と尊氏との力関係は、鎌倉幕府滅亡時には圧倒的に尊氏優勢であった。にもかかわらず、鎌倉攻略に目覚しい働きをみせたのは義貞であったことが、後の両者の対立を招いたとする見解もある。

【史料】『太平記』巻一〇「稲村崎成干潟事《いなむらがさきひがたとなる》」

新田義貞、逞兵《ていへい》二万余騎を率《そつ》して、二十一日の夜半許《ばか》りに、片瀬《かたせ》・腰越《こしごえ》を打廻り、極楽寺《ごくらくじ》坂へ打ち莅《のぞ》み給ふ。明け行く月に敵の陣を見給へば、北は切通《きりどおし》まで山高く路嶮《けわ》しきに、木戸を誘《かま》へ垣楯《かいだて》を掻《かい》て、数万の兵陣を双《なら》べて並居《なみい》たり。南は稲村崎《いなむらがさき》にて、沙頭路狭《しゃとうみちせば》きに、浪打涯《なみうちぎわ》まで逆木《さかもぎ》を繁く引き懸《かけ》て、澳《おき》四五町が程に大船共を並べて、矢倉をかきて横矢《よこや》に射させんと構へたり。誠《げに》もこの陣の寄手、叶はで引ぬらんも理《ことわ》りなりと見給ひければ、**義貞馬より下り給ひて、甲《かぶと》を脱いで海上を遥々《はるばる》と伏し拝み、竜神に向つて祈誓《きせい》し給ひける。……至信《ししん》に祈念し、自ら佩《は》き給へる金作《こがねづく》りの太刀を抜いて、海中へ投げ給ひけり。**真《まこと》に竜神納受やし給ひけん、その夜の月の入方《いりがた》に、前々《さきざき》更に干《ひ》る事もなかりける稲村崎、俄《にわか》に二十余町、干上つて、平沙渺々《へいしゃびょうびょう》たり。横矢射んと構へぬる数千の兵船も、落ち行く塩（潮）に誘はれて、遥かの澳《おき》に漂へり。不思議と云ふも類《たぐ》ひなし。

稲村ヶ崎

【解説】『太平記』によると元弘三年三月に後醍醐《ごだいご》天皇の綸旨《りんじ》を受けた新田義貞は北条高時《たかとき》の使者を斬《き》って叛旗を翻し、越後《えちご》の一族の来援を得て武蔵まで進撃し、足利尊氏の嫡子千寿王《せんじゅおう》（後の足利義詮《よしあきら》）を擁立した二〇〇騎と合流、二〇万騎を超える軍勢で小手差原《こてさしはら》、分陪河原《ぶばいがわら》で幕府軍を打ち破り、鎌倉を包囲し、片瀬《かたせ》、腰越《こしごえ》を制圧して極楽寺坂《ごくらくじざか》で幕府軍と対峙《たいじ》した。幕府方は木戸を設置し、稲村崎には軍船を配備して防備を固めている。引用した

新田義貞像
（総持寺所蔵）

鎌　倉
♩= 120
しちりが　はまの　いそづたい
いなむら　がさき　めいしょうの
つーるぎ　とうぜし　こせんじょう

足利尊氏像（等持院所蔵）

『太平記』は、新田義貞が竜神を拝し、稲村崎の潮が引くように祈念を凝らして黄金作りの太刀を海中に投じたところ、潮が引いたため、鎌倉攻略に成功したという、つとに著名な逸話を述べた部分であり、「稲村ヶ崎、名将の、剣投ぜし古戦場」の歌詞（文部省唱歌「鎌倉」）でも知られる場面である。

『太平記』は、このように鎌倉攻略にあたって新田義貞の功績を大きくクローズ・アップしているけれども、現在は義貞の鎌倉攻めは足利尊氏の要請を受け、尊氏の六波羅攻めと連繋《れんけい》して行われたものであり、足利尊氏の采配《さいはい》のもとに行なわれた幕府攻撃の一環であったとみられている。新田義貞の鎌倉攻めは尊氏からの御教書《みきようじよ》をうけたものであると考えられること、さらに尊氏から義貞のみならずその同族の岩松経家《いわまつつねいえ》、結《ゆう》城《き》宗広《むねひろ》、小笠原宗長《むねなが》らに鎌倉討伐を促す内書《ないしよ》が送られている点などをみると、新田義貞の鎌倉攻めの背後には足利尊氏の力が動いていたものと考えられる、とする高柳光寿氏の所論は、現在のところ広く認められている。

さらに鎌倉攻略の後、『梅松論《ばいしようろん》』によれば、わずか二〇〇騎で義貞勢に加わったと伝えられる千寿王（義詮）のいる二階堂別当坊の陣に「諸将」が悉《ことごと》く馳せ参じたという。鎌倉攻略に加わった武士たちにとって鎌倉攻めの主役は足利尊氏だったことがうかがえる。同じく『梅松論』によれば、尊氏が関東に派遣した細川和《かず》氏《うじ》・頼春《よりはる》・師氏《もろうじ》ら兄弟三人は鎌倉に入って千寿王を補佐したが、義貞に不満の動きがみえ、「世上穏やかならざる間」三人が義貞の宿所に向かって子細を問い質《ただ》し、場合によっては勝負を決しようとしたところ、義貞から千寿王に対する野心はないとの起請文《きしょうもん》（神仏に誓う文書）を提出したので、一件落着したという。はやこの時点で義貞は、千寿王を擁立して鎌倉を攻略した軍勢の一武将に過ぎなかったともいえよう。

出典　後藤丹治他校注『太平記』一〈日本古典文学大系〉岩波書店、一九六〇年

参考文献　高柳光寿『足利尊氏』新装版、春秋社、一九八七年／佐藤進一『南北朝の動乱』〈日本の歴史〉改版、中央公論新社、二〇〇五年

30　二条河原落書　一三三四年

元弘三年（一三三三）閏二月、後醍醐《ごだいご》天皇は隠岐《おき》島を脱出した。政治の動きは激しくなり、四月、足利高氏《たかうじ》（尊氏の初名）が反幕府の旗を挙げ、五月には六波羅《ろくはら》が陥ち、鎌倉幕府も滅亡した。六月、天皇は京都に帰って、公家《くげ》中心の政治改革が始まった。記録所《きろくじょ》が活動を始め、雑訴決断所《ざつそけつだんしょ》が置かれ、翌年一月、元号が建武に改められた。

矢継早《やつぎばや》の改革は、人びとを戸惑わせ、公家偏重の人事が強行されたため、新政権は社会の現実に対応しきれなくなり、政治は混乱し、矛盾を隠しきれなくなった。そういうとき、二条河原《にじょうがわら》に立て看板が立てられ、八八句からなる落書《らくしょ》が掲げられた。落書は、平安時代末期から中世の時代に、京都に現れた作者不明の文書で、権力者を揶揄《やゆ》したり、権威を貶《おとし》めるなどして、人びとの話題になった。『日本書紀』以来、政治の批判や風刺を、「童謡《わざうた》」として記述することがあったが、中世では「京童《きょうわらべ》」の「口遊《くちずさみ》」「囃子《はやし》」として書かれることが多かった。四条の河原で興行された田楽《でんがく》に多くの観客が集まり、桟敷《さじき》が倒壊したことが、『太平記』

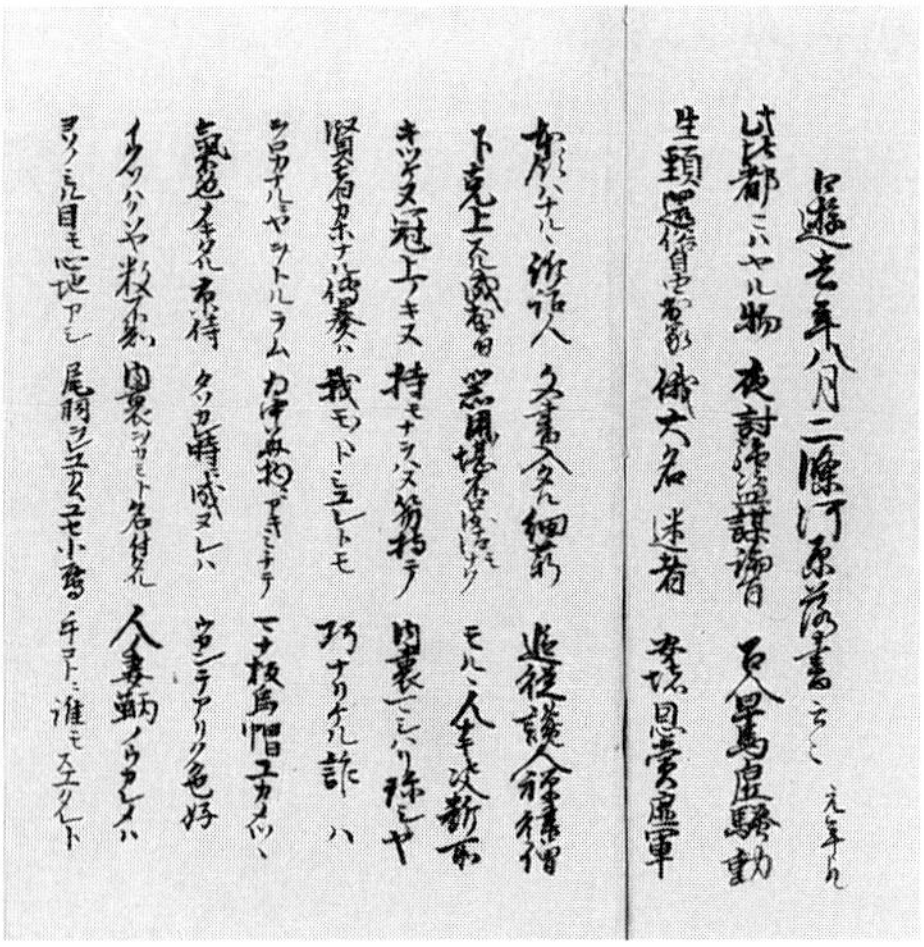
口遊　去年八月二條河原落書云々　元年歟
此比都ニハヤル物　夜討強盗謀綸旨　召人早馬虚騒動
生頸還俗自由出家　俄大名迷者　安堵恩賞虚軍
本領ハナルヽ訴訟人　文書入タル細葛　追従讒人禅律僧
下克上スル成出者　器用堪否沙汰モナク　モルヽ人ナキ決断所
キツケヌ冠上ノキヌ　持モナラハヌ笏持テ　内裏マジハリ珍シヤ
賢者ガホナル伝奏ハ　我モ我モトミユレトモ　巧ナリケル詐ハ
ヲロカナルニヤヲトルラム　為中美物ニアキミチテ　マナ板烏帽子ユガメツヽ
気色メキタル京侍　タソガレ時ニ成ヌレハ　ウカレテアリク色好
イクソハクソヤ数不知　内裏ヲガミト名付タル　人ノ妻鞆ノウカレメハ
ヨソノミル目モ心地アシ　尾羽ヲレユガムエセ小鷹　手ゴトニ誰モスエタレド

文庫所蔵）

に書かれている。河原には、さまざまな職能に携わる人びとが住んでいて、落書を掲げるには絶好の場所であった。

【史料】「建武年間記」

口遊去年八月二条河原落書云々　元年歟《か》
此比《このごろ》都ニハヤル物　夜討《ようち》強盗謀綸旨《にせりんじ》　召人《めしゅうど》早馬虚騒動《そらさわぎ》
生頸《なまくび》還俗《げんぞく》自由出家　俄大名《にわかだいみょう》迷者　安堵恩賞虚軍《そらいくさ》
本領ハナルル訴訟人　文書入レタル細葛《つづら》　追従《ついしょう》讒人《ざんじん》禅律僧
下剋上スル成出者《なりづもの》　器用ノ堪否《かんぴ》沙汰モナク　モルル人ナキ決断所
キツケヌ冠上《かんむり》ノキヌ　持モナラハヌ笏《しゃく》持テ　内裏《だいり》マジハリ珍シヤ
賢者カホナル伝奏《てんそう》ハ　我モ我モトミユレドモ　巧ナリケル詐《いつわり》ハ
ヲロカナルニヤヲトルラン……天下一統メズラシヤ
御代《みよ》ニ生デテサマザマノ　事ヲミキクゾ不思議トモ　**京童《きょうわらべ》ノロズサミ**
十分一ヲモラスナリ

【解説】「此比都ニハヤル物」という句は、『梁塵秘抄《りょうじんひしょう》』の歌にもみえる。歌謡などの慣用句。「綸旨」は天皇の意思を伝える文書で、

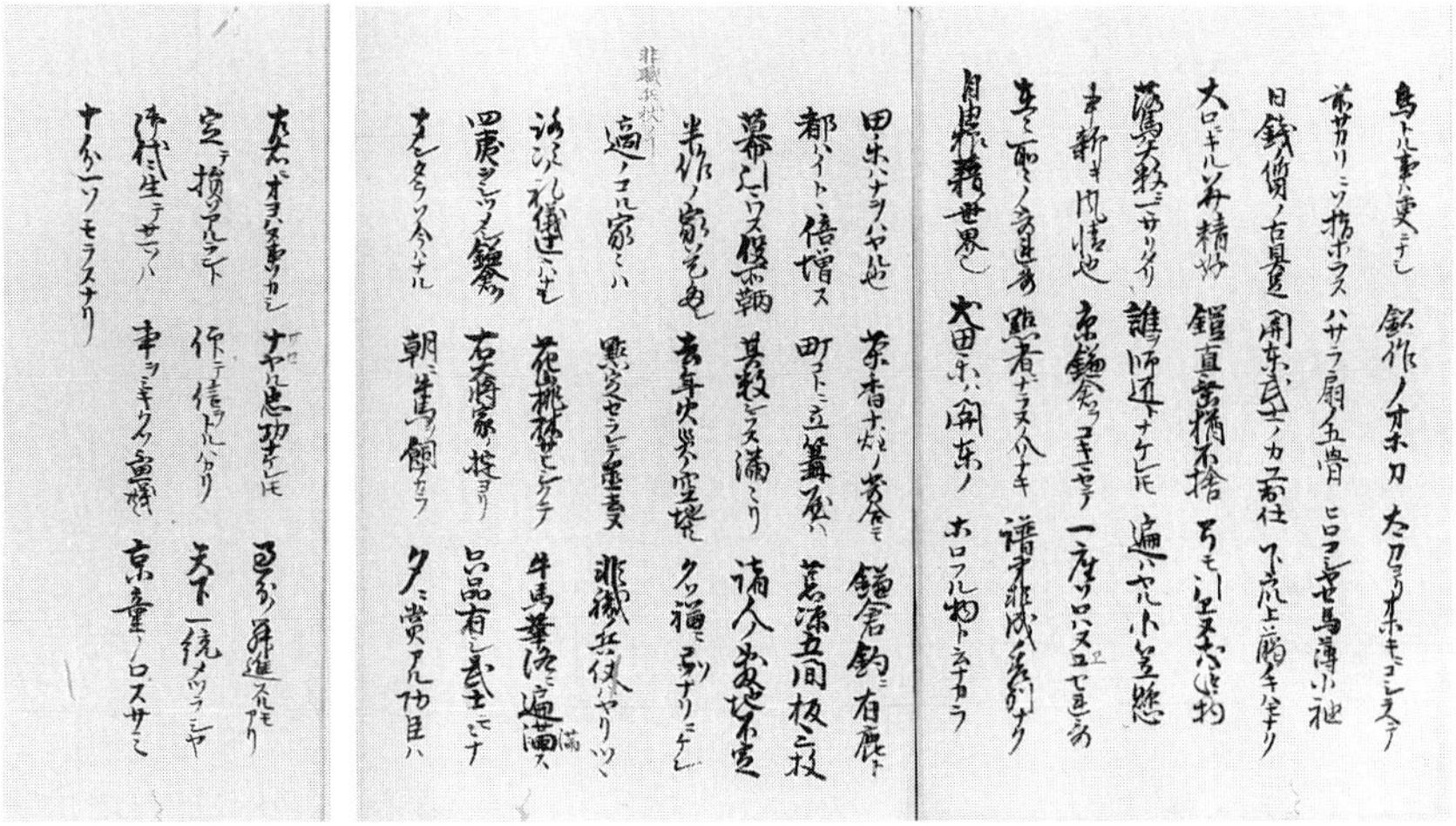

二条河原落書（国立公文書館内閣

偽《いつわり》の綸旨が横行した。「生頸《なまくび》」は、切られて間もない首。「器用ノ堪否《かんぴ》」は、能力の有無。それを問うこともなく、雑訴決断所に採用したことをいう。「笏《しゃく》」は、文官《ぶんかん》が束帯《そくたい》を着て出仕するとき、右手に持ち、心覚えを書いた板片。以下、自由狼藉を極めた都のありさまが、いきいきと伝えられている。

二条の河原に掲げられたこの落書の前には、貴賤、男女を問わず、黒山の人だかりができて、立て看板の前には、文字の読める男が立っていて、大声で落書を読み上げている。集まった人びとは、相好《そうごう》を崩して笑ったり、我が意を得たりとほくそ笑んだり、怒りを込めて何か呟《つぶや》いたり、生活の不安に気をとられてほうけた顔をしたりしている。二条河原の情景は、建武年間の都を余すところなく表わす、名場面といってよいであろう。

出典　「建武年間記」『群書類従』第二五輯（雑部）、続群書類従完成会、一九三三年

31 楠木正成の死

一三三六年

元弘元年（一三三一）八月、京都を脱出した後醍醐《ごだいご》天皇は、笠置寺《かさぎでら》に移って、諸国の武士に討幕の挙兵を呼びかけた。馳せ参ずる武士は少なかったが、そのなかに河内《かわち》国の楠木正成《くすのきまさしげ》という武士があり、奇策を駆使して六波羅《ろくはら》軍と戦った。元弘三年、新政が始まると、記録所寄人《よりうど》、雑訴決断所《ざっそけつだんしょ》奉行人などに任じられ、新田義貞《にったよしさだ》と並ぶ、後醍醐天皇方の武将になった。建武二年（一三三五）、新政に反旗を翻《ひるがえ》した足利尊氏《あしかがたかうじ》は、天皇方の軍と戦って九州に逃れたが、間もなく勢力を建て直して、京都を目指して攻め上った。嘉暦元年（一三三六）、楠木正成と一族の軍兵は、摂津《せっつ》国の湊川《みなとがわ》（神戸市生田区）に、尊氏の軍勢を迎え撃ったが、戦い利あらず、敗れた正成は弟正季《まさすえ》と刺し違えて死んだ。『太平記』に書かれた、正成最期の場面は、忠臣の死の記述として、多くの人に読まれて、南北朝の歴史の名場面として知られるようになった。

【史料】『太平記』巻一六「正成下向兵庫事」「正成兄弟討死事」

〔正成下二向兵庫一事《ひょうごにげこうのこと》〕正成是《これ》ヲ最期《さいご》ノ合戦ト思ヒケレバ、嫡子正行《まさつら》ガ今年十一歳ニテ供シタリケルヲ、思フ様有トテ桜井《さくらい》ノ宿ヨリ河内へ返シ遣ハストテ、庭訓《ていきん》ヲ残シケルハ、「獅子《しし》子ヲ産デ三日ヲ経《ふ》ル時、数千丈ノ石壁ヨリ是ヲ擲《なぐ》。ソノ子獅子ノ機分アレバ、教へザルニ中ヨリ駆《はね》返リテ、死スル事ヲ得ズトイヘリ。況《いわん》ヤ汝《なんじ》已《すで》ニ十歳ニ余リ。一言耳ニ留《とどま》ラバ、我教誡《きょうかい》ニ違《たが》フ事ナカレ。今度ノ合戦天下ノ安否ト思フ間、今生ニテ汝ガ顔ヲ見ン事、是ヲ限リト思フ成」。

〔正成兄弟討死事〕正成座上ニ居ツヽ、舎弟ノ正季ニ向テ、「抑《そもそも》最期ノ一念ニ依テ、善悪ノ生《しょう》ヲ引《ひく》トイヘリ。九界ノ間ニ何カ御辺《ごへん》ノ願ナル。」ト問ケレバ、正季カラカラト打笑テ、「**七《しち》生《しょう》マデ只《ただ》同シ人間ニ生、朝敵ヲ滅サバヤトコソ存ジ候へ**。」ト申ケレバ、正成ヨニ嬉シゲナル気色ニテ、「罪業深イ悪念ナレ共我モ加様《かよう》ニ思フ也。イザサラバ同ク生《しょう》ヲ替《かえ》テ此本懐《ほんかい》ヲ達セン。」ト契《ちぎり》テ、兄弟共ニ差違ヘテ、同枕ニ臥《ふし》ニケリ。

【解説】楠木正成は、南朝の忠臣として知られていたが、明治以後の修身教育、歴史教育のなかで、天皇に忠義を尽くす日本人の模範、日本史上第一の忠臣として讃えられた。元弘三年（一三三三）、隠岐《おき》島を脱出した後醍醐天皇が、京都に入るとき、その先導を務めた正成の馬上の姿を表わした皇居前の銅像は、皇国史観の象徴として重んじられた。九州から攻め上る尊氏を迎え撃つために、死を覚悟して摂津国に赴く正成が、嫡子正行に今は河内国に帰って、時期を待てと諭《さと》した桜井の別れは、小学唱歌「青葉茂れる桜井の」で、広く国民に愛唱された。

正成と正季が刺し違えて死のうとするとき、正季が正成に向かって言ったという、「七生まで只同じ人間に生、

皇居前の楠木正成像（高村光雲作）

朝敵を滅さばや」ということばは、「七生報国《しちしょうほうこく》」という標語になり、出征兵士の揮毫《きごう》に取り上げられ、特攻隊の襷《たすき》の文字になった。江戸時代の前期、徳川光圀《みつくに》は、楠木正成の忠節を讃え、戦死した湊川《みなとがわ》の地に、「嗚呼《ああ》忠臣楠子《なんし》之墓」と刻んだ石碑を立てた。さらに、明治五年（一八七二）、墓碑が建てられていた所に、楠木正成を祭神とする湊川神社が創建され、別格官幣社《べっかくかんぺいしゃ》に列せられた。

出典　後藤丹治他校注『太平記』一〈日本古典文学大系〉岩波書店、一九六〇年

参考文献　佐藤進一『南北朝の動乱』〈日本の歴史〉改版、中央公論新社、二〇〇五年

楠木正成・正季訣別の場

32 後醍醐天皇の崩御

一三三九年

後宇多《ごうだ》天皇の皇子後醍醐《ごだいご》天皇は、公家《くげ》政治の刷新をめざして討幕を計画し、元弘元年（一三三一）、都を出て笠置山《かさぎやま》に立て籠もったが、六波羅《ろくはら》の軍勢に包囲されて、笠置山を下りたところを鎌倉幕府軍に捕らえられ、隠岐《おき》島に流された。元弘三年、天皇は隠岐島を脱出、各地に反幕府の勢力が起こり、鎌倉幕府が滅亡した。建武《けんむ》新政権は、天皇専制を理想として改革を行なったが、現実から乖離《かいり》した政治は、朝廷の人事や恩賞の不公平で反感を買い、天皇は、反旗を翻した尊氏に追われて吉野に籠もった。京都と吉野に二つの朝廷が対峙《たいじ》することになったが、吉野の後醍醐天皇は、南朝勢力の挽回《ばんかい》を果たせないまま、延元四年（一三三九）八月十六日、吉野で亡くなった。『太平記』が伝える、天皇崩御の場面は、南北朝内乱の歴史を読み、聞く人びとの心を揺さぶる場面として広く知られることになった。

【史料】『太平記』巻二一「先帝崩御事」

南朝ノ年号延元《えんげん》三年八月九日ヨリ、吉野ノ主上御不予《ごふよ》ノ御事有ケルガ、次第ニ重《おも》ラセ給《たまう》……主上苦ゲナル息ヲ吐セ給テ「……只生々《しょうじょう》世《せ》々《ぜ》ノ妄念トモナルベキハ、朝敵ヲ悉《ことごとく》亡シテ、四海ヲ令二泰平一《たいへいならしめん》ト思計《おもうばかり》也。朕則《すなわち》早世ノ後ハ、第七ノ宮ヲ天子ノ位ニ即奉《つけたてまつり》テ、賢士忠臣事ヲ謀リ、義貞義助《よしさだよしすけ》ガ忠功ヲ賞シテ、子孫不義ノ行《おこない》ナクバ、股肱《ここう》ノ臣トシテ天下ヲ鎮《しずむ》べし。思レ之故《これをおもう》ニ、**玉骨ハ縦南山《たといなんざん》ノ苔《こけ》ニ埋ルトモ、魂魄《こんぱく》ハ常ニ北闕《ほっけつ》ノ天**

ヲ望ント思フ。若《もし》命ヲ背キ義ヲ軽《かろん》ゼバ、君モ継体ノ君ニ非ズ、臣モ忠烈ノ臣ニ非ジ。」ト、委細ニ綸言ヲ残サレテ、左ノ御手ニ法華経《ほけきょう》ノ五巻ヲ持セ給《たまい》、右手ノ御手ニハ御剣ヲ按《あんじ》テ、八月十六日ノ丑剋《うしのこく》ニ、遂《つい》ニ崩御成リニケリ。

【解説】後醍醐天皇の崩御は、一三三九年、南朝元号は延元四年が正しい。この年北朝は光明《こうみょう》天皇の暦応二年。『太平記』によると、天皇の側にいた忠雲僧正が、臨終の一念によって後生《ごしょう》が決まるといわれているので、御心に懸かっていることを悉く仰せ置かれ、その後で後生のことをお祈りになるようにと、奏上《そうじょう》したのに対して、最期《さいご》のことばが伝えられた。「不予」は、天皇上皇の病気のこと。「早世」は、死去すること。「第七ノ宮」は、義良《のりよし》親王のことで、即位して後村上《ごむらかみ》天皇、母は阿野廉子《あのれんし》。北畠親房《きたばたけちかふさ》とともに陸奥《むつ》に赴いた。「義貞」は、南朝の武将新田義貞。足利尊氏と敵対して、北陸に兵を進め、天皇崩御の前年閏七月、斯波高経《しばたかつね》と戦って藤島で討ち死している。「義助」は義貞の弟脇屋義助《わきやよしすけ》。兄と行動をともにしたが、兄の死後四国に赴き、興国三年（一三四二）、伊予《いよ》で戦死した。楠木正成をはじめ南朝の武将が次々に討ち死するなかで、新田兄弟の働きが頼りにされていたものと思われる。「玉骨」は、天皇の自敬表現。「南山」は、北の京都に対して吉野山をいう。「北闕」は、宮城の北門とい

後醍醐天皇像（清浄光寺所蔵）

金峰山寺（蔵王堂）

うが、ここでは南の吉野から見て北の宮城をさす。『法華経』は、二八の品からなり、八巻に編成されている。左手に持たれた第五巻には、提婆達多品《だいばだったほん》・勧持《かんじ》品・安楽行《あんらくぎょう》品・従地涌出《じゅうちゆじゅつ》品の四品が収められている。

『太平記』は、臨終のことを記した後に、「葬礼ノ御事、兼テ遺勅有シカバ、御終焉《ごしゅうえん》ノ御形ヲ改メズ、棺槨《かんかく》ヲ厚シ御座ヲ正《ただしう》シテ、吉野山ノ麓、蔵王堂ノ艮《うしとら》ナル林ノ奥ニ、円丘ヲ高ク築《つい》テ、北向ニ奉レ葬《ほうむりたてまつる》」と、京都の空を望んで亡くなり、陵墓も北向きに造られた、天皇の壮絶な死を述べている。蔵王堂は、吉野の金峰山寺《きんぷせんじ》の本堂で、本尊蔵王《ざおう》権現《ごんげん》像が安置されており、その後方に後醍醐天皇の塔尾陵《とうのお》がある。

出典　後藤丹治他校注『太平記』二〈日本古典文学大系〉岩波書店、一九六一年

参考文献　網野善彦『異形の王権』平凡社、一九八六年

33 康暦の政変 一三七九年

足利義満《あしかがよしみつ》は、南北朝の合一をなしとげ、数十年におよぶ内乱を終息させて室町幕府の強大な権力を築いた将軍として知られる。土岐《とき》康行《やすゆき》、山名《やまな》氏清《うじきよ》を討伐し、応永二年（一三九五）には今川貞世《さだよ》を九州探題《きゅうしゅうたんだい》から解任し、応永六年には大内義弘《おおうちよしひろ》を討伐するなど有力守護の力を削減して独裁的な権力を築いた。また朝廷が従来保持していた京都市中の裁判権・行政権や全国への課税権を接収し、天皇が行なっていた国家的祈禱をも幕府が主催し、さらに「日本国王」として明《みん》に朝貢《ちょうこう》し外交権も手中に収めたのである。自他ともに許す国政の指導者としての強大な権力は、一方で幕府に結集する有力大名たちの承認によって初めて掌中にすることのできたものでもあり、義満の独裁は、何時その承認を反古《ほご》にするかも知れない諸大名との緊張のなかで行なわれていたのである。康暦《こうりゃく》の政変はこのことを端的に示している。

【史料】『後愚昧記《ごぐまいき》』康暦元年（一三七九）閏四月十四日条

未《ひつじ》の初刻、武士等多く上辺へ馳せ上るの由、路人これを称す。……河東《かとう》方より軍兵数万騎、一条を西行し、万《ま》里小路《でのこうじ》を北行す。大樹《だいじゅ》の上亭〈今出川辺、花の御所と号す〉に事出来《ことしゅったい》するの間、馳せ参るの由これを称すと云々。分明なるその説なし。大樹兄弟、時に彼の所にありと云々。武士等これを囲繞《いにょう》し、敢《あえ》て人入らずと云々。在京の大名等残る者なしと云々。酉《とり》刻許《ばか》り、南方に炎上あり、武蔵守頼之《よりゆき》朝臣の宅以下放火し、皆以て没落し

足利義満画像（鹿苑寺所蔵）

細川頼之像（地蔵院所蔵）

をはんぬと云々。頼之朝臣の勢三百余騎と云々。大樹使者を以て京中を退出すべきの由これを仰せ遣はすと云々。佐々木大膳大夫高秀《たかひで》ならびに土岐伊与入道等以下の一揆《いっき》の衆の所行なり。**大樹同意の由、或いはこれを称し、或いはまた大名等、大樹宅を囲み、強《し》ゐて頼之朝臣を追討せしめんと欲するの由、これを称す**。両様の説これを一決せず。但《ただ》し多分の説、大樹の沙汰の趣きなり。後に聞く、今夜西宮《にしのみや》〈摂州と云々〉に著す、四国に赴かんがためかと云々。頼之朝臣の親類一人といへども相残らざるものなり。後に聞く、頼之朝臣宅に放火せず、人多く群集し壊《こぼ》ち取ると云々。

【解説】康暦元年（一三七九）閏四月十四日のこと、数万の軍勢が鴨川の東岸から一条大路、万里小路を通って「大樹」（将軍）の花の御所に大挙して押しかけ、包囲した。彼らは京極高秀《きょうごくたかひで》、土岐頼康《ときよりやす》らをはじめとする「一揆の衆」であり、在京する大名でこれに加わらない者はいなかったという。ほどなく南方に火の手があがった。

将軍邸（『洛中洛外図』国立歴史民俗博物館所蔵）

当時幕府の管領であった細川頼之が自宅に放火し、頼之一党三百余騎は皆京都から逃げ去ったとの噂であった。将軍義満の命令によって京都を退出したとのことであるが、将軍が大名ら「一揆の衆」の申分に同意しての命令であるとも、あるいは「一揆の衆」が将軍の御所を包囲して、無理やり頼之の追討を迫ったからであるとも噂されていたという。後で聞いたところ、頼之が自分の館に放火したのではなく、頼之没落の後、群衆が館を破壊したとのことであった、以上が引用史料の大意である。

康暦の政変として知られるこの事件は、義満を補佐し勢力をふるっていた管領細川頼之に不満をもつ、斯波《しば》義将《よしまさ》、京極高秀、土岐頼康・直氏《なおうじ》、山名義理《よしまさ》ら有力大名が同盟し、頼之の罷免《ひめん》を迫ったものである。将軍の御所を包囲し、軍事力をかさに着て自らの要求を将軍に認めさせる「御所巻き」という実力行使は、室町時代にはめずらしくなかった。言い換えれば諸大名の合意によって将軍は初めて将軍たりうる、という関係が将軍と大名との関係の基底にあったのである。後に義満が有力な守護大名の力を警戒し、機を見て彼らの力を削減していったことも、こうした背景を考慮して初めて納得できることといえよう。

強大な権力を振るう将軍と、大名の一揆に従う将軍と、一見相反するイメージは矛盾することなく室町幕府の将軍の中で統合されていた。義満の後を継いで将軍になった足利義持《よしもち》は、嫡子義量《よしかず》が早世したこともあり、とうとう自ら跡継ぎを決めることなく世を去った。死の間際に彼が残した、「たとへ仰せ置かる、といへども、面々用ひ申さざればば正体あるべからず」（『建内記《けんないき》』、たとえ将軍が跡継ぎを決定しても、大名の面々が承認しなければ何もならない）との言葉はこうした室町将軍の立場を的確に伝えている。室町将軍は、大名の一揆により擁立された権力者だったのである。

出　典　東京大学史料編纂所編『後愚昧記』三〈大日本古記録〉岩波書店、一九八八年

参考文献　榎原雅治「一揆の時代」同編『一揆の時代』〈日本の時代史〉吉川弘文館、二〇〇三年

34 足利義満と日本国王

一四〇二年

応永八年（一四〇一）五月、足利義満は肥富《こいつみ》・祖阿《そあ》らを明《みん》への使者として派遣すべく「大明皇帝陛下」宛ての書翰を認めさせた。起草は東坊城秀長《ひがしぼうじょうひでなが》、清書は世尊寺行俊《せそんじゆきとし》が担当した。義満自ら明皇帝の臣下となり、明から日本の主権者として承認される、すなわち明から日本が冊封《さくほう》されることを目的とした使者の派遣であった。明の恵帝《けいてい》は日本の使者に対し、建文四年（一四〇二）二月付で「日本国王」「源道義」（足利義満のこと）に対し、明の大統暦を用いること（明皇帝への服属をも意味する行為）を許した。応永九年八月、祖阿ら一行は明の使者をともなって帰国し、義満は明の使者を京都北山第《きたやまてい》で引見した。明を中心とする東アジア世界のなかで、義満は日本の主権者として承認されたのだが、この一連の出来事は関白二条《にじょう》満基《みつもと》はじめ公家、僧侶ら知識人に大きな衝撃を与えた。

【史料】『満済准后日記《まんさいじゅごう》』永享六年（一四三四）五月十二日条

予申入るゝ旨、唐使御対面の儀、仰出《おおせいだ》さるゝごとく、故**鹿苑院殿《ろくおんいんどの》の御沙汰、事過《ことす》ぎたる様、その時分、内々道将入道（斯波義将《しばよしまさ》）ら申し候し。愚眼の及ぶところ、また同前に候き、**……鹿苑院殿御代、最初応永九年の時、公卿十人、殿上人《てんじょう》十八人、おの〳〵染装束《そめしょうぞく》着用候しか。当陽明《ようめい》前閤、その時内府に候しか、ならびに菊亭公行公〈時に左大臣〉両人は惣門《そうもん》まで参向し、楽人一曲を奏す。鹿苑院殿四脚門《よつあし》まで御出御《しゅつぎょ》、法服〈海老色〉、御平袈裟《ひらげさ》〈白地金襴《きんらん》〉、予扈従《こしょう》す〈三衣《さんえ》の役を相兼ねり〉、時に僧正香染《こうぞめ》を着し、上童一人召し具し、供奉しをはんぬ。唐朝の書、唐人頭上に捧げ、前行す。北山殿寝殿の庇《ひさし》の間に満広席を敷き、母屋・出衣以下、善を尽くし美を尽くす。荘厳せられ候き。高机を母屋の前に立て、その上に唐書を置かる。先《ま》ず御焼香、次に三拝、以後跪《ひざ》まずきて唐書を御拝見候き。この儀式は甘心《かんしん》せずと申入れ候き。

【解説】 足利義満が明皇帝に臣下として服属する道を選んだことは、公家、僧侶など知識人たちの顰蹙《ひんしゅく》を買った。明皇帝恵帝の「なんじ日本国王源道義、心王室に存り。君を愛するの誠を懐き、波濤《はとう》を踰越《ゆえつ》し、使を遣はして来朝す」（義満が明皇帝への忠節心の余り、海を渡って使者を派遣した）との詔書を見た関白二条満基は「書式は度外れて尊大であり、まことに天下の大事」と感想を記している。これに対して義満が答礼した表《ひょう》（明皇帝に奉る形式の国書）は「日本国王臣源表す」で始まっていた。『善隣国宝記』にこの表を記載した瑞渓周鳳《ずいけいしゅうほう》は、明側が「日本国王」というのは、必ずしも悪くはないが、義満が自ら「日本国王」と記せば明への服属を認めたことになるし、「臣」の字を用いるのはよろしくない。せめて「日本国」の下に自分の官位を書いたほうがよ

遣明船（『真如堂縁起絵巻』真正極楽寺所蔵）

かったと記している。あえて臣下の礼を取る義満に対しては批判が多かった。義満の死後、将軍足利義持《よしもち》は、日明の通交関係を断った。応永十八年（一四一一）に来日した明使が入京することを許さず、明使は九月に帰国している。明の成祖《せいそ》は再三使者を送り、日本に朝貢を促したが、義持は義満の遺言を理由に通交を拒否している。

義持の死後、将軍足利義教《よしのり》は明との国交を再開し、永享六年（一四三四）日本の遣明使にともなって、来日した明使への応対について、政治顧問の立場にいた醍醐寺三宝院満済《だいごじさんぼういんまんさい》に諮問《しもん》した。その回答が引用の史料である。満済によれば「故鹿苑院殿」すなわち義満のときの例は「事過ぎたる様」、すなわち事々し過ぎると、当時斯波義将《しばよしまさ》ら主だった幕閣らが取沙汰し、自分の見るところもそのように見える。

最初に明の使者を迎えたときは、公卿一〇人に加え、殿上人一〇人がそれぞれ染装束を着用し、当時内大臣だった近衛良嗣《このえよしつぐ》と、左大臣だった今出川公行《いまでがわきみゆき》とが惣門まで出迎え、義満自身が法服と平袈裟を着用して四脚門まで出迎え、それに満済自身も従者としてしたがったという。さらに明の使者が頭上に捧げながら運んだ明皇帝の詔書を義満は、母屋にしつらえた高机の上に置き、まず焼香し、さらに三拝した上、跪いて拝見したが、この儀式は感心しない、と満済は足利義教に回答している。

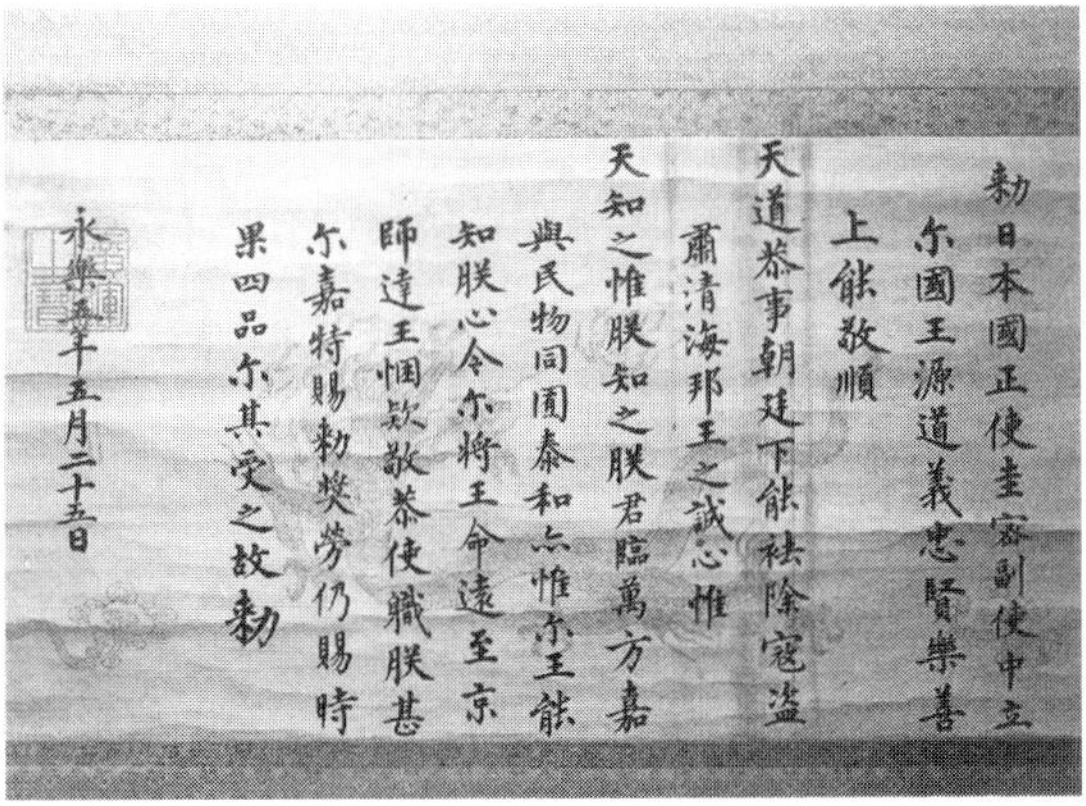
勅日本國王使圭密副使中立
尓國王源道義忠賢樂善
上能敬順
天道恭事朝廷下能祛除寇盗
肅清海邦王之誠心惟
天知之惟朕知之朕君臨萬方嘉
與民物同囿泰和亦惟尓王能
知朕心令尓將王命遠至京
師達王悃欸敬恭使職朕甚
尓嘉特賜勅奨勞仍賜時
果四品尓其受之故勅
永樂五年五月二十五日

明の成祖永楽帝から与えられた勅書（相国寺所蔵）

明から冊封されることが、天皇家が長く南朝と北朝とに分裂していた日本に、主権者として君臨するうえで重要な要件であったとされる。そのために伝統的な外交儀礼からは異例な対応がなされたのであろう。

出典　『満済准后日記』『続群書類従』補遺一、続群書類従完成会、一九二八年

参考文献　田中健夫『中世対外関係史』東京大学出版会、一九七五年／村井章介「南北朝の動乱」同編『南北朝の動乱』〈日本の時代史〉吉川弘文館、二〇〇三年

35 応仁の乱 一四六七年

応仁元年（一四六七）正月、畠山義就《はたけやまよしひろ》と同政長《まさなが》との交戦をきっかけとして始まった、京都を戦場にした戦争は、文明九年（一四七七）、畠山義就、大内政弘《おおうちまさひろ》、土岐成頼《ときなりより》らが京都を撤退するまで断続的につづいた。細川勝元《ほそかわかつもと》率いる東軍と山名持豊《やまなもちとよ》率いる西軍とが戦った応仁《おうにん》の乱《らん》（応仁・文明《ぶんめい》の乱）は、幕府の中軸をなした三管領《さんかんれい》家のうち二つ、斯波《しば》家と畠山家の家督《かとく》争い、将軍家自体の家督争いに、細川勝元、山名持豊という有力大名の勢力争いが絡まって起こったものとされている。しかしその背景には後述するように乱勃発前に日本全国を襲った飢饉《ききん》、その飢饉により京都に流入した飢民《きみん》らの活動があった。文明九年以後も、畠山義就、同政長の交戦は河内《かわち》・南山城《みなみやましろ》で依然つづいたのをはじめ、幕府内部の派閥争いがつづき、とうとう将軍家自体が二つに分裂して争うという全国的な内戦状況に至った。戦国時代の始まりである。

【史料】『応仁記』巻第三・洛中大焼之事

花洛は真《まこと》に名に負ふ平安城なりしに、量《はか》らずも応仁の兵乱によつて、今赤土と成りにけり。なかんづく禁裡《きんり》紫宸《しん》となるは仙洞《せんとう》なり。今の伏見殿これなり、高宮雲に聳《そび》え、複道《ふくどう》空に行き、五歩に一楼、十歩に一閣、出入騒《そう》人《じん》の墨客《ぼっかく》、心を留めざるなかりけり。……また花の御所の甍《いらか》珠玉を瑩《みが》き、金銀を鏤《ちりば》む、その費《ついえ》六十万緡《びん》なれば、浅き智の筆に記し難し。ならびに高倉の御所の事、大樹義政公の御母、御台所居り入る。これもその営財を尋ぬれば、腰障子一間の直《あた》ひ（値）に万銭となり。この厳麗、これを以て量るべし。……**計らず万歳期《まんざいき》せし花の都、今何んぞ孤狼《ころう》の伏土《ふしど》とならんとは。**たまたま残る東寺、北野さへ灰土となるを。古へにも治乱興亡のならひありといへども、**応仁の一変は仏法王法ともに破滅し、諸宗皆悉《ことごと》く絶えはてぬるを感歎に堪えず、飯尾彦六《いいのおひころく》左衛門尉《さえもんのじょう》、一首の歌を詠じける。**
汝《なれ》や知る、都《みやこ》は野辺《のべ》の夕雲雀《ゆうひばり》、揚《あが》るを見ても落る涙は。

【解説】 応仁の乱は前述のように将軍家や有力大名を巻き込んだ勢力争いから起こった。彼らは京都の屋敷を行動の拠点としていたため、その戦場は洛中《らくちゅう》となった。京都の屋敷に、本国から大軍を動員して駐留させるなどもちろん不可能であり、彼らは手近なところで軍事力を調達した。当時京都にはこのような軍事力となる人びとが溢れていたのである。乱勃発に至るまでの情勢を少し振り返ってみよう。
　乱の始まる二〇年ほど前から京都では徳政《とくせい》（売買契約の破棄・債権債務関係の破棄）の要求を掲げる土一揆《つちいっき》が、二年に一度くらいの割合で、乱直前には毎年のように頻発している。彼らは京都の酒屋《さかや》・土倉《どそう》を襲い、借用証文

応仁の乱（『真如堂縁起絵巻』真正極楽寺所蔵）

や質草を強奪した。もちろん実際に借財に苦しんでいた民衆も加わっていたが、相当な部分が飢饉のせいで住《す》み処《か》の村を離れ、京都に流入してきた者たちであった。そして彼らは京都で、有力大名を始めとする武家の下級被官となっていたから、土一揆には常に相当数の武家被官が加わることになった。餓《う》えた民衆が京都に流入したのは、幕府に施しを求めるためであったから、京都では専ら施しをうける権利を主張して酒屋・土倉を襲ったと考えられる。「食うため」の掠奪《りゃくだつ》が土一揆の実質的な行動であった。

一方大名たちは、京都に流入した飢民《きみん》を、大名同士の抗争に動員した。事あれば「食うため」の掠奪を行なう飢民たちは彼らの恰好の軍事力資源だったのである。流民たちの土一揆は一方で足軽《あしがる》とも呼ばれた。応仁の乱で足軽が活躍したのはこういうわけである。足軽となり、土一揆となった飢民たちが主力となった戦争が京都に何をもたらしたかは想像にたやすい。掠奪、人身拉致《らち》、そして掠奪し尽くした家屋の放火である。京都は無法地帯となり、兵士の「悪党」や「物取り」たちが入り乱れて、武士たちでさえ小勢では通行できないほど治安は悪化した。安全を求めて細川勝元率いる東軍の陣中に避難した京都住民もいたことが知られる。そして掠奪とその後の放火によって京都が焼け野原になったことを証言しているのが引用した史料である。

内裏・院御所、そして将軍御所をはじめ、贅沢の限りを尽くした多くの建物にあふれていた京都が、狐や狼の住処となるほど荒れ果ててしまった。それを歎いた阿波細川家の家臣飯尾彦六左衛門尉常房が、雲雀《ひばり》のみが舞う京都の廃墟を、有名な歌に詠んだと記している。

出典 「応仁記」『群書類従』第二〇輯（合戦部）続群書類従完成会、一九二六年

参考文献 神田千里『戦国乱世を生きる力』〈日本の中世〉中央公論新社、二〇〇二年／榎原雅治「一揆の時代」同編『一揆の時代』〈日本の時代史〉吉川弘文館、二〇〇三年

36 宗祇・肖柏・宗長、水無瀬で連歌を行なう

一四八八年

和歌の上句《かみのく》と下句《しものく》を別の人が作り、二つの句の付け方を楽しむことは、古代からあったが、中世に入って、五七五、七七、五七五……と何句もつづけていく鎖連歌《くさりれんが》が起こり、室町時代になって、武士・庶民の間にも広まるようになった。長い伝統を持つ和歌を背景にした連歌は、高度に知的な文芸であったから、専門的な連歌師が各地を巡り、連歌興行の指導をするなかに、種々の決まりができ、形式が整えられていった。長享二年（一四八八）二月二十二日、後鳥羽《ごとば》上皇の離宮水無瀬《みなせ》殿の跡地で、上皇の二百五十年の遠忌《おんき》法要が行なわれ、その供養のために当代の代表的な連歌師であった宗祇《そうぎ》・肖柏《しょうはく》・宗長《そうちょう》が、百韻《ひゃくいん》の連歌を奉納した。その連歌は、「水無瀬三吟百韻」とよばれて、模範的な連歌として、長く重んじられることになった。水無瀬川の辺り、京都府の大山崎に接する大阪府の島本町にあった後鳥羽上皇の離宮の跡には、後鳥羽上皇が亡くなった後、上皇の肖像を収める御影堂《みえいどう》が建てられていた。

【史料】**水無瀬三吟百韻**

何人

雪ながらやまもとかすむ夕かな　　宗祇
行水遠く梅にほふさと　　肖柏

河かせに一むらやなきはるみえて　宗長
舟さすおともしるきあけかた　祇
月やなをきり渡る夜に残るらん　柏
しもおく野はら秋はくれけり　長

いやしきも身をおさむるは有つへし　祇
人におしなへ道そたたしき　長

祇三十四　柏三十三　長三十三

【解説】連歌が盛んになると、百句つづける「百韻」、三十六句の「歌仙《かせん》」などが、一般的な形になった。ここに上げた連歌は、当時を代表する三人の連歌師が、水無瀬に集まって、百韻の連歌を行なったので、水無瀬三吟百韻と呼ばれている。最初の「何人」は、何々人を各句に詠み込むという約束で、第一句は「山人」、つぎは「里人」、そのつぎは「村人」というように詠まれている。発句《ほっく》は、全体の主題を示す重要なもので、師匠の宗祇が詠んでいるが、優れた歌人で、『新古今和歌集』の撰者であった、後鳥羽上皇の遠忌法要に奉納した連歌なので、上皇の

水無瀬神宮

連歌の寄合（『猿草子』大英博物館所蔵）

宗祇像（個人蔵）

見渡せば山もと霞《かす》むみなせ川夕べは秋と何思ひけん
（新古今集　春上）

という歌を本歌《ほんか》にしており、百韻の最後の挙句も、上皇の

おく山のおどろがしたもふみ分けて道あるよとぞ人にしらせん
（新古今集　雑中）

を本歌にしている。

宗祇はこのとき六八歳、門弟の肖柏四六歳、宗長四一歳。最後にそれぞれが詠んだ句数が記されている。

明治六年（一八七三）、上皇を祭神とする官幣中社水無瀬神宮が創建され、昭和十四年（一九三九）、上皇の七百年祭に官幣大社に昇格した。

出　典　伊地知鐵男校注『連歌集』〈日本古典文学大系〉岩波書店、一九六〇年

参考文献　奥田勲『宗祇』〈人物叢書〉吉川弘文館、一九九八年

37 北条早雲の伊豆攻略

一四九八年

関東の戦国大名北条氏の初代として著名な伊勢《いせ》早雲庵《そううんあん》宗瑞《そうずい》（その子氏綱《うじつな》が北条氏を名乗るので、後世北条早雲の名で知られる。以下北条早雲と呼ぶ）が伊豆《いず》へ進出したのは、明応二年（一四九三）のことであった。当時京都では細川政元《まさもと》が将軍足利義材《あしかがよしき》を廃し、足利義高《よしたか》を将軍に擁立するというクーデターを行ないつつあった。北条早雲の伊豆進出もこれと連動したものであった。すなわち伊豆の堀越公方《ほりごえくぼう》足利茶々丸《ちゃちゃまる》は、細川政元と結んでいた義高の父で堀越公方だった足利政知《まさとも》の方針を捨てて政元に対立する立場をとり、母円満院《えんまんいん》と異母弟潤童子《じゅんどうじ》とを殺害して堀越公方になっており、早雲はその足利茶々丸を攻撃するために出兵したのである。明応七年に伊豆を追われた茶々丸は甲斐《かい》で滅亡する。これが早雲の関東進出の出発点となった。引用史料はこのときの戦いを描いたものとされている。

【史料】**『北条五代記』巻七「伊勢新九郎伊豆相模を治る事」**

清水浦より大船十艘《そう》に五百人取乗り、纜《ともづな》解いて順風に帆をあけ、曙《あけぼの》に乗出し、日中に伊豆の国松崎《まつざき》、仁科《にしな》、田子《たご》、安良里《あらり》の湊《みなと》に着岸す。この舟共旗を立て、皆甲冑《かっちゅう》を帯しぬれば、浜辺在所の者共、これをみて「やれ敵・海盗来《きた》るぞ」と驚き騒ぎ、親を捨て子を捨てわれ先にと山嶺・谷底へぞ逃げ入たる。……さて村里の空家を見るに、いかなる家にも五人三人ずつ病者伏してあり、大方千人にも越つべし。「これはいかに」と尋ぬれば、この比《ころ》風病流行《はや》り、諸人五日七日前後も弁《わきま》へず、一つ家に十人患《わずら》ひ、八九は死に候、敵海賊、俄《にわか》の事なれば、我ら足立たず、親は子を捨て、子は親を捨て、何処《いずこ》とも知らず逃げ行く」といふ。早雲聞きて……急ぎ医師に仰せて良薬を調合し、五百人の人々打散りて看病し、薬を用ひ好物《よきもの》の食事を与へ給へば、**この療養によつて一人も死せず五日三日の中に皆本復《ほんぷく》し、命助かりたる御恩賞《おんしょう》いつの世にかは報《ほう》じ尽しがたしと喜び、**……皆山峰を出てわが屋に帰り喜びけり。これを聞き伝へて、五里・十里四方の者、皆悉《ことごと》く来て……一七日滞留、そのうちに**三十里近辺は皆味方に馳せ参りたり。**然る所に……深《ふか》根《ね》と云ふ所に関戸《せきど》播磨守吉信《よしのぶ》といふ者……古城を取り立て候、手勢僅かに二百、その外一類の侍共集まりて雑《ぞう》兵《ひょう》五百あるべしと告げ来る。早雲聞きて……深根へ馳せ着たり。はたまた**爰《ここ》かしこの侍共、馳せ来て旗下《はたした》に付ぬれば、味方の勢二千余騎になる。**

北条早雲画像（早雲寺所蔵）

【解説】『北条五代記』は早雲の伊豆進出を延徳年中（一四八九〜九二）と記している。引用史料に見られるようにわずか五〇〇人で駿河《するが》国清水浦より乗船した早雲はその日のうちに伊豆の松崎、仁科、田子、安良里に到着した。早雲一行を海賊と思った村民は山に逃げ込んだ。上陸し村々に制札を掲げた早雲が村を検分するとどこの家にも多くの病人が伏せっている。聞けば流行病でほとんどの者が病死するありさまだとのこと、早雲はただちに五〇〇人の配下を派遣して村民を看病させた。こうして病気の治った村民たちは、早雲を慕い皆帰村した。そのとき深根の城に茶々丸方の関戸吉信が立て籠もっているとの報が入った。ただちに出撃した早雲の軍勢は当初の五〇〇〇人から二〇〇〇〇人を超えるまでに膨らんでいた。この戦いで早雲は深根城を攻略し、籠城者を「女・童・法師までも一人残さず」殺害したと『北条五代記』は伝える。

この伝承の背後に明応七年（一四九八）八月に起こった、静岡県南方海中を震源とするマグニチュード推定八・二～八・四の地震があることを解明したのは家永遵嗣氏である。したがって延徳年中と伝承されていたこの戦いは実は茶々丸の滅びた明応七年の出来事と考えることができる。この年に北条早雲は伊豆を掌中《しょうちゅう》に収めたのであり、ここに描かれた深根城の関戸吉信の攻略戦はそのひとこまと考えることができよう。

そしてここには災害に見舞われた住民を救済する「徳政《とくせい》」を行ない、住民の支持を取り付け、その支持を背景に軍勢を動員する戦国大名の姿が活写されているといえよう。軍事力にものを言わせて、住民を蹂躙《じゅうりん》しながら侵入してくるという、現代人がともすれば想像しがちな戦国大名像とはかなり違った、戦国びとの眼に映った戦国大名像がここに描かれている。領国における危機管理能力と、その領民に対する軍事動員能力とは密接に関わっていることが近年藤木久志氏を始めとする戦国史研究者により指摘されているが、ここに描かれた北条早雲の行動は、近年明らかにされた戦国大名像と通底するものということができる。

出　典　『北条五代記』〈改訂史籍集覧〉臨川書店、一九八三年

参考文献　家永遵嗣「北条早雲の伊豆征服」『伊豆の郷土研究』二四、一九九九年／藤木久志『戦国史をみる目』校倉書房、一九九五年

38 前関白と「地下人」の出会い

一五〇二年

前関白九条政基《さきのかんぱくくじようまさもと》は明応五年（一四九六）に、自邸で子息尚経《ひさつね》と二人で、家司《けいし》であり従兄弟《いとこ》でもある唐橋在数《からはしありかず》を殺害したことにより勅勘《ちよつかん》の身となった。在数は九条家の借財を処理した代償に九条家領の年貢《ねんぐ》を知行する権利を得るなど、家領をめぐる政基とのトラブルが殺害の原因だったという。明応七年勅勘を解かれた後政基は剃髪し、文亀元年（一五〇一）三月に家領日根庄入山田村《ひねのしようりやまだむら》に下向、永正元年（一五〇四）年十二月まで現地に住んで支配した。在数が紀伊国根来寺《ねごろじ》の僧侶を代官にしていたため、入山田村は根来寺領と見なされ、根来寺と敵対する和泉《いずみ》国守護家の侵攻を受けるようになる。その家領を守るための下向であった。入山田村に在荘中、政基が記した日記『政基公旅引付《たびひきつけ》』は、戦国時代の「地下人《じげにん》」と呼ばれた村落住民の実態に関する貴重な史料として知られている。

【史料】『政基公旅引付』文亀二年（一五〇二）十二月二十一日条

長盛の弥次郎京上すと云々。歳暮《せいぼ》の便宜の条、たとひ小事たるといへども秘計《ひけい》せしめ、京進すべきの由仰せ付くるといへども、日根野方段銭《たんせん》は一向沙汰に及ばず、よつて諸給ならびに越年方等、事ごとに不弁《ふべん》の条、事行かざるの由これを申す。よつて書状等相認むるといへども遣はすに及ばず、地下において借物の事、仰せ付くるの処、「**今国《くに》と御取合《おとりあい》の中なり。他所より召寄せられ、兵粮《ひようろう》となされても御領をば御持ちあるべきなり。形**

の如くも当庄にて在所《ざいしょ》を御踏《おふ》まへこそ、至極《しごく》の御成敗、地下の奉公にて候へ。今この乱国《らんこく》に公用を京上するの御扱《あつか》ひは然《しか》るべからざるなり。その御用却《ようきゃく》候はゞ、人数の一人も、又矢楯《やたて》の御了簡《ごりょうけん》もこそ御沙汰あるべきなれ」とて、なか〳〵沙汰に及ばざるの条、言語道断の次第なり。抑《そもそ》も事ごとに忩忙《そうぼう》又蒙気《もうき》せしむるの間、今夜の庚申《こうしん》も忘却せしめ、就寝しをはんぬ。

【解説】文亀二年（一五〇二）暮の十二月二十一日に、九条政基が記した『政基公旅引付』の一節である。九条家の使者が上京することになった。政基はこの使者にことづけて、京都にいる子尚経をはじめとする九条家の人びとに少しでも借金して歳暮を送るよう指示した。ところが家来が言うには、そのようなことはとても無理だという。なぜなら家領の日根野村の段銭《たんせん》（田地一反ごとに懸けられる税）は領民が納入せず、家来たちへの給料や年越しの費用さえままならないというのに、そのような金策はできない

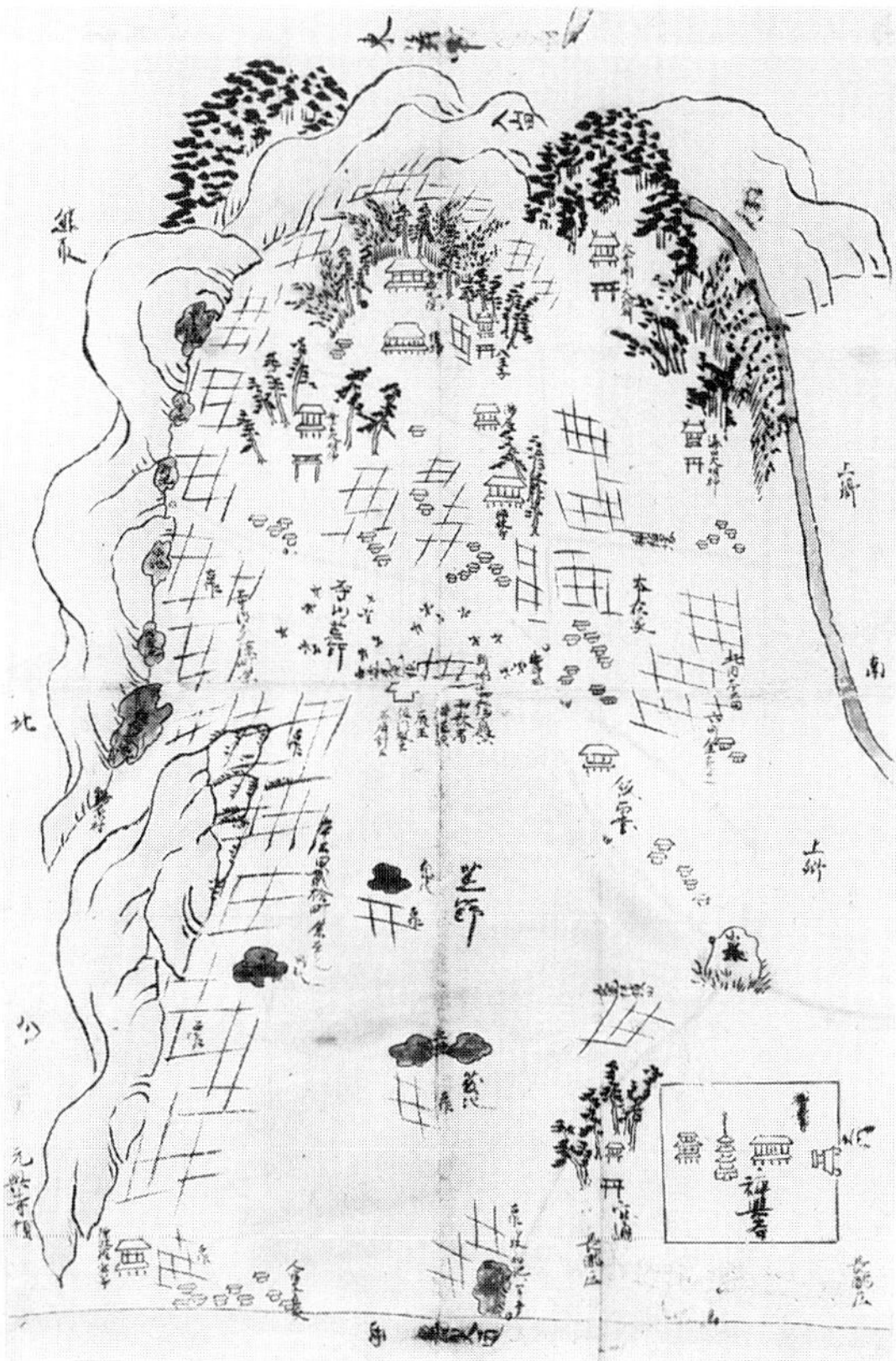

和泉国日根野村絵図（正和5年6月17日，宮内庁書陵部所蔵）

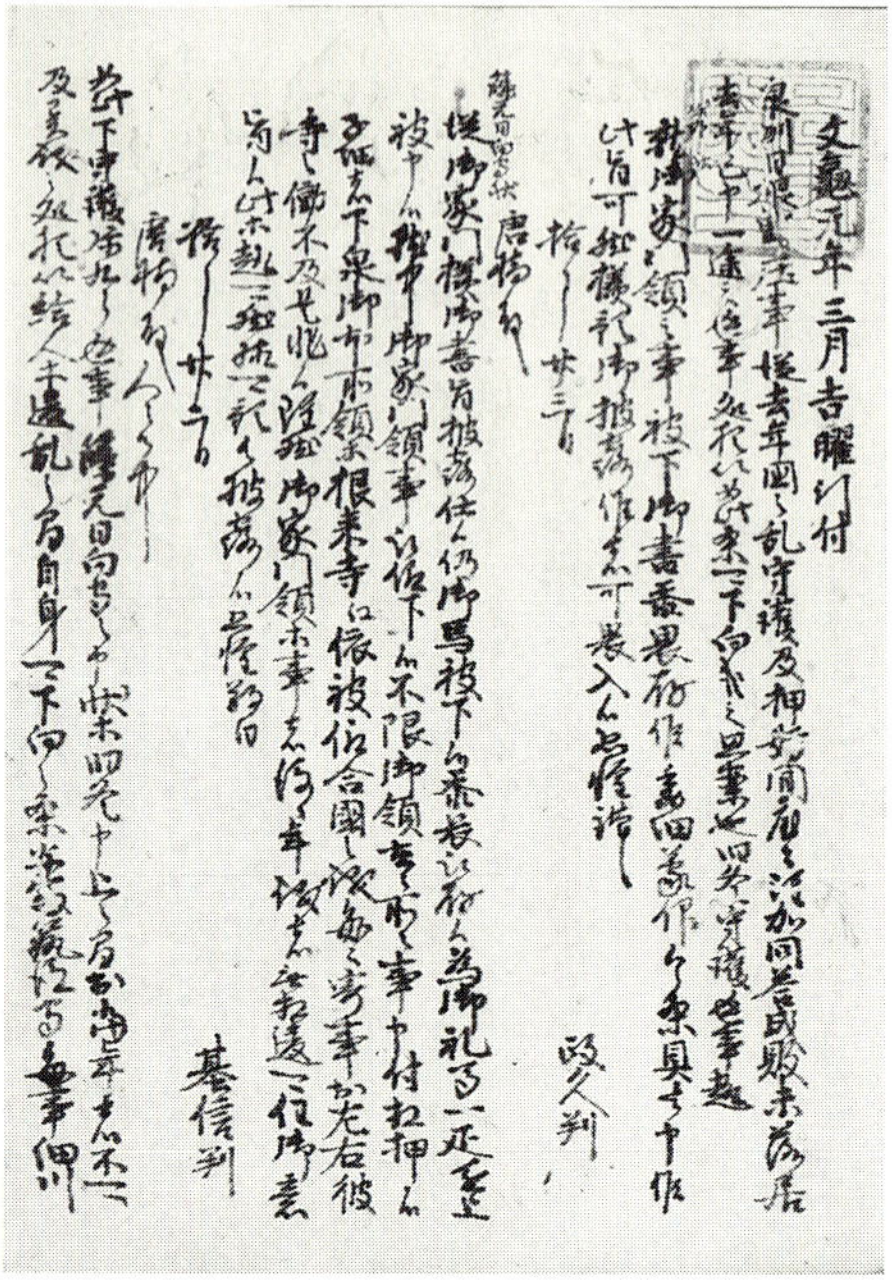

『政基公旅引付』(宮内庁書陵部所蔵)

という。

そこで滞在する家領入山田村の住民に借金を申し入れた。住民たちの返事はこうである。「現在この村は和泉国守護家との戦争の最中です。九条様としては他からこの地へ財源をやりくりされても兵粮米《ひょうろうまい》を蓄え、何よりも九条様の御領地を防衛なさるべきで、しっかり防衛なさることこそ最も理に叶った御支配であり、地下人もまた奉公に励むことでございましょう。しかし、この非常事態に、この地から他所《よそ》の京都へ年貢を送ろうなどというなされようはよろしくございません。そんなお金があれば、雑兵《ぞうひょう》の一人もお雇いなさるか、または武器を買い入れるような御才覚をなさるべきではありませんか」、と言って全く命令に応じなかった。

政基はあらゆることが慌しく忙しく、気持ちもふさぎ、その日が、当時公家の間で流行っていた庚申《こうしん》の祭(庚申の晩は一晩中徹夜して遊ぶという祭)の日であることも忘れ、そのまま寝てしまった。

京都で暮らしていた公家の前関白九条政基が、家領のある田舎に来て何か意味あるのだろうか、京都で朝廷の儀礼や和歌など事としていた公家が、戦乱の中で役に立つはずはない、というのが現代風の常識である。ところが事実は違った。九条政基は、和泉国守護方と抗争する日根庄入山田村の住民にとって、何よりも村民の領主、すなわち守護大名に対抗する村民勢の結集軸として大きな意味をもっていたのである。そうした事情を知ればこそ九条政基は家領に下向したし、現地の村民も京都下りの領主様を迎えたのであった。

その領主が、戦乱の非常時に京都の実家に歳暮を送りたいなど、悠長なことを言ってもらっては困る、というのが村民の言い分である。乱世に領民を支配しつつ自分の荘園を死守しようとする前関白と、その荘園領主の力を借りて自らの村を守ろうとする村民とのやりとりは、なかなかに厳しいものがある。

出典　中世公家日記研究会編『政基公旅引付』本文編、和泉書院、一九九六年

参考文献　神田千里『戦国乱世を生きる力』〈日本の中世〉中央公論新社、二〇〇二年

39 川中島の合戦

一五六一年

川中島《かわなかじま》の合戦は、越後《えちご》の戦国大名上杉謙信《うえすぎけんしん》と甲斐《かい》の戦国大名武田信玄《たけだしんげん》との交戦として有名である。発端は天文二十二年（一五五三）、武田信玄（当時晴信《はるのぶ》）により本拠の葛尾城《かつらお》（埴科郡《はにしな》坂城町《さかき》）を陥落させられた北信濃の武将村上義清《むらかみよしきよ》が上杉謙信（当時景虎《かげとら》）に援助を求め、高梨政頼《たかなしまさより》・井上昌満《いのうえまさみつ》・島津忠直《しまづただなお》・須田満親《すだみつちか》・栗田永寿《くりたえいじゅ》らも上杉方についたことである。北信濃に進出してきた武田信玄に抗するこの地の武将たちと上杉謙信との連合により、謙信と信玄との両雄が激突することになった。両者の戦闘は、天文二十二年、同二十四年、弘治三年（一五五七）、永禄四年（一五六一）、永禄七年の五回行なわれている。とくに千曲川《ちくま》と犀川《さい》にはさまれた長野盆地の地、当時武田方の勢力圏にあった川中島地方が主戦場となり、両雄が直接刃を交わしたとの逸話のある永禄四年のものが有名である。

【史料】『歴代古案』（永禄四年〈一五六一〉）**十月五日近衛前久《このえさきひさ》書状**

今度信州表において、晴信に対し一戦を遂《と》げ、大利を得られ、八千余りこれを討捕《うちと》られ候事、珍重《ちんちょう》〳〵、大慶に候。**珍《めずら》しからざる儀《ぎ》に候《そうろう》といへども、自身太刀打《じしんたちうち》に及ばれるの段、比類《ひるい》なき次第、天下《てんか》の名誉《めいよ》に候。**よって太刀一腰、馬一疋〈黒毛〉差し越し候。はた又当表の事、氏康《うじやす》（北条）松山口に至り、今に陣を張らしめ候。それに就きて雑説《ぞうせつ》共候。万一出馬遅延においては大切の事どもたるべく候間、油断なく、急度《きっと》今般越山《えつざん》あるべく候。手前火急《かきゅう》に申し廻り候条、かくの如く候。早々待ち入り候。……

十月五日　　前久　判

上杉殿

【解説】永禄四年九月、四度目に行なわれた川中島合戦における、上杉謙信（当時政虎《まさとら》）の戦勝の報に接した関白近衛《このえ》前久《さきひさ》が、当時滞在していた下総《しもうさ》国古河《こが》城から送った手紙である。「八千余り」を討ち取るという大勝利に慶賀の意を表したあと、謙信自ら刀をとって、敵と戦闘に及んだことを「天下の名誉」と賞し、太刀・馬を進物として送ったことを述べている。つづいて当時謙信と交戦中であった北条氏康が松山口（埼玉県比企《ひき》郡吉見《よしみ》町）に在陣し、謙信の擁立した関東公方足利藤氏のいる古河城を窺っているとの噂が広がっている状況を述べ、早々に関東へ出陣することを求めている。

信玄と謙信の鎧

上は武田家歴代当主が相続した楯無の鎧（菅田天神社所蔵），下は謙信着用と伝えられる色々縅腹巻（上杉神社所蔵）．

この四度目の川中島合戦では、上杉謙信がただ一騎、武田信玄の本陣に切り込み、信玄に切りかかったところを信玄が軍配で受け止めた、との逸話が非常に有名であるが、この逸話は『甲陽軍鑑《こうようぐんかん》』という武田家中の伝承を多く伝えた軍記物にみえるものである。『甲陽軍鑑』は武田氏家臣小幡昌盛《おばたまさもり》の三男で、山鹿素行《やまがそこう》の師でもある軍学者小幡景憲《かげのり》の著で、元和末年ごろ（一六二三）の成立とされてきた（近年は一五七〇～八〇年代に、高坂弾正昌信《こうさかだんじょうまさのぶ》の口述が筆記されて成立したとする酒井憲二氏の説も注目されている）。

　これによると、謙信の旗本たちに混じり、萌黄《もえぎ》の胴肩《どうかた》衣《ぎぬ》をつけ、白手巾《しろしゆきん》で頭を包んだ武者が床几《しょうぎ》に座る信玄めがけ馬を馳けさせ、三太刀を浴びせた。信玄はこれを軍《ぐん》配《ばい》で受け止め、信玄の側近はただちに周囲を固め、原大隅という中間頭が槍《やり》でこの武者の馬を攻撃し追い払ったが、あとであれこそ謙信だと噂されたという。さらに合戦後、上杉方から聞こえてきた逸話として、謙信が、切りつけた相手は信玄だと見込みをつけたが、信玄は法師

謙信と信玄の一騎打ち（ながの観光コンベンションビューロー提供）

姿の影武者を大勢身辺においていると聞いていたので、もし影武者と組討ちしたあげく生け捕られでもしては元も子もないと思い、組討ちに及ばなかったのは甚《はなは》だ残念だ、と述べたと記している。

一方上杉方の史書である『上杉年譜』では、たしかに上杉謙信は加地知綱《かじともつな》以下の旗本を選び出し、先陣と二陣の旗本を引率して出陣したことを記している。しかし武田信玄に切りかかったのは先陣の旗本荒川伊豆守であり、三太刀を浴びせたところ、信玄は太刀を抜く間もなく、団扇《うちわ》でこの太刀を受けはずし、側近の原大隅守という者が槍で荒川伊豆守の馬を打ち、信玄は危機を脱したと記す。どうも武田方から生まれた逸話のように思われるが、しかし、最も信憑性《しんぴょうせい》のある近衛前久の手紙では、謙信自身が太刀を抜いて戦ったという以上はわからない。

出典　羽賀徳彦校訂『歴代古案』第三・一〇一二号、続群書類従完成会、一九九八年

参考文献　笹本正治『武田信玄』〈中公新書〉中央公論社、一九九七年／石川博「伝承の中の武田信玄」萩原三雄・笹本正治編『定本・武田信玄』高志書院、二〇〇二年／酒井憲二『甲陽軍鑑大成』第四巻（研究編）、汲古書院、一九九五年

近世

40 フロイスと信長の二度目の会見

一五六八年

日本での見聞をつづった大部な『日本史』という書物を残しているイエズス会宣教師ルイス・フロイスは、永禄六年（一五六三）七月六日、肥前《ひぜん》の横瀬浦《よこせうら》に着いた。三十一歳のときだった。平戸《ひらど》・口之津《くちのつ》などを転々とした後、永禄八年一月、京都に入る。フロイスは、京都を中心に布教活動を行なうが、保護者の足利義輝《あしかがよしてる》が殺害されるなどのことがあって、堺《さかい》に移り、そこで布教活動を行なった。永禄十一年、織田信長《おだのぶなが》が足利義昭《よしあき》を擁して京都にのぼった。フロイスは、和田惟政《わだこれまさ》を介して二条城《にじようじよう》で信長に会見した。このとき、信長は、ほとんど言葉を発しなかったが、二条城の建築現場で二度目の会見をしたときは雄弁であった。

【史料】『日本史』第一部八六章

司祭が遠くから（信長に）敬意を表した後、彼は司祭を呼び、橋上の板に腰をかけ、陽があたるから（帽子を）かぶるようにと言った。そこで彼は二時間、ゆったりした気分で留まって彼と語らった。……

そこの全群衆は、信長がいとも真剣に聞き訊ね、伴天連《バテレン》が答弁している光景を固唾《かたず》をのんで見守っていた。そこには多数の人々がかの建築を見るために訪れており、彼らの中には近傍のおびただしい仏僧たちも見受けられた。とりわけ数名は、どのような会話がなされているか傾聴していたが、信長は尋常ならぬ（大声）の持主であったから、声を高め、手で仏僧の方を指さし、憤激して言った。「**あそこにいる欺瞞《ぎまん》者どもは、汝《なんじ》ら**

（伴天連たち）のごとき者ではない。彼らは民衆を欺《あざむ》き、己《おの》れを偽り、虚言を好み、傲慢《ごうまん》で僭越《せんえつ》のほどはなはだしいものがある。予はすでに幾度も彼らをすべて殺害し殲滅《せんめつ》しようと思っていたが、人民に動揺を与えぬため、また彼ら（人民）に同情しておればこそ、予は煩《わずら》わせはするが、彼らを放任しているのである」と。

教会の僧侶たち（『南蛮屏風』大阪城天守閣所蔵）

【解説】フロイスと信長の二度目の会見は、群衆の見守るなかで行なわれた。最初フロイスの年齢や日本に来てどれくらいになるか、などを質問した後、「当国でデウスの教えが弘まらなかったときにインドへ帰るかどうか」と尋ねた。フロイスは、「ただ一人の信者しかいなくても、いずれかの司祭がその者の世話のために生涯その地に留まるであろう」と答え、さらに日本に来た動機を尋ねられ、「日本にこの救いの道を教えることにより、世界の創造主で人類の救い主なるデウスの御旨に添いたいという望みのほか、司祭たちにはなんの考えもなく、なんらの現世的な利益（を求めること）なくこれを行おうとするのであり、この理由から、彼らは困苦を喜んで引き受け、長い航海に伴ういとも大いなる恐るべき危険に身を委ねるのである」

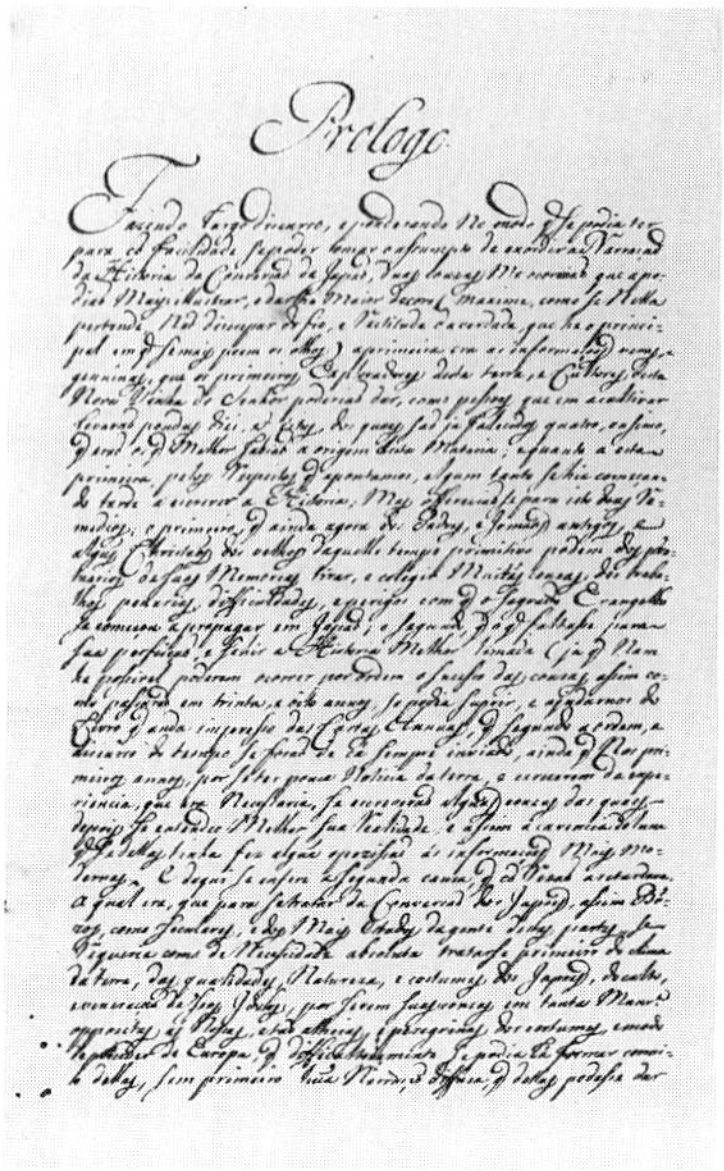
Prologo

フロイス『日本史』
（アジュダ図書館所蔵）

と答えた。信長はこの返答に感銘を受け、引用部分のように言ったのである。

フロイスたちにとっては、最高権力を握っていると思われた信長の言葉はありがたいものだった。こうしてイエズス会は、信長から京都居住を許可する朱印状をもらい、教会を建て、布教活動を拡大することができたのである。フロイスは、後に信長が自己を崇拝することを強要するのを見て批判的となり、破滅は当然としながら、信長のことは「きわめて稀に見る優秀な人物であり、非凡の著名な司令官として、大いなる賢明さをもって天下を統治した者であった」と高く評価している。

フロイスの『日本史』は、日本側史料では窺い知れない歴史の一場面を雄弁に語ってくれる。この著作によって、日本の歴史はずいぶんと明らかになったのである。

出典　松田毅一・川崎桃太訳『フロイス日本史』四（五畿内編Ⅱ）、中央公論社、一九七八年

参考文献　松田毅一・川崎桃太編訳『回想の織田信長』〈中公新書〉中央公論社、一九七三年

41 本能寺の変

一五八二年

天正十年（一五八二）初頭より、織田信長《おだのぶなが》は、嫡子信忠《のぶただ》に甲斐《かい》の武田勝頼《たけだかつより》を攻めさせ、自身も三月五日、出陣した。織田勢の迅速な軍事行動のため、武田方の将兵は動揺し、新府《しんぷ》城（山梨県韮崎《にらさき》市）に籠もっていた勝頼は、小山田信茂《おやまだのぶしげ》を頼って南へ逃げたが、信茂にも裏切られ、追っ手に包囲されて自害した。四月二十一日、信長は、安土《あづち》へ凱旋した。武田氏滅亡を聞いた朝廷は、信長に勅使勧修寺晴豊《かじゅうじはれとよ》を派遣し、太政大臣か関白か将軍に推任することを伝えた。そのころ、信長の部将羽柴秀吉《はしばひでよし》は、毛利《もうり》方の清水宗治《むねはる》が籠もる備中高松城《びっちゅうたかまつじょう》（岡山県岡山市）を水攻めしていた。毛利輝元《てるもと》は、高松城救援のため、軍勢を派遣した。信長は、明智光秀《あけちみつひで》に先陣を命じ、自身も軍勢を率いて中国地方に向かうため、五月二十九日、上洛した。この二日後の六月二日未明、信長は、京都本能寺《ほんのうじ》の宿舎を光秀に攻められ、無念の最期を遂げることになる。

【史料】『信長公記』巻一五「信長公本能寺にて御腹めされ候事」

六月朔日、夜に入り、老《おい》の山へ上り、右へ行く道は山崎天神馬場、摂津《せっつ》国の皆道《かいどう》なり。左へ下れば、京へ出づる道なり。爰《ここ》を左へ下り、桂川《かつらがわ》打ち越え、漸《ようや》く夜も明け方に罷《まか》りなり候。既に、信長公御座所、本能寺取り巻きの勢衆、五方より乱れ入るなり。信長も、御小姓衆も、当座の喧嘩《けんか》を下《しも》〳〵《じも》の者ども仕出し候とおぼしめされ候のところ、一向さはなく、ときの声を上げ、御殿へ鉄砲を打ち入れ候。**是《これ》は謀叛《むほん》か、如何《いか》なる者の企てぞと御諚《ごじょう》のところに、森乱《もりらん》申す様に、明智が者と見え申し候と、言上候へば、是非に及ばずと、上意候。**……信長、初めには、御弓を取り合ひ、二、三つ遊ばし候へば、何《いず》れも時刻到来候て、御弓の絃《つる》切れ、其の後、御槍にて御戦ひなされ、御肘に槍疵《やりきず》を被《こうむ》り、引き退き、是れまで御そばに女どもつきそひて居り申し候を、女はくるしからず、急ぎ罷り出でよと、仰せられ、追ひ出させられ、既に御殿に火を懸け、焼け来たり候。御姿を御見せあるまじきと、おぼしめされ候か。殿中奥深入り給ひ、内よりも御南戸《おなんど》の口を引き立て、無情に御腹めされ、……

【解説】信長の部将だった光秀は、中国地方出陣のため兵を出したが、途中老の山で方向を東に向けた。京都に入り信長を討とうと決意したのである。本能寺にあった信長は、周囲が騒がしいことに気づき、最初は下々の者が喧嘩をしているのだろうと思ったが、鬨《とき》の声が聞こえ、鉄砲が撃ちかけられたことから謀叛だと気づいた。

明智光秀像（本徳寺所蔵）

織田信長像（長興寺所蔵）

「如何なる者の企てぞ」と尋ねる信長に、小姓の森蘭丸が「明智が者と見え申し候」と答える。信長は自己の運命を悟り、「是非に及ばず」と言った。それでも信長は、最初は弓で応戦し、弓の弦が切れると槍で戦った。しかし、肘に疵を受けたところでその場を引き、女たちに寺から出るように命じ、自分は寺の奥に入り、炎の中で腹を切って自害した。

光秀の謀叛については、信長の屈辱的な仕打ちに我慢ならなかったものだとする伝統的な見方から、近年では朝廷やイエズス会の陰謀説までさまざまな説が出されている。事件の性格から真相を語る史料が残されておらず、歴史愛好家にとっては謎解きの心を刺激する恰好の事件となっているようである。しかし、いたずらに黒幕を探るよりは、光秀自身の置かれた立場からこの事件を理解する単純な見方の方が的を射ているような気がする。信長がわずかの供だけで上洛したことは、誰にとっても千載一遇のチャンスである。もともとは足利氏に仕えていた光秀がそれを突いて信長に代わろうとすることは、下克上《げこくじょう》の世の中にあっては珍しいことではないからである。

本能寺跡

出　典　太田牛一著、桑田忠親校注『信長公記』〈戦国史料叢書〉人物往来社、一九六五年

参考文献　藤田達生『謎とき本能寺の変』〈講談社現代新書〉講談社、二〇〇三年／立花京子『信長と十字架』〈集英社新書〉集英社、二〇〇四年

42 関白任官

一五八五年

天正十三年（一五八五）七月十一日、羽柴秀吉《はしばひでよし》は関白《かんぱく》になった。以後、秀吉は、関白として戦国大名へ停戦令である「惣無事令《そうぶじれい》」を出すなど、天皇の存在を利用する形で全国統一をなしとげる。関白という職は、それまで近衛《このえ》、鷹司《たかつかさ》、九条、二条、一条の五摂家《ごせっけ》以外から任じられたことはなかった。当然、秀吉が関白職を望んだとき、近衛家などから強い反発があった。しかし、秀吉は、二条家と近衛家の関白職をめぐる争論を利用して、ついに関白職を手にするのである。

【史料】「近衛文書」

秀吉法印ニ被申《もうされ》ケルハ、近衛殿二条殿官職ニ付テ被申分有之由《もうされぶんこれあるよし》、如何様《いかよう》ノ仕合タルゾト問イ玉《たま》フニ、右之次第ヲ粗《あらあら》法印物語申処、非ニ落着セバ一家併破滅ノ謂《いい》タレバ、朝家ノ御為旁《かたがた》以不可然事《しかるべからざること》ニテ候へハ、秀吉庶幾《のぞむらく》ハ関白ノ詔ヲ申（請）度之間、可有如何由《いかがあるべきよし》近衛殿父子へ尋申べキ由被申出《もうしいでられ》、則《すなわち》法印予私宅へ来入シ、此《この》由《よし》申之間、一往龍山へ不及申《もうすにおよばず》、**関白タル事従昭宣公《しょうせんこうより》**（藤原基経《もとつね》）**于今《いまに》至マテ五家ノ外望ム職ニアラス**、若輩《じゃくはい》ノ分別ニサへ不（相）応之間、龍山へ申ニ及サル由、有ノマヽ法印ニ申聞処、重而《かさねて》法印来テ、然《しから》ハ近衛殿龍山御猶子《ゆうし》トナリ、予ニ兄弟ノ契約シ、当職ハヤカテ可相渡候也《あいわたすべくそうろうなり》、又其報礼ニ当家へ千石、四家へ五百石宛《ずつ》永代之家領被副《そえらる》ベキ也。

【解説】天正十三年（一五八五）二月十二日、二条昭実《あきざね》が関白となり、秀吉は内大臣となった。これにともない、内大臣菊亭晴季《きくていはるすえ》が右大臣に、右大臣近衛信輔《のぶすけ》が左大臣に登った。五月末、秀吉に昇進の話が持ち上がった。秀吉は、右大臣は信長の凶例があるとして左大臣を望んだ。しかし、左大臣近衛信輔は、このまま関白にならずに前官（前左大臣）になるのは残念だと考え、二条昭実に関白を譲ってくれるよう依頼した。しかし、昭実は、二条家の先例に関白になって一年もたたず辞職する例はないとして、これを断った。両者は歩み寄ることなく、険悪な状態となっていた。引用した史料は、両者の争論を聞いた秀吉の行動を示したものである。秀吉は、この争論が非に落着すれば朝廷のためにならないとして、自分が関白になりたいと言い出したのである。

豊臣秀吉像（逸翁美術館所蔵）

これを聞いた信輔は、「関白職は、藤原基経以来、五摂家の外が望む職ではない」と反発した。この「五家ノ外」の部分は、最初「凡下《ぼんげ》」と書いており、出自が卑しい秀吉への軽蔑をあらわにしている。しかし、秀吉は、信輔の父龍山（前久《さきひさ》）の猶子となり、さらに御礼として近衛家に一〇〇〇石、他の四家へ五〇〇石ずつの家領を永代に贈呈するという条件を出してきた。

信輔は、なお了承しがたかったが、龍山は、「関白というのは、そもそも天下をあずかることを言うのである。しかるに今、秀吉は四海を掌《たなごころ》に握っている。五家をことごとく相果たされても誰も文句は言えないのに、再三申し入れを行ない、そのうえ当家の猶子となり、ゆくゆくは信輔に当職を譲ろうというのだから、是非には及ばない」と、秀吉に関白職を渡すことを決断した。これを聞いた秀吉は大喜びで、上洛して関白に任じられた。翌年十二月には、太政大臣を兼ね、これまでの源・平・藤原・橘の四姓に加え豊臣という新しい姓を創出し、豊臣秀吉となったのである。

出典　「近衛文書」『大日本史料』十一編の十七、東京大学史料編纂所、一九八一年

参考文献　山本博文「関白任官」『天下人への道』〈戦乱の日本史　合戦と人物〉第一法規、一九八八年／橋本政宣『近世公家社会の研究』吉川弘文館、二〇〇二年

43 バテレン追放令

一五八七年

天正十五年（一五八七）五月、九州の島津《しまづ》氏を降伏させた豊臣秀吉《とよとみひでよし》は、六月四日、筑前箱崎《ちくぜんはこざき》に凱旋《がいせん》した。これに先だってイエズス会準管区長コエリヨは、秀吉の凱旋を迎えるため、長崎からフスタ船（快速船）で博多に来ていた。秀吉はフスタ船に乗り、コエリヨの願いを聞き町割り中の博多に教会建設用地を与えた。コエリヨは、日本におけるキリスト教布教の発展を信じたが、六月十九日、秀吉は、キリシタンであった部将高山右近《たかやまうこん》を追放し、翌日、前日付けでバテレン（宣教師）追放令を発布した。宣教師の日本滞在を禁じ、宣教師は二〇日以内に国外に退去するよう命じたのである。

【史料】『豊前覚書』

当春、関白様関ノ渡《わたし》御越候砌《みぎり》、豊前岩石ノ城、御馬廻之内、黄母衣《きほろ》ノ衆一手ニて攻くつし被申候《もうされそうろう》、手柄不浅之《てがらあさからず》由、被成上意《じょういなされ》候へ共、此《この》黄母衣之内きりしたん両人御座候由、俄《にわかに》被聞召上《きこしめしあげられ》、六月十九日ニ御神前鳥居のわきへ、はた物ニ御かけ被成候。**それニ付而《ついて》、はかたへゐ申候はてれん、今日十九日より廿日之内ニ帰国仕り候へと、御ケ条書書申候御朱印出申候。座主坊《ざすぼう》へ御渡被成候。**此御朱印書、生駒雅楽助《いこまうたのすけ》殿・石田治部少《じぶのしょう》輔殿御承候て、津中・箱崎如此之《かくのごときの》御朱印出申候由、座主坊より廻シ候へと、右両人之衆被仰渡《おおせわたされ》候間、豊前守請取候而、触廻り候てより末代之儀候間、箱《（に）》をさし入れ、宝殿に籠召置候へ共、安国寺御覧可有之由被仰《あるべきのよしおおせられ》候間、渡申候てより無御戻《おもどしなく》候。

【解説】バテレン追放令の原本は現存しないが、長崎県平戸市の松浦《まつら》史料博物館に原本に近い案文《あんもん》が所蔵されているほか、ここで引用した『豊前覚書』などの日本側史料にいくつか写《うつし》があり、またイエズス会の『日本年報』にも追放令の翻訳がある。『豊前覚書』によると、秀吉は、自身の親衛部隊である黄母衣衆《きほろしゅう》のなかにキリシタンが二人いることを聞き、六月十九日、箱崎八幡宮の鳥居脇で磔《はりつけ》とした。そして、博多にいる宣教師に、二〇日以内に日本を去るようにと命じたのである。ただし、この日には高山右近が追放されており、またそれ以前に、秀吉は長崎が教会領になっていることを知っていた。また、宣教師が、キリスト教を布教するのみならず、神社仏閣を破却していることも伝わっていた。そのうえ、信頼している部将の高山右近が改宗を拒んだことも、秀吉には衝撃だっただろう。キリスト教の信仰が個人の心のうちに留まっているうちはよいが、領主がキリスト教徒になると、領内の者を強制的にキリスト教徒とし、神社仏閣を破却することになる。秀吉は、もはや宣教師の布教活動を自由にさせるべきではない、と考えたのである。

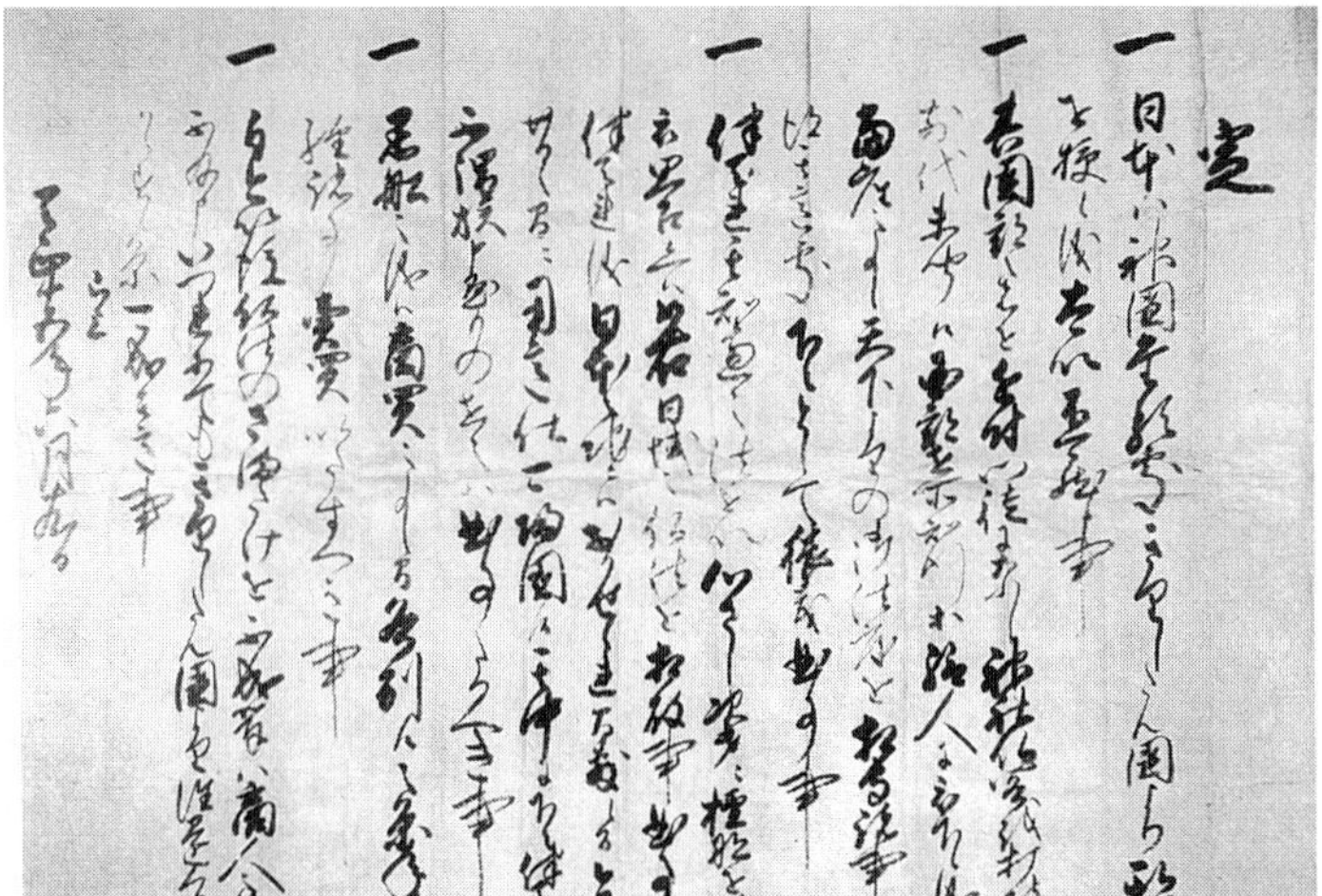

バテレン追放令（松浦史料博物館所蔵）

イエズス会の『日本年報』によれば、宣教師たちは、彼らを領内に置くことを申し出たキリシタン大名の領地に潜伏することにした。最も多くの宣教師を引き受けたのは、有馬の領主有馬晴信《ありまはるのぶ》で、宣教師とイルマン（宣教師に準ずる日本人）を合わせて七〇人近くが収容された。ほかの宣教師たちは、大村《おおむら》、豊後《ぶんご》、天草《あまくさ》、五島《ごとう》、筑後《ちくご》などに散っていった。秀吉の出した法令は宣教師追放令で、キリスト教信仰の禁止ではなく、ポルトガル船との貿易はそのままつづけたので、九州を中心にキリスト教の信仰はこの後も根強くつづいた。司教セルケイラが報じたところによると、江戸幕府成立のころ、日本のキリシタンは約三〇万人おり、教会の数も一九〇を数えたという。

出典　川添昭二・福岡古文書を読む会編『筑前博多史料豊前覚書』文献出版、一九八〇年

参考文献　安野眞幸『バテレン追放令』日本エディタースクール出版部、一九八九年／五野井隆史『日本キリスト教史』吉川弘文館、一九九〇年

44

島津の退き口

一六〇〇年

慶長五年（一六〇〇）九月十五日午前七時過ぎ、関ヶ原《せきがはら》の戦端が開かれた。しかし、島津義弘《よしひろ》率いる島津勢は、石田三成《みつなり》の要請を受けても動かなかった。当時、島津家の実権を握っていた義久《よしひさ》（義弘の兄）は、豊臣政権の意向に従うことに批判的で、朝鮮出兵、太閤検地も義弘任せであった。このように、島津家内部に中央政権を巡る考え方の違いがあるなかで、義弘が国元の義久に、再三軍勢の派遣を要請しても、兵が来ることはなかったのである。義弘の軍勢は一〇〇〇人ほどしかおらず、義弘は「せめて五〇〇〇あれば、今日の合戦は勝てたものを」と二、三度言ったという。積極的な攻撃をすることはできず、まったく動かなかった島津勢は、西軍が敗色濃くなったとき、戦場に孤立していた。

【史料】「**惟新公御自記**」

時に慶長五年庚子九月十五日、濃州《のうしゅう》関ヶ原に於て合戦有り、数刻相挑むと雖《いえど》も、未《いま》だ勝負を決せざる処、筑前中納言戦場に於て野心を起すに依り、味方敗北し、伊吹山《いぶきやま》に逃登る。是《ここ》に於《おい》て予が旗本《はたもと》を見廻すに、漸《ようや》く人数二三百騎に過ぎず、**わずかの人数を以て、敵軍を追退け難く、又引退かんと欲するも、老武者の為、伊吹山の大山を越え難し。縦《たとい》討たれると雖も、敵に向かって死す可《べ》しと思ひ、**本道に乗り、向ふ者を討果たし追散らし、一日の中に度々猛勢を斬除き、伊勢《いせ》・伊賀《いが》・近江《おうみ》・山城《やましろ》の辺土を凌《しの》ぎ、摂津《せっつ》国住吉《すみよし》に着く。而《しか》も大坂に於て質人《しちにん》と為《な》りて御座有る龍伯公《りゅうはく》（義久）の御息女並に家久《いえひさ》の慈母《じぼ》、其の外薩摩《さつま》の男女残らず引列《つ》れ帰国せしめ畢《おわ》んぬ。

【解説】戦いは互角だったが、松尾山《まつおやま》に陣を敷く小早川秀秋《こばやかわひであき》が東軍に寝返ったことから、西軍は総崩れとなり、伊吹山へ逃げ登った。島津義弘が周囲を見ると、わずか二、三百騎しか残っていない。この人数では小早川勢を撃退することは難しく、また引こ

島津義弘像（尚古集成館所蔵）

島津隊の戦場突破（『関ヶ原合戦図屏風』岐阜市歴史博物館所蔵）

うとしても高齢のため伊吹山の大山は越えられない。「たとえ討たれても、敵に向かって死すべし」と思い、本道に出、向かってくる者を討ち果たし、追い散らして、一日のうちに何度も敵の猛勢を切り除いた。その後、伊勢・伊賀・近江・山城を苦労しながら歩き、摂津国住吉に到着。大坂で人質となっていた義久の御息女（当主忠恒《ただつね》の正室。なお忠恒は義弘の実子）と家久（忠恒）の母（義弘の正室）、そのほか薩摩国の男女を残らず連れて、帰国した。

勇猛果敢な義弘の武勇伝だが、がむしゃらな捨て身の中央突破というわけではない。小早川勢は、数としては多くなかったが、統制がとれた軍隊であり、彼らに相対するよりも、裏切りにより大混乱している戦場の真ん中を突破する方が、かえってうまくいくと考えたのである。しかし、当然ながら突破は困難を極め、義弘の甥豊久《とよひさ》と、義弘の家老長寿院盛惇《もりあつ》は戦死した。

義久が軍勢を送らなかったのは、もし当主忠恒に軍勢を率いて上洛させれば島津家は豊臣方ということになり、危険だと考えたのだろう。ただし、一兵たりとも上洛させないという方針はとらず、義弘に馳せ参じようとする者は、行くに任せていた。義久は、危機を脱し大坂の人質を連れて帰還した義弘を絶賛したという。

出典　北川鐵三校注『島津史料集』二〈戦国史料叢書〉人物往来社、一九六六年
参考文献　山本博文『島津義弘の賭け』〈中公文庫〉中央公論新社、二〇〇一年

45 女帝明正天皇の誕生

一六三〇年

寛永六年（一六二九）十一月八日、後水尾《ごみのお》天皇が天皇位を退いた。これは、摂家《せっけ》さえも事前には知らされず、幕府の許可も得ていなかった。当時、天皇は背中に重い腫物《はれもの》を患っており、その治療のために、以前から譲位を希望していた。しかし幕府は、譲位には反対だった。後水尾天皇の中宮《ちゅうぐう》である徳川秀忠《とくがわひでただ》の長女和子《かずこ》（東福門院《とうふくもんいん》）に、男児が誕生するのを待っていたのである。ときの将軍は三代家光《いえみつ》。秀忠も大御所として健在だった。強行譲位を受け、翌年九月十二日に、和子の実子である七歳の興子《おきこ》内親王が即位する。奈良時代の称徳天皇以来の女帝明正《めいしょう》天皇の誕生であった。

【史料】『本光国師日記《ほんこうこくしにっき》』寛永七年（一六三〇）九月十六日条

一、九月十六日、摂政殿《せっしょうどの》へ御家門方御寄合。近衛殿《このえ》、一条殿ハ故障。雅楽頭《うたのかみ》、大炊《おおい》頭、周防《すおう》守、国師、薬院《やくいん》ニ相待《あいまつ》。刻限ニ三内府《だいふ》、日野《ひの》大納言来臨。日大納言被申ハ、昨晩勾当内侍《こうとうのないし》へ被　召《めされ》、伝　奏之儀被　仰付《おおせつけらる》。忝　由《かたじけなきよし》披露。各同道、摂政殿へ参。

　上意之趣申渡口上。

今度　女帝被為立候義《たたせられそうろうぎ》、及千年当平安城始以来ハ、其例も無御座候《ござなくそうろう》。其上　当今様御壮年之儀ニ候間、目出《めで》度《たく》太子被為出来《しゅつたいせらる》。以能時分《よきじぶんをもって》、御譲位、御即位可然思召候《しかるべくおぼしめしそうろう》処ニ、旧冬俄《にわか》ニ被成　御譲位《ごじょういなさる》義、驚思召候。兎角《とかく》

『御即位図屏風』（ネルソン・アトキンス美術館所蔵）

可被仰上様《おおせあげらるべきよう》も無御座《ござなき》ニ付而、　叡慮次第と　思召候。今度御即位被為執行《しぎょうさせられ》候。此上ハ両　御所様常ニ遠国《おんごく》ニ被成御座《ござなされ》、其上　禁中向御無案内ニ候間、**御家門方被迎合《おおせあわされ》、御異見被仰上《おおせあげられ》、有来《ありきたる》御政《おまつりごと》無退転《たいてんなく》、並ニ諸公家衆、家々之学文《がくもん》法度《はっと》以下、　権現被仰定趣《おおせさだめらるおもむき》、無相違様《そういなきよう》ニ可被仰渡《おおせわたさるべく》候。**万一各無沙汰候者《は》、御家門方可為御越度《おおっとたるべく》候。以上。

【解説】後水尾天皇の突然の譲位について、当時京都でも、朝廷の経済的窮乏、公家の官位が朝廷の自由にならないことなど、さまざまな噂が流れていたという。また、譲位の直前の十月十日に、将軍家光の乳母《めのと》お福（斎藤利三の娘）が天皇の病状を伺いに参内し、「春日局《かすがのつぼね》」の名を得たことも、朝廷への刺激となった。無位無官の武家の娘の参内《さんだい》は、朝廷の面子《メンツ》をつぶしたと解釈されたのである。

しかし、その一番の原因は、寛永四年（一六二七）七月から寛永六年六月にかけての、紫衣《しえ》事件であった。この事件は、それまで朝廷が、臨済宗や浄土宗の住職に与えていた紫衣の勅許《ちょっきょ》を、慶長十八年（一六一三）六月制定の「勅許紫衣法度」に違反しているとして、幕府が剝奪したものである。幕府は、元和元年（一六一五）に出された「禁中並《ならびに》公家諸法度」の第一六条でも、朝廷の紫衣の勅許は慎重にするよう命じている。これに対して、臨済宗大《だい》徳寺《とくじ》北派の沢庵宗彭《たくあんそうほう》や玉室宗珀《ぎょくしつそうはく》をはじめとする僧侶たちが、幕府に抗議したが、彼らは陸奥《むつ》・出羽《でわ》に流罪となった。

史料引用部分は、明正天皇が即位した寛永七年（一六三〇）九月十六日の記事である。幕府は、京都に、年《とし》寄《より》（のちの老中）酒井忠世《ただよ》と土井利勝《としかつ》を派遣した。そして、京都《きょうと》所司代《しょしだい》板倉重宗《しげむね》や金地院崇伝《こんちいんすうでん》同席のもと、五摂家に、幕府の意向を伝えた。五摂家が責任を持って天皇・上皇の行動を監視すること、公家たちの家々の学問や法度支配に責任をもつことなどを命じ、何か事が起こった場合は摂家の落ち度とすると述べたのである。この後、幕府の朝廷統制は、五摂家を通じて強化されていくことになる。

後水尾天皇像（泉涌寺所蔵）

出典　崇伝著、副島種経校訂『本光国師日記』六、新訂版、続群書類従完成会、一九七一年

参考文献　山本博文『寛永時代』〈日本歴史叢書〉吉川弘文館、一九八九年／今谷明『武家と天皇』〈岩波新書〉岩波書店、一九九三年／山本博文『徳川将軍家の結婚』〈文春新書〉文藝春秋、二〇〇五年

46　徳川家光の御代始め

一六三二年

徳川家光《とくがわいえみつ》は、二代将軍徳川秀忠《ひでただ》と正室浅井氏《あざい》（お江与《えよ》の方、崇源院《すうげんいん》）の長男として生まれ、元和九年（一六二三）七月二十七日に、二十歳で三代将軍に就任する。このとき、父秀忠は、まだ四十五歳。そのねらいは、早々に将軍職を家光に世襲させることにより、徳川政権の安定を図ることにあった。これは、わずか二年で秀忠に将軍職を譲り、駿府《すんぷ》で大御所《おおごしょ》政治を行なった初代家康《いえやす》の方法に習ったものである。つまり、将軍職のみを家光に譲り、実質的な権力は秀忠が握りつづけたのである。本当の意味での家光の親政がはじまったのは、秀忠が寛永九年（一六三二）正月二十四日、五十四歳で没した後からである。

【史料】「大猷院《だいゆういん》殿御実紀附録」巻一

台徳院殿《たいとくいんでん》薨《こう》ぜられしとき、大故《たいこ》を秘《ひ》し奉《たてまつ》らんといふ説どもありしに、酒井忠勝《さかいただかつ》が議をとられ、其《その》夜しも諸大名へ昇天のこと触わたされ、いづれも御けしき伺はむとてまうのぼりしに、酒井忠勝、松平信綱《まつだいらのぶつな》もて仰下《おおせくだ》されしは、祖宗二公の御事は、櫛風沐雨《しっぷうもくう》の労を重ね、四海一統の業をなし給ひ、天下の諸大名恐れ従ひ奉らぬはなし、我身は若年といひ、いまだ戦に臨むで兵鋒の利鈍を試み給ひしこともおはしまさねば、もしかゝる隙に乗じ、覬覦《きゆ》の望をいだくものあらば、心まかせに本国に馳下《はせくだ》り、戦争の用意すべし、さらむには速《すみや》かに御勢をむけられ、兵の強弱を試み給はん尊慮なりとぞ。其時松平陸奥守政宗《むつのかみまさむね》すゝみ出て、**御代のはじめにあたり、いさ**

ましき仰《おおせ》をも承はるものかな、普天《ふてん》の下たれか当家の御恩をかうぶらぬものやある、もし恩をわすれ義をかへりみず非謀を企るともがらあらば、御勢を労するまでもなし、政宗一人馳向て踏潰《ふみつぶ》さん、あはれ老後のおもひ出に、一戦して老武者の働を若き将軍にみせ奉らんものをと申せしかば、いづれも恐悚《きようしよう》してまかでしとぞ。当時草創の世　公の英武をもて、天下の人心を試み給はん為、かゝる事もおはしませしならん。

【解説】秀忠（台徳院殿）の死に際して、幕府内では、その事実をしばらく隠すべきだとの議論があった。しかし、家光は、酒井忠勝の意見にしたがい、その夜のうちに秀忠の死を明らかにした。それを受けて登城した諸大名に、家光は、忠勝と松平信綱を通して、以下のように述べたという。

徳川家光像（徳川記念財団所蔵）

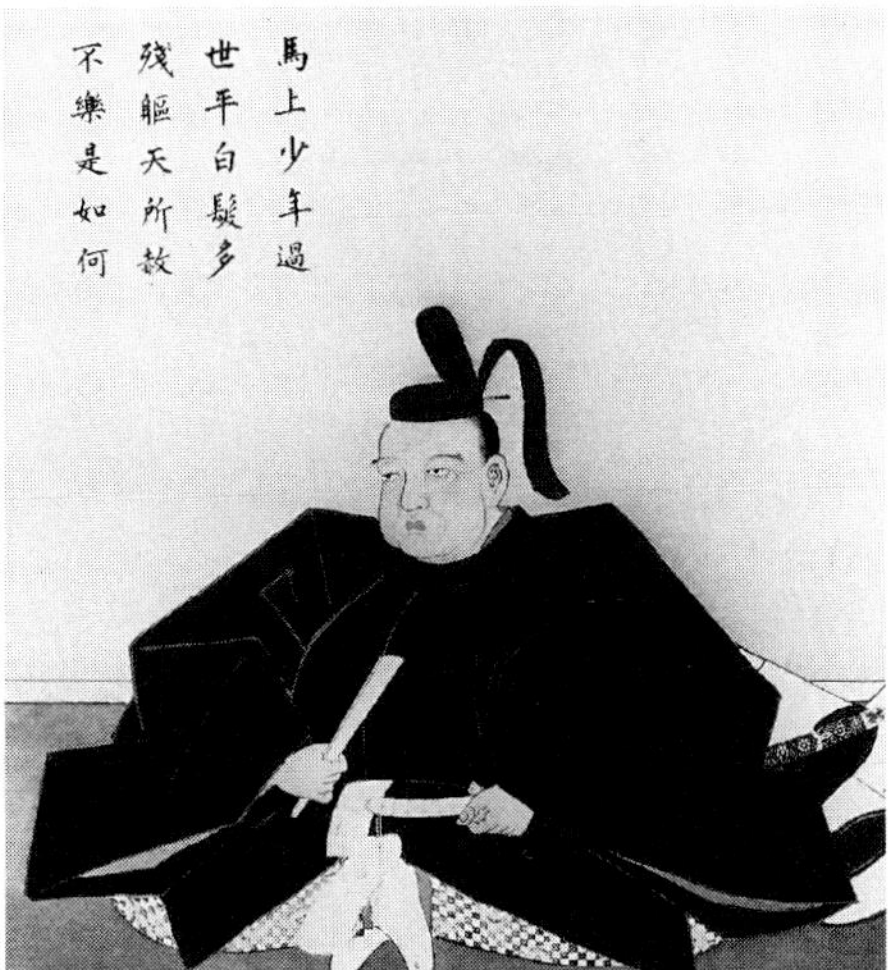
馬上少年過
世平白髪多
残軀天所赦
不楽是如何

伊達政宗像（仙台市博物館所蔵）

「祖宗二公（家康・秀忠）は、さまざまな苦労の上天下を統一し、諸大名に恐れ従わぬ者はなかった。一方私は、若年であり、戦争をして功績を挙げたこともない。もしこのような隙に乗じて、天下を望む者がいれば、国元に帰り、戦争の準備をすればよい。すぐに迎え撃って兵の強弱を試してみよう」。そのとき、仙台藩主伊達政宗が進み出て、「御代始めにあたり、勇ましき仰せを承りました。天下に、将軍家の恩を蒙らなかった者がいるでしょうか。もし恩義を忘れ、天下を望む者がいれば、軍勢を差し向けるまでもありません。私が一人で踏みつぶしてくれましょう。老後の思い出に一戦して、老武者の働きを、若い将軍様にお見せします」と述べた。するとほかの大名たちも恭順の姿勢を示したという。

この場面が、果たして事実かどうかは疑問である。申し渡しを行なったのが酒井忠勝と松平信綱だということだから、秀忠の死の直後の話だとしたら成り立たない。この時期なら酒井忠世と土井利勝でなければならない。しかし、大名に対して強い態度で臨んだ新世代の将軍家光の、御代始めの様子を象徴的に示したエピソードだといえよう。家光にとっては、「生まれながら」の将軍であるという血筋を強調し、かつ政権運営能力を示していくことが、諸大名を従わせるための必須の条件だったのである。

出　典　「大猷院殿御実紀附録」一『徳川実紀』三〈新訂増補国史大系〉吉川弘文館、一九三〇年

参考文献　山本博文『寛永時代』〈日本歴史叢書〉吉川弘文館、一九八九年／山本博文『遊びをする将軍　踊る大名』〈江戸東京ライブラリー〉教育出版、二〇〇二年

47 天草四郎の首

一六三八年

島原《しまばら》・天草《あまくさ》一揆《いっき》は、寛永十四年（一六三七）十月二十五日に勃発する。この地域では、厳しい弾圧のなかでも、異教徒に最後の審判が下るとして、キリスト教の布教活動が行なわれていた。一揆のきっかけは、島原の農民たちがキリストの肖像を掛けて集会を開いていたところに、代官が駆けつけて肖像画を引き裂いたことだったといわれている。一揆勢に、奇跡を起こす「天の使い」として祭り上げられたのが小西行長《ゆきなが》の旧臣益田甚兵衛好次《ますだじんべえよしつぐ》の息子、十五歳の四郎時貞《ときさだ》だった。

【史料】「綿考輯録《めんこうしゅうろく》」巻四七

斯《かく》て諸国の人数入乱て一揆を討、かくれ居たる男女老幼を不レ撰《えらばず》見当を幸に斬て廻る、或ハひろひ集め候間、思《おもい》之外《のほか》に首数多き手も有之《これあり》候と也。当家の首数三《一二弐》千六百三十二、中ニも四郎首ハよく洗ひ髪を結、上使の実《じつ》検《けん》に被備候。諸手《しょて》よりも四郎首とて札を付たるか数多《あまた》有之候と也。

四郎か母姉等先ニ熊本ニ被返置《かえしおかれ》候を廿九日に有馬《ありま》に呼寄、諸手より出たる四郎か首といふを上使衆《じょうししゅう》より御見せ候に、老母少も臆《おく》せす、**四郎殿は我子なからも実の天使ニ而《て》候へハ、思ひもよらす容《かたち》をかくし、南蛮呂宋《ルソン》にも至らるへし**と彼是《かれこれ》を見て驚く色もなかりしに、佐左衛門《すけざえもん》か取たる首のやせたるをミて色を変し、**辛苦せし事を察しぬと云《いい》て喚《よ》ひ落涙し、**越方《こしかた》の事を悔ミて啼悲打臥《ていひうちふし》て起も得ざりしかは、強而《しいて》御尋にも不及《およばず》、御軍功他に勝《すぐ》れたるを御感詞有、江戸江《え》も言上有之《ごんじょうこれある》となり。

【解説】キリスト教徒たちは、島原と天草で蜂起した。島原の一揆勢は、島原城こそ落とせなかったが、島原半島の南半分をほぼ勢力下に置き、天草勢も唐津《からつ》藩の富岡城《とみおかじょう》を包囲するなど、意気盛んであった。最終的に、両一揆勢は合流のうえ、旧領主有馬氏の原城《はらじょう》を修復し、武器・弾薬・食料を運び込み、立て籠もった。はじめのうちは、激しい抵抗に幕藩連合軍側が敗北に喫したが、幕府から派遣された総司令官松平信綱《まつだいらのぶつな》の指揮のもと、兵糧責めをはじめとするさまざまな作戦を展開し、寛永十五年（一六三八）二月二十八日の総攻撃の日を迎える。

連合軍のメンバーだった熊本藩主細川忠利《ほそかわただとし》は、天草四郎の家の焼き討ちを命令した。細川家の歩小姓《かち》陣佐左衛門は、焼け落ちる寸前の家のなかに飛び込み、泣いている女性の傍らで、衣をかぶり、臥している男を発見、首を取った。

史料は、細川家に伝わる記録で、松平信綱の所に諸大名から届けられた数多くの「四郎の首」の実検の場面

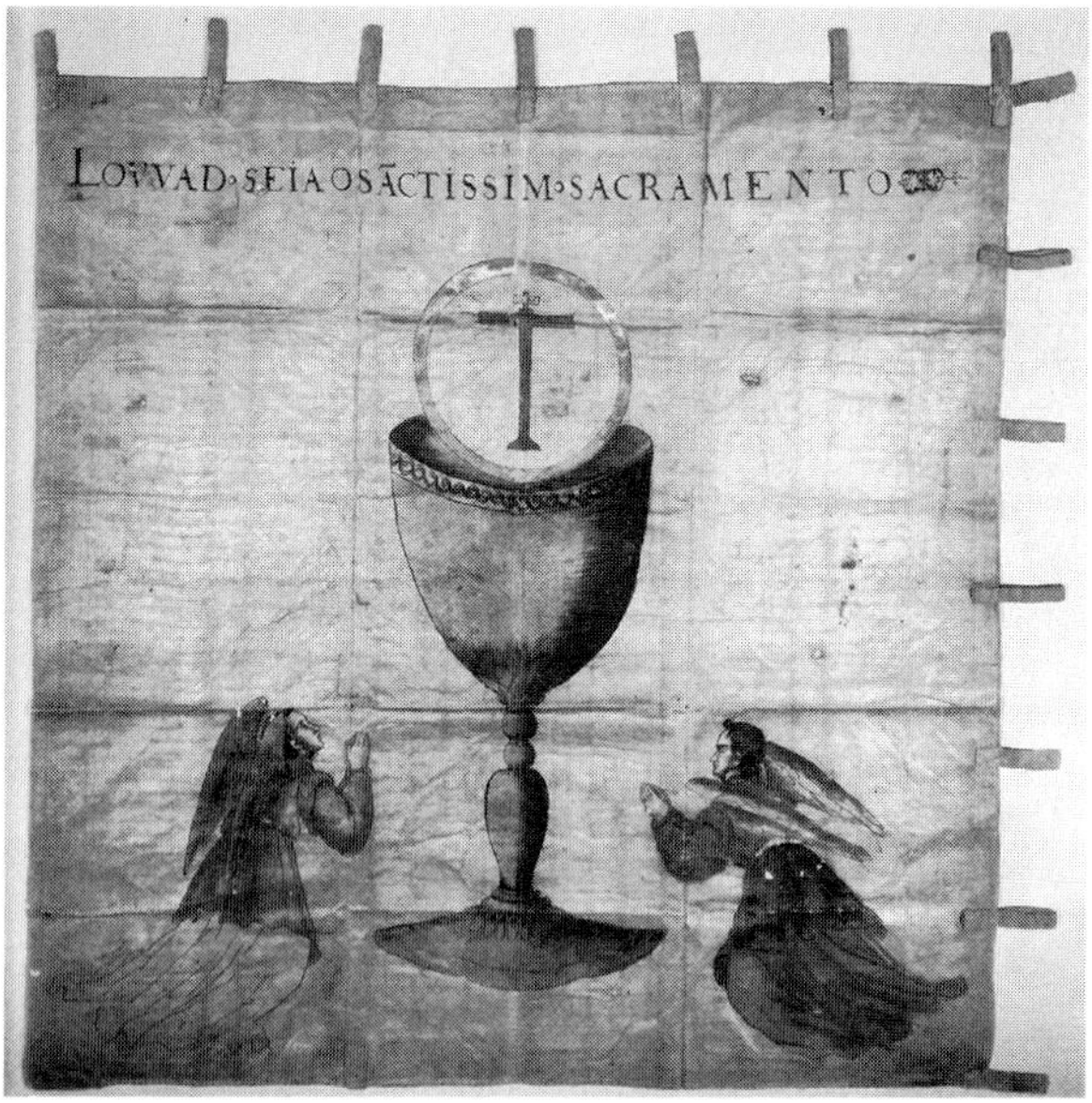

天草四郎陣中旗（天草市立天草切支丹館所蔵）

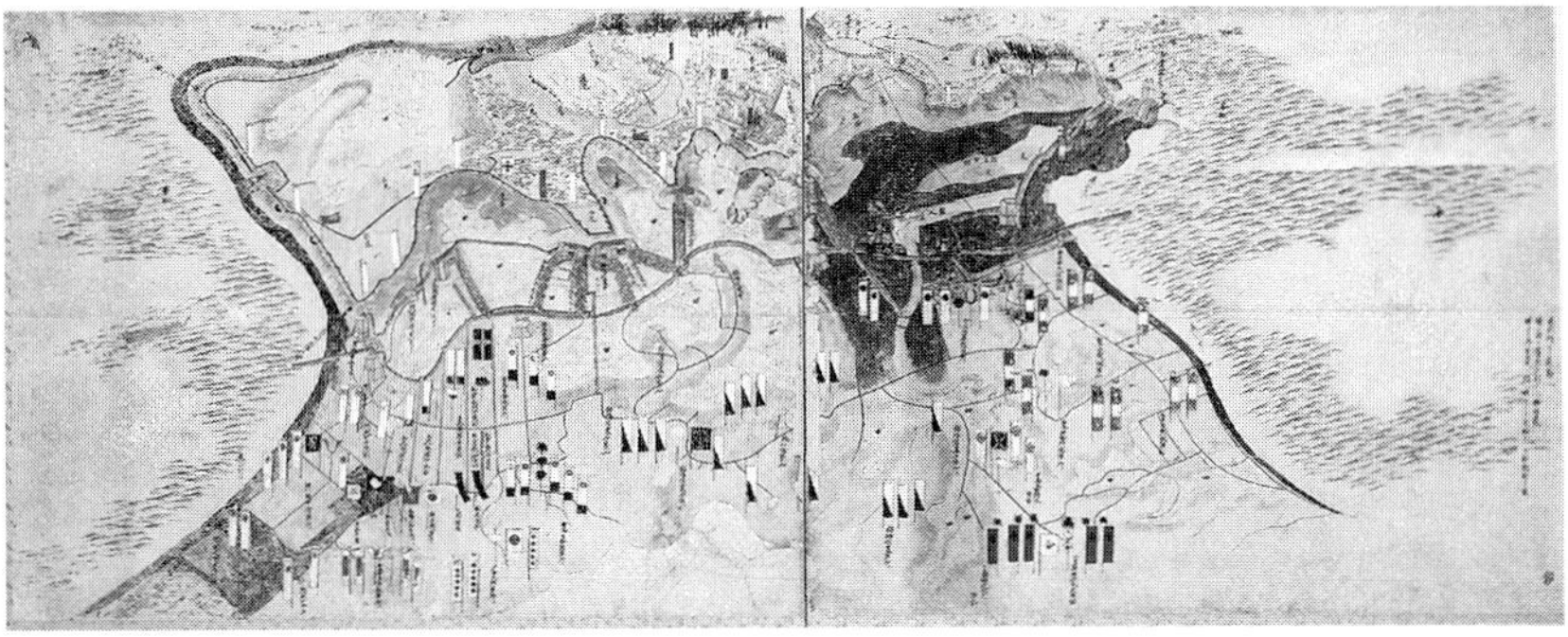

『原城攻囲布陣図屏風』(福岡市博物館所蔵)

現在の原城

である。次々に首を見せられていた四郎の母は、全く臆せず、「四郎殿は私の子ながらも、実は天使ですから、思いもよらず姿を隠し、南蛮・呂宋にも渡っているでしょう」と平然としていた。ところが、佐左衛門の取ってきた痩せた首を見て顔色を変え、「苦労したことでしょう」と叫んで泣き伏し、起きあがることもできなかった。これにより、尋ねるまでもなくこれが四郎のものだとわかったのである。

この一揆で、キリシタンの恐ろしさを目の当たりにした幕府は、その年の九月二十日にキリスト教禁令を重ねて発令する。これは、諸大名に対する宗門改めの強化の命令で、キリシタンの密告者には、本人がキリシタンであってもその罪を許し、褒美《ほうび》を幕府から与える、というものであった。加えて、幕府は、貿易だけでなく布教の意志を持つポルトガル人の追放を考えはじめ、寛永十六年七月には、ポルトガル船来航禁止を命じる。幕府は、ポルトガル船が舶載する商品が不可欠であるとの認識を持っていたが、それを断念してでもキリスト教の布教をくい止めようとしたのである。

出　典　細川護貞監修『綿考輯録』六〈出水叢書〉汲古書院、一九九〇年

参考文献　山本博文『寛永時代』〈日本歴史叢書〉吉川弘文館、一九八九年／山本博文『江戸時代を〈探検〉する』〈新潮文庫〉新潮社、二〇〇五年／神田千里『島原の乱』〈中公新書〉中央公論新社、二〇〇五年

48 犬を大切に

一六八五年

綱吉《つなよし》政権期の特徴的な政策の一つとされる「生類憐《しょうるいあわ》れみの令」は、徳松《とくまつ》の死後男子に恵まれない綱吉に対して、僧隆光《りゅうこう》が、その原因を前世で殺生を行なったためとし、生類を憐れみ、綱吉が戌《いぬ》年生まれであることから、犬を特に大切にすればよいと、建言したことからはじまったとされる説が、長く一般に浸透していた。しかし現在では、もととなった史料『三王外《さんのうがい》記《き》』の信憑《しんぴょう》性が問題視されていること、綱吉と隆光が出会った時期よりも法令が先行していることや、隆光の書き残した日記にもこの件が触れられていないことなどから、この説は否定されている。

【史料】『御当代記』二　貞享二年（一六八五）

一、浅草観音別当知閑院《ちかんいん》後住《ごじゅう》共ニ、寺をひらき候やうに被仰付《おおせつけられ》、本所筋へ立忍《たちしのぶ》と云々。知閑院おごり多く、遊山《ゆさん》をこのミ、又去五月上野にて気随之事など候つる故と云。**又御当御代犬を殊之外《ことのほか》御めぐミ被成《なされ》、殺し申候ものハ不及申《もうすにおよばず》、打たゝき申候者をも目付《めつけ》見付出し候へバ、其者めいわくいたす事なり。**御奉公近キ衆ハ、捨犬・病犬・老犬をバ屋敷へつれ行て療治をいたしくれ候。死申候へバ、寺へ遣し弔《とむらい》申候程の事なるに、去《さる》時分角田《すみだ》川へ御成可有之《おなりあるべく》沙汰の折ふし、知閑院の寺領の代官、犬をつなぎ候ても自然御成之先へ出、御供衆ニ万一くいつき候犬も候へバ悪敷《あしき》とて、浅草町屋領内之うちの犬をとらへさせ、俵《たわら》ニ入候て浅草川へしづめ申候。

此儀を以代官ハ遠嶋《えんとう》仕、手代《てだい》等ハ閉門、役儀もあがり申候。かやうの事も知閑院が悪事ニ成申候よし……

徳川綱吉像（寛永寺所蔵）

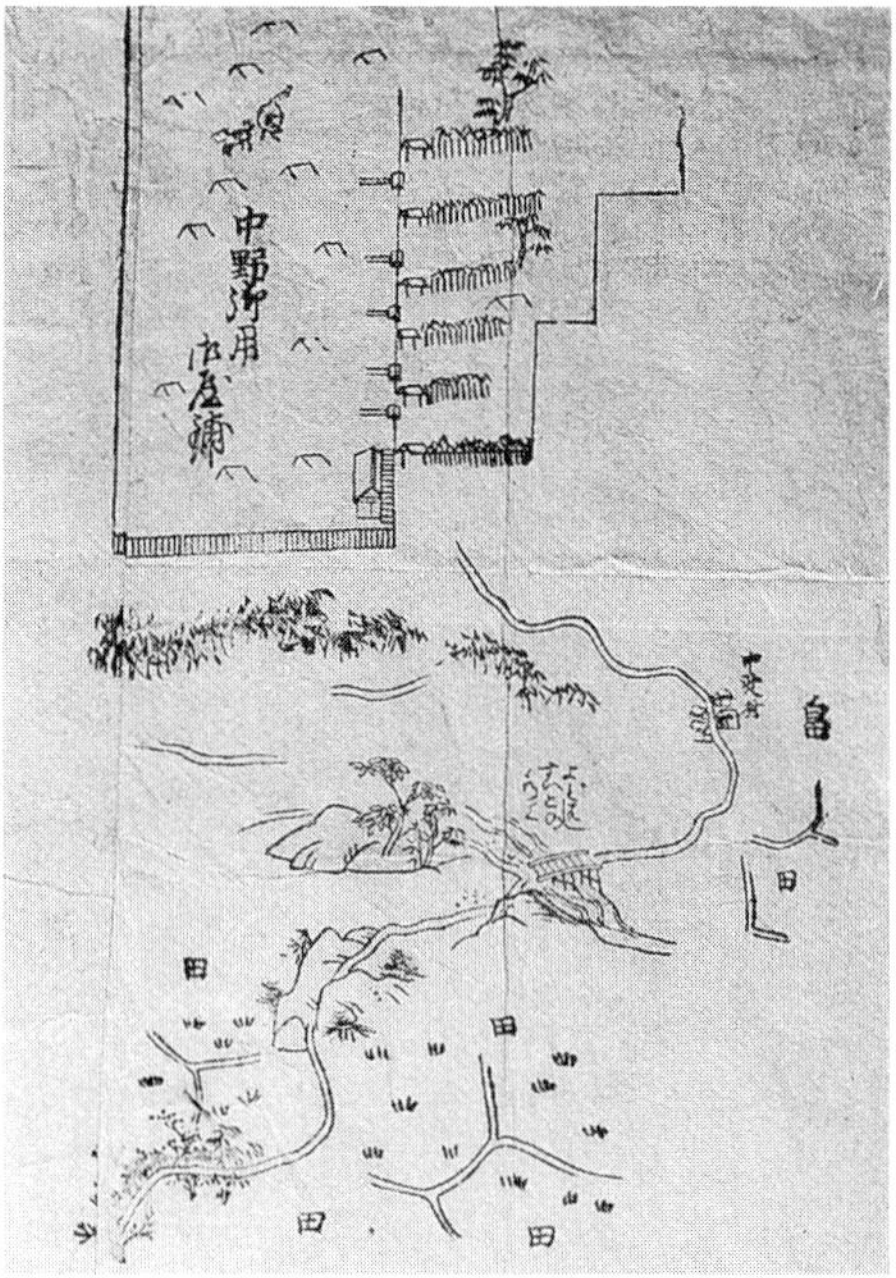
中野の犬小屋（三井文庫所蔵）

【解説】『御当代記』は、歌人戸田茂睡《とだもすい》が、綱吉政権期の社会を多岐にわたって描いた同時代史料である。茂睡の親族・友人には幕臣も多いことから、幕府の内情についても言及し、加えて、浪人としての立場からか、批判的な記述が多い。生類憐れみの令に関する事例もさまざま取り上げられている。

引用部分では、犬を殺した者だけでなく、打擲《ちょうちゃく》した者まで目付《めつけ》が捕縛しており、将軍の近臣は、捨て犬、病犬、老犬を屋敷に連れて行って治療し、死ねば寺で弔《とむら》ったと、幕府が犬の保護政策を行なっていた様子が記されている。また、浅草観音別当知閑院寺領の代官が、綱吉の隅田川御成《おなり》の際、行列の前へ犬が出て供の者たちに食い付くことがないよう、浅草町屋領内の犬を捕えて俵に入れ浅草川に沈めたことにより、代官が遠島、手代等が閉門となったことが挙げられている。これは、幕府の正史である『徳川実紀』の貞享二年（一六八五）八月六日条に記されている、浅草観音別当「知楽院忠運」が、日光門主に対して本末《ほんまつ》の訴論をしたことと門番が犬を殺害したことが釈法にそむくとして、紅葉山《もみじやま》の役事と観音の別当職を奪われた、という事件を指すと考えられている。話は少しふくらんでいるが、犬を殺せば罪に問われたのである。

「生類憐れみの令」といえば、犬についての法令という印象が強いが、実際は、鳥類や牛馬、魚類、捨て子に至るまであらゆる生類を対象とし、綱吉政権期を通して何度もさまざまな法令が出されていた。その目的についても、犬害対策、農村に多数存在した鉄砲の統制、犬を食用とするかぶき者の取り締まりや、綱吉の目指した「仁政《じんせい》」の実現など、多くの側面が考えられている。

最新の研究では、法令が全国規模で浸透していたわけではなく、藩により対応はさまざまで、朝廷ではほとんど履行されていなかったことが指摘されている。また、仏教の影響で、殺生や食肉を忌むことは昔からあったため、綱吉政権期に限定することなく、幅広い時期から分析する重要性も提唱されており、新たな研究の展開が期待されている。

出　典　戸田茂睡著・塚本学校注『御当代記』〈東洋文庫〉平凡社、一九九八年

参考文献　塚本学『生類をめぐる政治』〈平凡社選書〉平凡社、一九八三年／塚本学『徳川綱吉』〈人物叢書〉吉川弘文館、一九九八年／山室恭子『黄門さまと犬公方』〈文春新書〉文藝春秋、一九九八年／根崎光男『生類憐みの世界』〈江戸時代史叢書〉同成社、二〇〇六年

49　芭蕉、おくのほそ道の旅へ出る　一六八九年

松尾芭蕉《まつおばしょう》は、寛永二十一年（一六四四）、伊賀国上野《いがうえの》の地侍《じざむらい》の次男として生まれ、十九歳のとき、伊賀付侍大将藤堂新七郎《とうどうしんしちろう》家（五〇〇〇石）の嗣子良忠《よしただ》に仕えた。良忠は蟬吟《せんぎん》と号し、北村季吟《きぎん》に師事しており、その影響で芭蕉も俳諧に目覚める。しかし、芭蕉が二十三歳のときに良忠が死去し、芭蕉も致仕《ちし》することになる。その後の動静は諸説あるが、『貝おほひ』を出版した寛文十二年（一六七二）に、江戸に下ったという。深川《ふかがわ》の現在の芭蕉庵の地に居を定めるのは、延宝九年（一六八一）、芭蕉三十八歳のときであった。

【史料】『**おくのほそ道**』

弥生《やよい》も末の七日、明ぼの丶空朧々《ろうろう》として、月ハ有あけにてひかりおさまれる物から、富士の峯幽《かすか》に見えて、上野・谷中《やなか》の花の梢《こずえ》、又いつかはと心ぼそし、むつましきかぎりは宵《よい》よりつどひて、舟に乗りて送る。千じゅと云所にて船をあがれば、**前途《せんど》三千里のおもひ胸にふさがりて、幻のちまたに離別の泪《なみだ》をそゝぐ**。

行春《ゆくはる》や　鳥啼《なき》　魚《うお》の目ハ泪

是《これ》を矢立《やたて》の初《はじめ》として、行道猶《ゆくみちなお》すゝまず。人々は途中に立ならびて、後かげのミゆるまでハと見送るなるべし。

ことし元禄二とせにや、奥羽長途の行脚《あんぎゃ》たゞかりそめに思ひ立ちて、呉天《ごてん》に白髪の恨を重ぬといへども、耳にふれていまだ目に見ぬ境、若《もし》生きて帰らばと、定めなき頼《たのみ》の末をかけて、其日、漸早加《ようようそうか》（草加）と云《いう》宿にた

どり着にけり。痩骨《そうこつ》の肩にかゝれる物先《まず》くるしむ。唯身すがらにと出立《いでたち》侍るを、紙子《かみこ》一衣《いちえ》は夜ルの防ぎ、ゆかた・雨具・墨・筆のたぐひ、あるはさりがたき花むけなどしたるハ、さすがに打捨がたくて、路頭の煩《わずらい》となれるこそわりなけれ。

【解説】芭蕉は、旅をしながら多くの句を制作した。貞享元年（一六八四）八月から貞享二年四月までは『野ざらし紀行』の旅、貞享四年十月から翌年四月までは『笈《おい》の小文』の旅へ出ている。『おくのほそ道』の旅へ出立するのは、元禄二年（一六八九）三月二十七日、芭蕉四十六歳のときのことである。門人の曾良《そら》が、金沢まで同行した。

『おくのほそ道』といえば、冒頭の「月日は百代《ひゃくだい》の過客《かかく》にして、行《いき》かふ年も又旅人也」の一節が有名だが、ここで引用したのは、その次にみえる、見送りの人びととの別れから草加《そうか》へ到着するまでの、旅の出発の場面である。

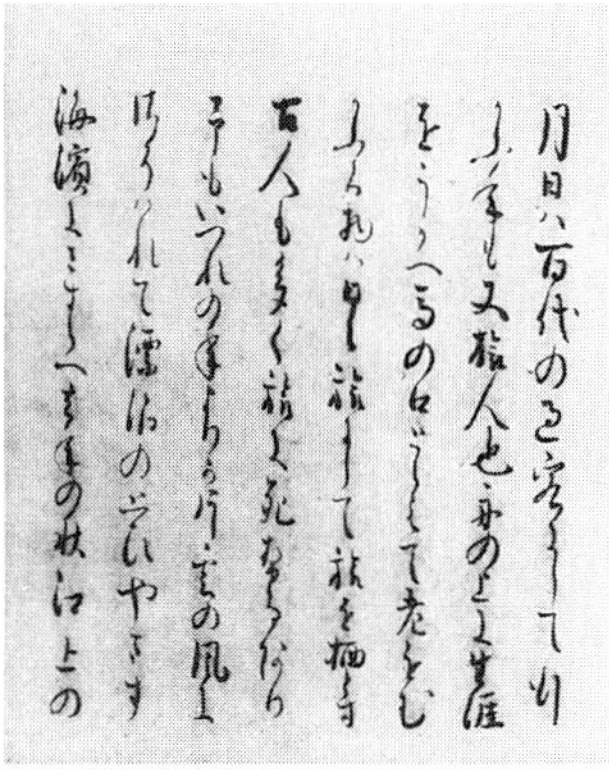

『おくのほそ道』（個人蔵）

『奥の細道行脚の図』
（天理大学附属天理図書館所蔵）

上野・谷中の花の梢を、再び見ることができるのだろうかと心細く思う芭蕉を、宵のうちから集まった人びとは、ともに船に乗って千住まで送ってくれる。船を下りた芭蕉は、これからの三〇〇〇里に渡る旅路に思いをはせて、別れの涙を流し、「行春や　鳥啼　魚の目ハ泪」と詠んだ。芭蕉は、これまで耳には聞いていてもいまだに見たことがない地域に行きたいと切望し、もし生きて帰ることができたら、と思いながら、その日は草加に宿泊した。

芭蕉はできるだけ軽装を心がけたが、見送りの人びとが贈ってくれた餞別《せんべつ》の品々は捨てがたく、「路頭の煩」となった。嬉しい心遣いが、荷物の重みとなって芭蕉の「痩骨の肩」に食い込んだのである。

その後、日光・福島・仙台・松島・平泉・新庄・羽黒山・酒田・象潟《きさかた》・新潟・金沢・松岡・福井・敦賀《つるが》などを経て、八月下旬には大垣《おおがき》に到着する。そこから伊勢神宮へ赴き、およそ六ヵ月の旅は終了する。この旅が、推敲《すいこう》を重ねて、紀行『おくのほそ道』に結実するのは、芭蕉が亡くなる元禄七年（一六九四）ごろといわれている。

出　典　井本農一他校注・訳『松尾芭蕉集』二〈新編日本古典文学全集〉小学館、一九九七年

参考文献　阿部喜三男『松尾芭蕉』〈人物叢書〉吉川弘文館、一九六一年

50 赤穂浪士の討ち入り

一七〇二年

元禄十四年（一七〇一）三月十四日。江戸城中で、勅使《ちょくし》饗応役《きょうおうやく》の浅野内匠頭長矩《あさのたくみのかみながのり》（播州赤穂《あこう》藩主）が、高家筆頭《こうけひっとう》吉良上野介義央《きらこうずけのすけよしなか》に斬り付けるという、松の廊下の刃傷《にんじょう》事件が発生する。その日のうちに、浅野家は改易《かいえき》、内匠頭は切腹、吉良はお咎《とが》めなし、との幕府の判断が下った。仕える家を失った旧赤穂藩士二百七十余名の歩みは多様なものとなる。赤穂藩から早々に去る者たち。筆頭家老《かろう》として御家再興を考える大石内蔵助《おおいしくらのすけ》。内匠頭の仇《あだ》を討つことを求めつづける内匠頭の側近たち。武士のメンツが立つことを最優先に考える堀部安兵衛《ほりべやすびょうえ》をはじめとする急進派の面々。御家再興の望みが絶たれたとき、大石は討ち入りへの決意を固め、同志たちは結集する。そして、運命の元禄十五年十二月十四日。同志は四七名になっていた。

【史料】『江赤見聞記《こうせき》』巻四

一、色々尋《たずね》候《そうら》得《え》共《ども》、御在所知れ不申《もうさず》候也。然《しか》る処、内蔵助《くらのすけ》諸人に向ひ申候は、**是《これ》ほど肺肝《はいかん》を砕き打入たる甲斐もなく、上野介《こうずけのすけ》殿を打もらしては無詮事《せんなきこと》也、いざ一所に自害可仕《つかまつるべし》、乍去《さりながら》死は安し、今一度可尋**とて、広間、書院、対面所、槍之間、取付、いろりの間、小座敷、かこひ納戸、くりや、二階、廊下、其外無残所《そのほかのこすところなく》、明松《たいまつ》釣燈《ちょうちん》ふりたてふりたて尋れ共、其行方更になし。然る処に台所之方雑物置候様成《なる》部屋有之《これあり》〈勝手之方炭部屋と見へ候所とあり、数寄屋《すきや》のわきに炭其外ちやの湯道具の物置とも云ふ〉候。彼所《かのところ》詮議可仕とて立寄候得ば、

「仮名手本忠臣蔵」（一勇斎国芳画）

吉良義央像（華蔵寺所蔵）

内より何者哉《や》らん切て出申候所を、堀部安兵衛一ト討に仕候。跡より出申候を矢田五郎左（右）衛門討留申候て、内を見込申候へば未《まだ》人影見へ候。間十次郎《はざまじゅうじろう》大身《おおみ》之槍を以て突付揚申候。何とやらん其様子あやしく候間、明松にて首を見候得ば、老人にて四方髪《しほうがみ》、其上むぐろ衣類之躰、上野介殿之様に候間、見覚申ものに見せ候処、堀部弥兵衛、富森助右衛門見候て、去年之疵《きず》可有之候とて見候所、疵も有之、旁《かたがた》以上野介殿に紛無之《まぎれこれなく》候得ば、念之ため先刻搦置《からめおき》候敵方之者に見せ可申とて引立、上野介殿にて無之哉《これなきや》、真直に不申《もうさず》候は丶、一討に可仕《つかまつるべく》と申候故、命さへ御助ケ被成候は丶可申《もうすべく》とて、成程主人上野介頭にて候由申候より、何も悦候事無限候。

【解説】吉良方の侍たちの抵抗は止んだ。しかし、上野介の首はまだあげていない。色々と探索したが、上野介の姿はどこにもない。大石内蔵助は、浪士たちに向かって言った。「これほど苦心した甲斐もなく、上野介を討ち漏らしたのでは仕方がない。一緒に自害仕ろう。しかしながら、死ぬことは簡単なことである。いま一度、探してみよ」。松明、提灯をかざしながら必死に探してみたものの、どこにもいない。途方にくれていたとき、ふと台所裏の物置部屋に気付いた。立ち寄ってみると、なかから二人の者が切って出た。堀部安兵衛らがこれを討ち留め、なかを見ると人影がある。これが上野介だった。上野介は、間十次郎の槍で突かれ、すでに絶命していた。

この事件の本質は、幕府の「片落ち」の処分を、上野介を討つことによって喧嘩両成敗の大法を自力で実現し、赤穂藩と自らの名誉回復を行なおうとしたものである。上野介を討ち取った後、足軽寺坂吉《てらさかきち》右衛《え》門《もん》を除く四六名の赤穂浪士たちは、四家の大名家に預けられ、翌年二月四日、幕府の命により切腹する。同日、吉良の養子左《さ》兵《ひょう》衛《え》義周《よしちか》は、討ち入りを防げなかった罪を咎められ、信州高島《たかしま》藩諏《す》訪《わ》家に御預けとなった。義周は御預け中に没し、吉良家は断絶した。四六名の赤穂の浪人たちの行動は、武士の鑑として長く語り継がれた。

大石内蔵助像（「赤穂義士像画」大石神社所蔵）

出典　「江赤見聞記」四『赤穂義人纂書』補遺、国書刊行会、一九一一年

参考文献　野口武彦『忠臣蔵』〈ちくま新書〉筑摩書房、一九九四年／山本博文『殉死の構造』〈叢書死の文化〉弘文堂、一九九四年

51 徳川吉宗、上米の制を発布する

一七二二年

吉宗《よしむね》が、紀州藩主から八代将軍になったとき、幕府財政は旗本への切米《きりまい》支給にも事欠く危機的な状況だった。吉宗は、財政再建のため、定免《じょうめん》制による年貢取り立て、新田開発、米価調整などの政策を推進するが、それらが効果を発揮するまでの急場凌《しの》ぎの方策として行なわれたのが上米《あげまい》の制だった。享保七年（一七二二）七月三日、吉宗は、一万石以上の諸大名に登城を命じ、江戸滞在期間を半減することと引き替えに一万石につき一〇〇石の上納を命じた。溜詰《たまりづめ》大名・老中列座のなか、勝手掛老中水野忠之《みずのただゆき》が申し渡しを行ない、つづいて吉宗作成の書付を右筆《ゆうひつ》が読み上げた。その内容は、次のようなものである。

【史料】「柳営日次記」享保七年（一七二二）七月三日条

お旗本に召し置かれ候御家人《ごけにん》、御代々段々相増し候。御蔵入高も先規よりは多く候得共《そうらえども》、御切米・御扶持方其外表立ち候御用筋、渡し方に引き合ひ候而《て》は、畢竟《ひっきょう》年々立たざるの事に候。然《しか》れども、只今迄は所々の御城米を廻され、或いは御城金をもつて急を弁ぜられ、彼是漸《かれこれようや》く御取り続きの事に候得共、今年に至り而御切米等も相渡し難く、御仕置筋の御用も御手支《おてづかえ》の事に候。それに付き、**御代々の御沙汰もこれ無き事に候得ども、万石以上の面々より八木《はちぼく》差し上げ候様に仰せ付けらるべくと思し召し候。左《さ》候はねば、御家人の内数百人も御扶持召し放たるべく候より外はこれなく候故、御恥辱《おちじょく》をも顧《かえり》みられず仰せ付けられ、**高一万に付き八木百石の積り差し上げらるべく候。

【解説】上米を命ずるにあたって、吉宗は、幕府の財政状況を赤裸々に記している。旗本の数が代々増加してきているため年々赤字となっていること、これまでは全国の城米や城金を取り崩すことにより間に合わせてきたが、今年になってそれも難しく、政治向きの御用も差し支えるようになったことを述べ、このままでは幕臣を数百人も召し放たなければならないので恥辱をも顧みずに命ずるとまで言っている。

徳川吉宗像（徳川記念財団所蔵）

この「恥辱をも顧みられず」の文言は、当時の儒学者の間に物議を醸すことになった。室鳩巣《むろきゆうそう》は、この部分は不要な文章で後世の批判を招きかねないとし、吉宗が漢籍の知識が無いためにこのような文言になってしまったのだろうと書いている。当時の旗本のなかには、あまりにも率直な内容なので、将軍が謀略のためにわざとこのように書いたのではないかと深読みをする者もいた。また、荻生徂徠《おぎゆうそらい》は、全国の大名はすべて将軍によって封じられたものなのだから、必要があれば、献上を命じればよいのであって下手《したて》に出ることはないと、書いている。たしかにその通りかもしれないが、軍役《ぐんやく》や普請役《ふしんやく》は別として大名から年貢米を一部でも上納させたことはなかったから、もと紀州藩主の吉宗に抵抗感があったのは当然だろう。吉宗は、上米の制を申し渡す際に、身の置き所もないほどに恥じていたという。

上米の制は、幕府財政の窮乏を乗り切るためには有効なものだったが、もともと臨時の措置として行なわれたものだったから、財政が好転した享保十五年（一七三〇）には廃止され、参勤交代制度も一年在府に戻された。

出典　「柳営日次記」国立公文書館内閣文庫所蔵

参考文献　山本博文『参勤交代』〈講談社現代新書〉講談社、一九九八年／「兼山麗澤秘策」『日本経済大典』第六巻、啓明社、一九二八年／「文会雑記」『日本随筆大成』吉川弘文館、一九七五年

52 長谷川平蔵の愚痴

一七九二年

池波正太郎の小説『鬼平犯科帳』でおなじみの長谷川平蔵宣以《はせがわへいぞうのぶため》は、家禄《かろく》四〇〇石、両番家筋というエリート旗本《はたもと》の家柄に生まれた。西丸書院番士を皮切りに、西丸徒頭《かちがしら》、御先弓頭を勤め、天明七年（一七八七）九月十九日に火付盗賊改《ひつけとうぞくあらため》に就任する。これは、御先鉄砲組と御先弓組の指揮官である「先手頭」が兼務する役で、「加役《かやく》」ともいった。そのうち、一年を通じて勤めるものを「加役本役」、臨時を「当分加役」といい、平蔵はこのとき「当分加役」に任じられている。翌天明八年四月二十八日に一度役を解かれるが、同年十月二日に「加役本役」となり、江戸庶民の支持を得る華々しい活躍を見せる。しかし、京都町奉行まで勤めた父宣雄《のぶお》とはうらはらに、平蔵の出世はここまでだった。

【史料】「よしの冊子」

長谷川平蔵転役も仕らず、いか程出精仕り候ても何の御さたこれなく候に付き、大いに嘆息いたし、**まうおれも力がぬけ果てた、しかし越中殿の御詞が涙のこぼれるほど忝《かたじけ》ないから、夫計《そればかり》を力に勤める外には何の目当もない、是ではまう酒計を呑み死ぬであらふ**と、大いに嘆息《たんそく》、同役などへ咄合《はなしあ》ひ候由のさた。

【解説】 ときは、寛政。幕府の実権は、老中首座松平定信《まつだいらさだのぶ》が握り、寛政の改革が行なわれていた。定信は、側近の水野為長《みずのためなが》に幕政や世間の情勢を調査・報告させており、それをまとめたのが、ここで引用されている「よしの冊子」である。

寛政元年（一七八九）九月七日、人事異動があり、南町奉行山村良旺《たかあきら》が御三卿《ごさんきょう》の清水《しみず》家家老に転任し、その後任に京都町奉行だった池田長恵《ながしげ》が任命される。しかし平蔵は、火付盗賊改のままだった。その二年後の寛政三年十二月二十一日には、北町奉行初鹿野信興《はじかののぶおき》が死去するが、後任は、大坂町奉行の小田切直年《おだぎりなおとし》が就任した。

平蔵は非常に嘆き、「もうおれも力がぬけてしまった。しかし、越中殿（松平定信）の御ことばが涙のこぼれるほどありがたいから、それだけを力に勤めるほかには何の目的もない。これではもう、酒ばかり飲んで死ぬことになるだろう」と、同役などへ愚痴ったという。

平蔵は目付《めつけ》を務めていないので町奉行にできない、と幕閣が述べたとの噂があった。小田切も目付になってなかったから、庶民は期待した。平蔵を大坂町奉行小田切の後任とし、後に町奉行に昇進させることもできたはずだが、幕府はそうしなかった。

平蔵は、庶民の味方としての姿勢を貫き、支持を得たが、ライバルの旗本たちの目には、それがスタンドプレーとして写った。検挙率は上がったが、犯罪者を目明《めあ》かしに使うことには、眉をひそめる者も多かった。部下の与力《よりき》・同心《どうしん》に賄賂《わいろ》の請け取りを禁じ、みずから銭相場で利ざやを稼ぐことで、彼らの面倒を見たが、それは「山師《やまし》」との評に繋がった。定信も、平蔵の進言を取り入れて、人足寄場《にんそくよせば》を設置するなど、その働きぶりを

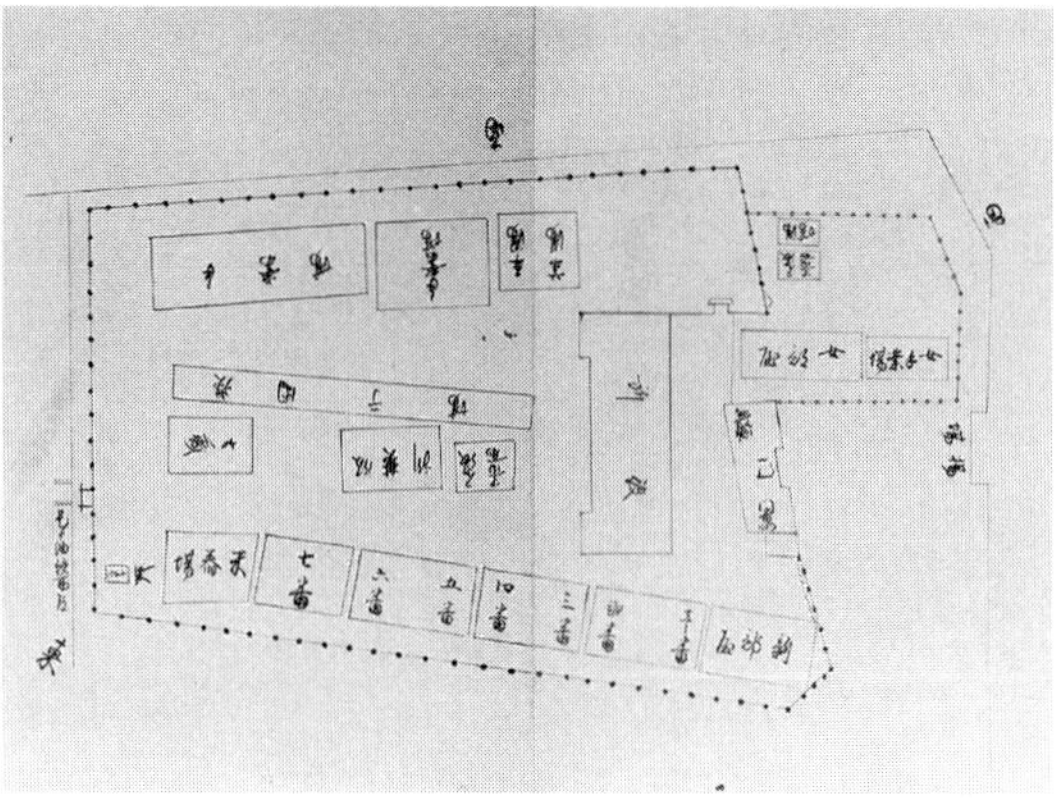

人足寄場絵図（『天保撰要類集』巻94より）

評価したが、人物は好まなかった。

つまり、平蔵の、仕事ができて、庶民の人気もあったことが、周囲の嫉妬《しっと》を呼んだのである。平蔵自身、自らの有能さを公言して、反発を生んだこともあっただろう。これらのことが、彼の出世の妨げとなったのかもしれない。

長谷川平蔵供養の碑（戒行寺）

平蔵の愚痴から三年後の寛政七年四月、平蔵を病が襲う。病状の重いことを聞いた将軍家斉《いえなり》は、見舞いの言葉と、瓊玉膏《けいぎょくこう》という将軍の常備薬を贈った。その四日後の五月十日、平蔵は、五十歳で死去する。家斉からの贈り物は、平蔵の死出の旅のせめてものはなむけになった。

出典　『随筆百花苑』八・九、中央公論社、一九八〇・八一年
参考文献　山本博文『旗本たちの昇進競争』〈角川ソフィア文庫〉角川学芸出版、二〇〇七年／山本博文『男の嫉妬』〈ちくま新書〉筑摩書房、二〇〇五年

53 フェートン号事件 一八〇八年

文化五年八月十五日（西暦一八〇八年十月四日）、長崎港に、オランダ国旗を掲げた軍艦フェートン号が入船した。規定にしたがい、長崎奉行所の役人や通詞《つうじ》、オランダ商館員が出迎えるが、商館員二名が捕らえられ、人質にされてしまう。実はこの軍艦は、フリートウッド＝ペリュー大佐を艦長とするイギリス船で、オランダ船の拿捕《だほ》を目的として、国籍を偽り長崎港に侵入してきたのであった。この背景には、フランスとイギリスが敵国同士だったことがある。当時、オランダ本国はフランスの支配下にあった。そのため、両国の間で東アジアにおける植民地の利権争いが起こったのである。長崎は、期せずして、世界情勢のうねりのなかに飲み込まれたのである。

【史料】「通航一覧」巻二五九

一、十七日之夜者《は》、毎《つね》之如《のごと》く夜食済て、四ツ時過までも酒宴あり。医師側向之者共へも肴《さかな》など賜り、例より一段機嫌も宜《よろ》しく、四ツ時過る頃皆暇《いとま》給りぬと。

一、右同夜者、館《たち》（長崎奉行所）内・市中もひつそりして始て寝たり。予も始て下宿し、食事畢《おわ》りや、暖気を覚え、机により臥《ふす》ともなく其まゝ寝たり。家僕等其上へ蚊帳《かや》をかけたるも、我はしらすに息《いこ》ふ内、夜半頃か田辺兎毛玄関よりかけ込、殿様御生害《ごしょうがい》と泣きさけひ、御存じなきやと後ろより呼立ぬ。たゝ忙然《ぼうぜん》と夢さめて、不弁東西《とうざいをわきまえず》、うつゝにはせて行てみれは、**居間の先、鎮守の手前、生垣の際に毛氈《もうせん》を敷《しき》、臍下《せいか》一文字に薄く引、鍔元迄喉《つばもとまでのど》をさし通し、適《あつぱ》れの御生害。**最早《もはや》魂気も絶ぬれは、忠左衛門、幸八郎一同立合、御剣をは渡辺平蔵抜取といへとも、固く握りて御指一本つゝ放して漸《ようや》く抜く。血は流て下衣を染め、氈上に満つ。趺座《ふざ》して生《いく》るか如し。

フェートン号（長崎市立博物館所蔵）

【解説】オランダ船がいなかったため、イギリス側の当初の目的であった拿捕は果たせなかったものの、彼らは十六日午後に、人質一名に水と食料の要求を託して解放した。受け入れられなければ、湾内の船舶を焼き払うというのである。長崎奉行所は、予期せぬ突然の出来事にどうすることもできず、オランダ商館長ヘンドリック＝ドゥーフの意見にしたがい、いわれるままに物資を提供し、十七日に残る一名を奪還した。長崎警備担当の佐賀藩士も在番していた者は少数で、奉行所の要請を受けて出兵の準備をすすめたが間に合わず、その日の午後にフェートン号は去っていった。

わずか三日間の出来事だったが、日本側に及ぼした影響は大きかった。長崎奉行松平康英《まつだいらやすひで》は、十七日の夜、責任を取って自害した。その様子が記されているのが引用部分である。介錯《かいしゃく》もないなか、腹を一文字に切り、喉を鍔元まで指し貫いた康英。あまりにも刀が固く握られていたため、家臣たちが指を一本一本放していく様子は、切腹のすさまじさを伝えている。表向きには病死と繕おうとしたが、家臣六人が後を追って自害するに及び、康英の切腹は世上に明らかになったという。

佐賀藩でも、九月に大番頭鍋島《なべしま》（深堀）茂辰《しげたつ》に蟄居《ちっきょ》、番頭千葉《ちば》三郎《さぶろう》右衛門《えもん》・蒲原《かんばら》次《じ》右衛門《えもん》に切腹を命じるなど関係者の処分を行なった。十一月十日には、藩主鍋島斉直《なりなお》が、警備の不備を咎められ、幕府から逼塞《ひっそく》を仰せ付けられた。

この事件は、幕府に、従来のオランダや清からの情報だけでは、海外情勢をつかむことができないことを認識させる結果となった。折しも前年には、ロシアが択捉島《えとろふ》に来航するなど、異国に対する脅威が重なったこともあり、幕府は海防を強化する。それは、文政八年（一八二五）の異国船打払令につながった。

出典 『通航一覧』六、国書刊行会、一九一三年

参考文献 中野礼四郎編『鍋島直正公伝』一、侯爵鍋島家編纂所、一九二〇年／藤野保編『続佐賀藩の総合研究』吉川弘文館、一九八七年

54 大塩平八郎の乱

一八三七年

天保七年（一八三六）の凶作による飢饉《ききん》は全国に及び、大坂も例外ではなかった。そのようななか、大坂町奉行所は、十一月に、市中の米確保のため、他所《よそ》への米の持ち出しを制限し、買い出しに来る庶民を厳しく罰した。一方で、幕府からの江戸廻米《かいまい》令には従った。その背景には、江戸の米不足だけでなく翌年の家慶《いえよし》の将軍宣下《せんげ》の準備があった。飢饉で苦しむ民衆を救済せずに、江戸へ米を送る奉行所。加えて、これに乗じて米価をつり上げる豪商たち。この状況に、天保元年に大坂東町奉行所の与力《よりき》を隠居後、陽明学者《ようめいがくしゃ》として家塾洗心洞《せんしんどう》を開いていた大塩平八郎《おおしおへいはちろう》は、東町奉行跡部良弼《あとべよしすけ》に数々の進言を行なった。しかし、まったく聞き入れられず、大塩は挙兵を決意する。

【史料】「浮世の有様」六

天保八丁酉《ひのととり》年二月十九日、大坂に於て、東御町奉行跡部山城守《やましろのかみ》組下の与力に大塩平八郎といへる者有り。此《この》者《もの》発狂の如き有様にて三四十人計《ばかり》の党を結び、天満《てんま》川崎よりして処々を乱暴・狼藉《ろうぜき》し、放火をなせし事有りしに、直にこれを召捕事克《めしとることかな》はず、彼をして十分に乱暴をなさせしめたるうへに、悉《ことごと》くこれを取逃し、やう〳〵と名さへ知れざる雑人《ぞうにん》を纔《わずか》三人鉄砲にて打取しまでなりし。一人の与力少々の党を結びて、乱妨《らんぼう》をなせるすらか丶る有様にて、二万軒に近き程家を焼失はせ、死人・怪我人二百七十余人に及び、天下の諸侯《しょこう》をして騒動せ

大塩平八郎の乱（『出潮引汐奸賊聞集記』大阪市立博物館所蔵）

大塩平八郎像（大阪市立博物館所蔵）

しむる事かくの如き大変に至る。若《も》し又一城をも構えし者の叛逆を企てまじきものにも非《あら》ず。若《もし》や左様の事にてもこれ有《ある》に当らば、如何《いかが》してこれを討取らんと思へるにや、諸司の臆病《おくびょう》未練《みれん》なるは、みなこれ天下の御威光《ごいこう》にかゝりぬる程の事にて、少しく心有ては恐入るべき事に非ずや。始め大塩が川崎を乱妨せる時、其《その》近辺へは一人も寄り付く者なく、遥《はるか》に道を隔て、此方《こなた》にては、天神橋《てんじんばし》の南手を切落し、**跡部城州には城中へ逃隠れ、西御奉行堀伊賀守《ほりいがのかみ》は御役所の四門を閉し、これに狼狽《ろうばい》塾(ママ)して**〈其節専《もっぱ》ら東御役所へ逃げ行て閉籠《しめこも》りしと云ことなりしかとも、やはり西御役所に其儘《そのまま》居て門を閉せし事ならん〉**やう〱と天満《てんま》一円放火にて焼立、船場《せんば》上町へ渡り処々方々放火して焼立つる頃に至りて、漸《ようよう》と両御奉行共、出張せらるゝ程の事なりしと云。**浅猿敷業《あさましきわざ》と云べし。〈西御奉行堀伊賀守には、二月二日矢部駿河守《やべするがのかみ》に代りて出来られし事ゆへ、日数わつか廿日にも足らずして、此変に及べり。此度の騒動此人のしられし事にてはなかるべし。〉

【解説】 天保八年（一八三七）になっても前年の飢饉の影響はつづいていた。そのようななか、二月六日から八日の三日間、書林河内屋一党が施行《せぎょう》を行なった。大塩が自らの蔵書を売って実現したものである。同じころ、家塾洗心洞《せんしんどう》では、挙兵への参加を呼びかける檄文《げきぶん》が作成され、近隣の農村に配られた。

挙兵は、二月十九日の午後四時ごろに決定。同二日に就任した西町奉行堀《ほり》伊賀守利堅《としたか》が、東町奉行跡部山城守良弼とともに天満を巡回し、その時間に洗心洞の向かいにある与力朝岡助之丞《あさおかすけのじょう》宅で休憩することになっていたからである。しかし、事前に計画が露見したため、予定を早めて午前八時ごろに与力・同心など二〇人で蜂起した。檄文に呼応した豪農も加わり、総勢三〇〇人ほどになったという。彼らは特権商人を襲い、天満一帯をはじめとする

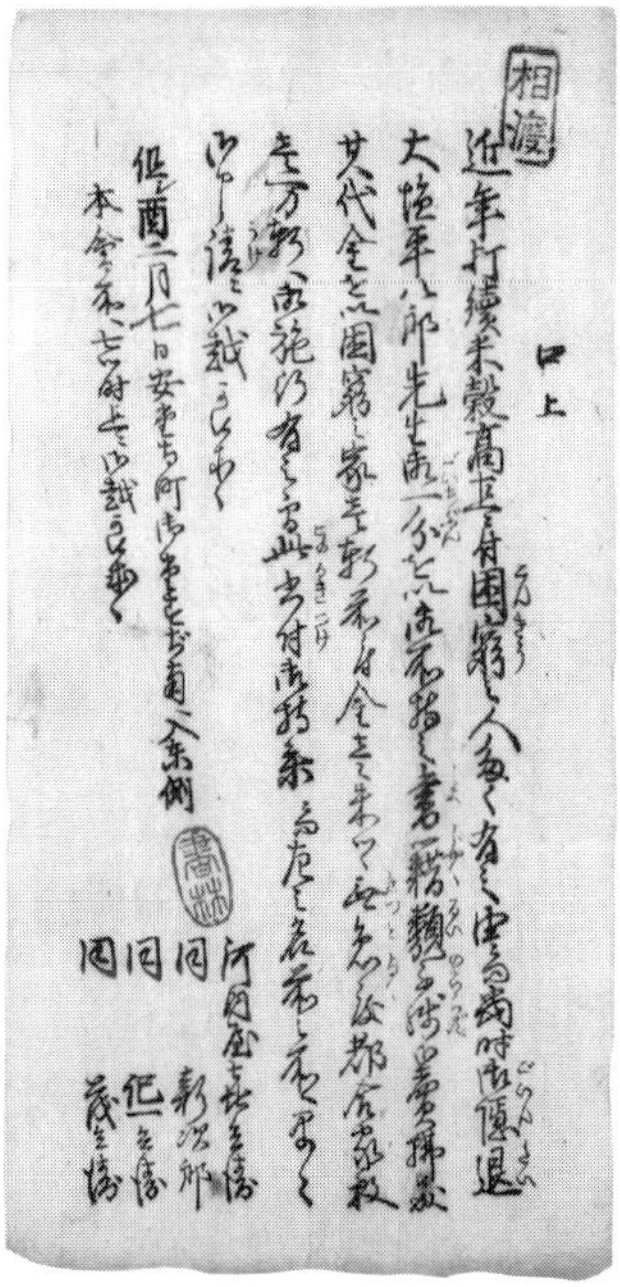

施行の引札（大阪市立博物館所蔵）

市中の五分の一を焼いた。

引用史料は、挙兵を聞いて両奉行がうろたえる様子を、大坂斉藤町の医師が書いたものである。乱自体はその日のうちに終息し、大塩勢は雲散霧消したが、火災は二日間もつづいた。町奉行所は、三月二十七日になってようやく大塩父子を大坂油掛町美吉屋五郎兵衛《みよしやごろべえ》方に発見したが、父子は火を放ち自害した。

著名な陽明学者で、もと幕府の役人というかつて体制側にいた大塩平八郎が、幕府批判をし、豪農とともに挙兵したことに世の中は衝撃を受けた。その舞台が大坂であったことから、事件は全国に伝わり、影響を与えることになる。同年六月には、越後柏崎《かしわざき》で国学者生田万《いくたよろず》が挙兵するなど、類似の事件も発生した。

出　典　「浮き世の有様」『日本庶民生活史料集成』一一（世相篇）三一書房、一九七〇年

参考文献　中瀬寿一・村上義光編『民衆史料が語る大塩事件』晃洋書房、一九九〇年／宮城公子『大塩平八郎』ぺりかん社、二〇〇五年

55 黒船来航

一八五三年

嘉永六年六月三日（一八五三年七月八日）、浦賀《うらが》沖にペリー提督率いる四隻の艦隊が碇《いかり》を下ろした。浦賀奉行所与力中島三郎助《よりきなかじまさぶろうすけ》が、通詞堀達之助《つうじほりたつのすけ》らと艦隊に急行。高官でないと会わないとするペリー側に対し、浦賀の副奉行であると偽り、旗艦サスケハナ号に乗船する。ペリー側が、日本高官に大統領親書を渡すよう求めたのに対して、中島は、長崎で長崎奉行が対応することが国法だとし、会談は物別れに終わった。翌日、与力の香山栄左衛門《えいざえもん》が浦賀奉行を名乗って対応にあたるが、ペリー側は、軍事力を見せつけることで事態を打開しようとし、江戸湾の測量を始める。六月九日、進退窮《きわ》まった幕府は、浦賀奉行戸田氏栄《とだうじよし》を政府高官に仕立て、久里浜《くりはま》で国書を受領する。これでひとまず落着かにみえたが、ペリー艦隊は、江戸湾に進路を取り、再び測量を始め、十二日にようやく江戸湾を去った。

【史料】『南浦書信』嘉永六年（一八五三）七月十四日

此度《このたび》是非浦賀江《え》引戻し、碇泊為致《ていはくいたさせ》候様御下知御座候而《て》は甚《はなはだ》当惑仕《つかまつ》り、早速応接掛江存念承り候所、是非為引戻《ひきもどせ》との被仰渡之《おおせわたされの》義《ぎ》ハ何分御受難仕《つかまつりがたく》、無余儀《よぎなき》次第故、掛り御免相願候外無之《これなし》と申聞候《もうしきけそうろう》。其子細は、此度之御趣意ニ相成候而は、海岸ニ御固《おかため》ハ無之《これなく》、不見所《みえざるところ》に屯と相成候へは、陣屋内ニ休息もいたし居可申、実ハ御用ニ立かね候得共、番船は無之、左候而は異国船四、五艘も参り、近くハ本牧《ほんもく》辺より其末浦賀辺散在いたし候所、

久里浜に上陸するペリー一行（『ペリー提督日本遠征記』横浜開港資料館所蔵）

右江掛合《かけあい》候ものハ、浦賀押送《おしおくる》六七艘計《ばか》りにて、代わる〳〵交代いたし、何程心配仕候共、奉行所と八四五里も海面掛離《かけはな》れ、如何共可致様無之《いかんともいたすべくようこれなく》、**引戻セ〳〵との御命令、我国限り之船にても小船にて大船は引け不申《もうさず》、たゝ応接掛《がか》りと通詞《つうじ》両人の舌弐枚にて掛合候事故、何分力つくニハ参り不申。**此義御書付之趣　奉　畏《かしこまりたてまつり》　候而は、眼前之罪を護《まも》り候事、御受は仕かね、応接掛り通詞へ申談候計り、……

【解説】ペリー艦隊が江戸湾に入ったとき、江戸は大騒ぎとなった。市中には、半鐘《はんしょう》が響き、火事人足が動員されたと言われている。幕府も混乱し、浦賀奉行に対して、とにかくアメリカ船を浦賀に引き戻すよう、やみくもに命令を下した。

浦賀奉行は二人体制で、浦賀駐在の奉行と江戸勤務を交代で務めた。引用史料は、浦賀勤務の戸田氏栄から、江戸勤務の井戸《いど》弘道《ひろみち》へ送った書状の抜粋である。

浦賀奉行所には、アメリカに対抗できるほどの防御施設や船が整っているわけでもなく、しかも奉行所とペリー艦隊は、海面で四、五里も離れていた。「引き戻せ、引き戻せとの御命令ですが、日本全国の船を集めても小船で大船は引くことはできません。ただ、応接掛とオランダ通詞の舌二枚で掛け合うしか方法はなく、何と言っても、力ずくというわけにはまいりません」と、戸田は幕府の無理難題に閉口した。ペリーが乗り込んでいたミシシッピ号は、大砲一〇門を積んだ一六九二トンのフリゲート艦（快速船）で、旗艦のサスケハナ号は、大砲九門、二四五〇トンの最新鋭の軍艦だった。対する日本の警備のための船は、一〇〇トンから二〇〇トンほどで、「二枚舌」ならぬ「舌二枚」でしか対応のしようがなかったのである。

とはいっても、浦賀の防備を務めていたのは、奉行所だけではない。浦賀を挟んで、走水《はしりみず》から観音崎《かんのんざき》を川越《かわごえ》藩松平《まつだいら》家、久里浜から三崎《みさき》を彦根《ひこね》藩井伊《いい》家、対岸の富津《ふっつ》から竹ヶ岡は会津《あいづ》藩松平家、大房岬《だいぶ》から州《す》ノ崎を忍《おし》藩松平家が海岸警備を担当していたのである。しかし、ペリー艦隊の威容に、彼らはうろたえるばかりで何の役にも立たなかった。

ペリーの日本遠征を報じる（『The Illustrated London News』横浜開港資料館所蔵）

出典　浦賀近世史研究会監修『南浦書信』未来社、二〇〇二年

参考文献　山本博文『ペリー来航』小学館、二〇〇三年

56 安政の大地震

一八五五年

安政二年（一八五五）十月二日、マグニチュード六・九の直下型地震が江戸を襲った。地盤が弱く、住宅が密集している深川《ふかがわ》・本所《ほんじょ》・吉原《よしわら》・浅草《あさくさ》などに、甚大な被害が出た。死者の多くは、家屋の倒壊時に梁《はり》の直撃を受けたり、建物の下敷きとなって火災から逃れられなかった者だった。深川では混乱のなか、約一〇〇人の米泥棒により一〇〇石が盗難に遭う。本所の幕府米蔵は大破損し、新吉原では多数の死者が出た。その人数は、町奉行所には六三一人と届け出られたが、『藤岡屋日記』には、遊女をはじめ客や茶屋勤めの者、商人などを含めて二七〇〇人と記されており、実際は六、七千人に及んだともいわれている。

【史料】「安政大地震実験談」

奉行所も無事やれうれしやと一息つき、開門してあるから内へかけいると奉行池田播磨守《はりまのかみ》は火事具にて身を固め、玄関前に将几《しょうぎ》に腰打掛、馬印隠高張提灯《たかはりちょうちん》をたて、家来及当番与力同心も皆《み》な出て陣取てゐる。**早速池田殿に面会して無事を祝し、与力同心の家は大破なれとも怪我人及ひ組屋敷内より火を出さぬ、今の模様にては此末《このすえ》類焼は斗《はか》りかたい、何にか御用もあろふと駈付《かけつけ》たと申立ると、**奉行曰《いわ》く、先刻震動を始めた時、即《すなわち》大手へ乗付た当番若同心川上文五郎《かわかみぶんごろう》は、馬に付て外（別カ）一人走つた。大手に乗附たら途中で若年寄に出逢、上様は我々御係（警）護申上る市中の救助をせよの命令があつた故に引返したら、紺屋《こうや》町の名主六右衛門が鳶人足《とびにんそく》五人連て来たから、案内さして数寄屋《すきや》橋御門外へ出たが、所々に火起りいかんとも致すよふもない、其内大《そのうちだい》名小路《みようこうじ》因州邸《いんしゅうてい》の辺より火が起り、火勢盛んに奉行所へ吹付るから、今帰邸した此体《このてい》である。裏長屋は一棟潰《つぶ》れ人馬怪我はないが、飛火は当番若い同心等と手人にて防いでゐるが甚《はなは》だ危い、各《おのおの》出頭の上はこれから大切の御用物を向の土手際に運ふ事に致そふといふ。供に持たした高張も腰差もみなすておいて、サアー持退を始めよふと、若ゐ同心は重いものをかつぐ、小使小者と与力の下男これを手伝ふ、路々は手頃の本箱など持出し五六十人で手渡しに運んだ。其内因州邸の火は下た火になり、類焼の恐れはないと極々《ごくごく》安心し運ひ方はやめた。其内に志分の与力同心も駈付来た。

【解説】当時、十九歳の南町奉行所与力だった佐久《さく》間《ま》長敬《おさひろ》の回顧談による、地震発生当日の様子である。そのとき、就寝しようとしていた佐久間は、西の方

「大地震状況図」（安政２年10月）

から「ゴウ〳〵」との響きを聞き、「夜具のま〻に三四尺もなげあけられたよふ」に感じたという。

幸い佐久間家は、父母姉妹、幼い弟をはじめ下男下女にいたるまで無事。しかも、下男下女は、地震発生時、即刻主人の寝間に馳せ参じたとのこと。家は潰れなかったものの近所に火の手が上がったため、総出で避難の準備をしていると、江戸城の方角も火に包まれている。御城へ向かおうとする佐久間に対し、父親が、御大法では夜中の大地震の際は城に入れないので、仲間を誘い奉行所に出るように勧めた。そこで、与力・同心その供を含め、総勢二五人で奉行所に到着した際の様子が引用部分である。

早速、南町奉行池田頼方《いけだよりかた》の指示により類焼から重要な物を守るために運び出しが始まるが、危険がなくなり途中でやめたとのこと。佐久間家の下男下女といい、佐久間自身やその同僚たちといい、自らを顧みず、仕える人のもとに参上する姿が印象的である。

その後、奉行所では市民救助について協議をし、①被災者への握り飯の配付、②お救い小屋の建設、③怪我人の救護、④諸問屋惣代《そうだい》を呼び出し、日用品・必需品を買い集める、⑤諸職人組仲間惣代を呼び出し、各国より諸職人を呼び集める、⑥売り惜しみ、買い占めをする商人への警戒、⑦物価・手間賃高騰の取り締まり、⑧与力同心が町中を見まわり、救助などの取り締まり、⑨町名主に係を命ずる、といった九つの方針を決定したという。

出典　佐久間長敬講演「江戸　市政百話一　安政大地震実験談」東京大学地震研究所編『新収　日本地震史料』五（別巻二ノ一）一九八五年

参考文献　北原糸子『地震の社会史』〈講談社学術文庫〉講談社、二〇〇〇年／野口武彦『安政江戸地震』〈ちくま学芸文庫〉筑摩書房、二〇〇四年

57 桜田門外の変

一八六〇年

万延元年（一八六〇）三月三日は大雪だった。大老井伊直弼《いいなおすけ》は、上巳《じょうし》の節句の祝儀に登城するため、午前九時ごろ屋敷を出発。その道すがら、事件は起こった。屋敷を出て間もなく、桜田門外の杵築《きつき》藩上屋敷《かみやしき》前に差し掛かったとき、武鑑《ぶかん》を見ながら行列を見物しているような一群に出逢う。彼らこそ大老を待ちかまえていた関鉄之助《せきてつのすけ》をはじめとする水戸《みと》・薩摩《さつま》の浪士一八名だった。対する井伊直弼の行列は六〇名余り。そのうち供廻りの徒士《かち》は二六名だったという。人数ではまさっていたものの、雪の降りしきるなか、雨合羽に身を包み、刀に柄《つか》袋《ぶくろ》を掛けていた井伊家側は思うように動くことができない。わずか数分後、万全を期していた襲撃者側は、直弼暗殺に成功する。

【史料】「外桜田松平大隅守屋敷窓ニ而《て》最初より見届候もの〻書取」（「尊攘録桜田並東禅寺一件、街談紀聞」）

御駕《おかご》を取込候と御駕脇　初《はじめ》御先供迄戦争ニ相成申候。此内《このうち》御駕ハ其儘《そのまま》居有之。初差込之節、陸尺《ろくしゃく》共逃散候内、陸尺両人被切倒《きりたおされ》、御草履取ハ其場ニ立帰り相働申候。御箱御道具持抔《など》逃去申候。其内御供頭《おともがしら》日下部《くさかべ》三郎左衛（ママ）門と申仁《もうすじん》、肩の辺深く被切込《きりこまれ》其上股も切落計《ばかり》ニ打れ進退　極《きわまり》候躰《てい》ニ候間、此仁《このじん》之働別而《べつして》目立申候。井伊家の士込候太刀十分に切留《きりとむ》と見へ候へ共、思ひの外切れ不申《もうさず》、是は全相手の着込有之故《きごみこれあるゆえ》深手ニ及不申歟《およびもうさずか》。相手より切込候太刀ハ桐油《とうゆ》の上より打込候故、ハサリ太刀に音候へハ血走り、是ハ着込無き故と被存候。右血戦中一人取て返し、御駕の戸を蹴逃し候砌《みぎり》見候ヘハ、**掃部頭《かもんのかみ》様後ろへ御寄り掛り被為入《いらせられ》候様子ニ見受候処、無程《ほどなく》引出し見、最早《もはや》御絶命の様子ニて仰向《あおむけ》ニ御倒し、御恨申上候共種々相唱三太刀程打込、其儘御首級《みしるし》取奉り候へ共切れ兼候哉、御胸先へ片足踏掛け引ちぎり申候而、本望相達候由、**太刀先ニ御首級を貫き立退候砌、又五六人立掛り、御別躰へ向ひ御恨の刀差通し立戻申候。尤《もっとも》御首級打候節ハ、御駕脇御先供等も死人手負多分ニ而、未た相働居候衆も有之候へ共、手廻兼候様子ニ御座候。尤前条手負候日下部氏ハ、**乍深手《ふかでながら》太刀を杖ニ片足立候て立上り、首級取られ間敷《まじく》と声を発しなから打倒れ又起上り、**残念也、其首引返せよと、立なから又打倒れ起上り、四五度もいたし候。

【解説】引用部分は、まさに井伊直弼の首が取られた場面である。直弼は、駕籠から引き出された際にはすでにこと切れていた。持ち去られようとする首級を取り戻そうと、奮闘の末に重傷を負った井伊家の供頭日下部《くさかべ》三郎《さぶろう》右《え》衛門《もん》は、太刀を杖代わりに、何度も何度も立ち上がろうとする。

この後、首級を持ち去った薩摩浪士有村《ありむら》次《じ》左《ざ》衛門《えもん》は、重傷を負

『桜田事変絵巻』（狩野芳崖作，彦根城博物館所蔵）

ったため若年寄遠藤胤統《えんどうつねのり》屋敷前の辻番所脇にて切腹した。そのため直弼の首は無事井伊家に戻った。彼を追おうとしていた日下部も、傷がもとで死亡する。

浪士たちの襲撃の理由は、斎藤監物《さいとうけんもつ》が事件後に老中脇坂安宅《わきさかやすおり》邸に持参した「斬奸《ざんかん》趣意書」にみることができる。安政五年（一八五八）に、勅許《ちょっきょ》を得ることなく日米修好通商条約に調印したことや、安政の大獄をはじめとする直弼のさまざまな所行を批判し、天誅《てんちゅう》を加えたとしている。彼らの批判の矛先は、あくまでも直弼個人に向けられており、幕府を敵とするのではなく、政治を正しい道に戻し、尊皇攘夷《そんのうじょうい》を推進することこそが目的であった。

しかし、浪士たちがどう考えたにせよ、これは井伊直弼という「一個人」にとどまらない「大老」の暗殺事件であり、幕府の威信に大きく傷を付けるものだった。結果的には、倒幕へと繋がる大きな世の中の流れを作り出すきっかけになったのである。

桜　田　門

井伊直弼像（豪徳寺所蔵）

出　典　「尊攘録桜田並東禅寺一件、街談紀聞」『改訂肥後藩国事史料』二、一九三二年

参考文献　吉田常吉『井伊直弼』〈人物叢書〉吉川弘文館、一九六三年

58 大政奉還

一八六七年

慶応二年（一八六六）七月二十日、第十四代将軍徳川家茂《とくがわいえもち》が大坂城で没した。将軍位の空白は幕府にとって最悪の事態である。このため、御三卿《ごさんきょう》の一橋慶喜《ひとつばしよしのぶ》が徳川宗家《そうけ》の家督《かとく》を継いだ。当時、幕府は第二次長州戦争のさなかにあった。七月三十日、小倉《こくら》城が落城し、戦争の継続が危うくなったことを知った慶喜は、参内《さんだい》して征長軍の解兵を願い出た。これによって、幕府の威信は地に落ちた。翌年十月三日、土佐《とさ》藩が大政奉還《たいせいほうかん》の建白《けんぱく》を行ない、六日には広島藩が同様の建白を行なった。このため十五代将軍慶喜は、十三日、諸藩の留守居役《るすいやく》らを二条《にじょう》城《じょう》に集め、大政奉還の諮問《しもん》を行ない、翌十四日、幕府諸有司《ゆうし》にこの方針を伝え、朝廷に大政奉還の上表を提出した。

【史料】「丁卯《ていぼう》日記」

此日板倉伊賀守《いたくらいがのかみ》より、布衣《ほい》以上の諸有司に諭《さと》して曰《いわ》く、「今般上意の趣は、当今宇内《うだい》の形勢を御《お》洞察《どうさつ》遊ばさるゝに、外国交通の道盛《さかん》に開け、御政権二途に分れては皇国の御紀綱立ち難きを以て、永久の治安を計らせられたる遠大の御深慮より仰出《おおせいだ》されし儀にて、誠に以て感佩《かんぱい》し奉りぬ。**殊《こと》に従前の御過失を御一身に引受けて、御薄徳を表せられ、政権を朝廷に御還《おかえ》し遊ばさるゝとの御文言など、臣子《しんし》の身として何とも恐入り、涕泣《ていきゅう》の至《いたり》に堪《た》へず。**此上は弥《いよいよ》武備《ぶび》充実せずしては相成り難き事なれば、各《おのおの》に於ても聊《いささか》も弛《ゆる》びなく、前文の御趣旨を貫徹し、武備拡張すべきやう、一際《ひときわ》奮発忠勤すべし」といへり。

【解説】慶喜は、大政奉還をしても、前将軍の権威はそれなりに維持でき、諸大名のなかには自分に対抗できるだけの者はいないだろうから、諸侯会議の首班として新しい政権を形成することができるだろうと考えていた。そのため、土佐藩などからの大政奉還の建白に乗ったのである。慶喜は、前日の諸藩留守居役《るすいやく》らへは、「とにかく親藩《しんぱん》・譜《ふ》代《だい》の面々に諮詢《しじゅん》して、公議を経たうえで奏《そう》問《もん》するであろう」（『昔夢会筆記《せきむかいひっき》』）と述べたのであったが、事実は翌日、老中板倉勝静《いたくらかつきよ》に幕府諸有司へ伝えさせただけで、すぐに大政奉還の上表を提出したのである。大政奉還を悔しがった幕臣のなかには、これを考え出した坂本龍馬《さかもとりょうま》を恨む者もおり、十一月十五日、龍馬は中岡慎太郎《なかおかしんたろう》とともに暗殺された。

大政奉還（聖徳記念絵画館所蔵）

　武力倒幕を目指していた岩倉具視《いわくらともみ》は、十三日付けで薩摩《さつま》藩に倒幕の密勅《みっちょく》を出し、十四日付けで長州藩にも倒幕の密勅を出した。ただし、この密勅は、詔書《しょうしょ》の体裁を調えていない偽勅《ぎちょく》だった。しかし、密勅が出たことは武力倒幕派に力を与え、十二月九日、王政復古《おうせいふっこ》のクーデターが実行された。慶喜は大坂城に退いたが、江戸における薩摩藩の挑発などもあって、翌年正月五日の鳥羽《とば》・伏見《ふしみ》の戦いが勃発、新政府軍が大勝利をおさめ、徳川家の江戸城引き渡しにつながっていくことになる。

徳川慶喜

出　典　渋沢栄一『徳川慶喜公伝』四、龍門社、一九一八年

参考文献　松本健一『開国・維新』〈日本の近代〉中央公論社、一九九八年／井上勝生『開国と幕末変革』〈日本の歴史〉講談社、二〇〇二年

近現代

59 会津戦争

一八六八年

戊辰《ぼしん》戦争最大の悲劇、白虎《びゃっこ》隊士の自刃《じじん》は明治元年八月二十三日（一八六八年十月八日）のことであった。会津《あいづ》藩主松平容保《まつだいらかたもり》は開明君主であり、公武合体派《こうぶがったいは》の指導者として幕末の政局をリードしたが、尊攘派《そんじょうは》の長州《ちょうしゅう》藩とは終始対立した。そのため、王政復古《おうせいふっこ》以後は反新政府派の急先鋒となり、鳥羽《とば》・伏見《ふしみ》の戦いで敗れたあとも徳川慶喜《とくがわよしのぶ》に再挙を進言するなどしたが、結局容れられず会津に帰っていた。これに対し政府軍は四月十一日江戸城を開城したのち、栃木県宇都宮に兵を集め東北への進軍準備を進めた。他方、会津藩もそれを阻止すべく東北の入口福島県白河《しらかわ》に防御線を築こうとした。そして、白河城をめぐって両者の戦端が開かれたのは五月一日であった。会津藩側には奥羽越列藩同盟《おううえつれっぱんどうめい》も加わって激戦となったが、ついに政府軍の勝利に帰した。こうして、八月二十日には会津での決戦が始まったのである。

【史料】『**会津戊辰戦争**』

新堀《しんぼり》は戸《と》ノ口《くち》より通ずる疏水《そすい》にして、飯盛《いいもり》山腹の洞穴を貫流し会津平野の灌漑《かんがい》に供するものなり。此時《このとき》西軍の先頭已《すで》に城下に迫り其後続部隊尚《なお》滝沢坂頭にありしが、白虎隊を見乱射甚《はなは》だ急にして永瀬雄次の腰部を貫く。乃《すなわ》ち之を扶《たす》けつつ道を洞門《どうもん》にとり流れを乱し漸《ようや》く弁天祠の傍《かたわら》に出づ。時に彼我《ひが》両軍市中に接戦し其一部は既に城郭に迫りたるが如く、**数千の家屋兵燹《へいせん》に罹《かか》り烟焔《えんえん》天に漲《みなぎ》り、五層の楼閣も僅かに煙烟の間に明滅し、銃砲の**

「白虎隊英雄鑑」

響剣戟《けんげき》の音は宛《あた》かも手にとるが如く、悲壮なる喊声亦《かんせいまた》起りて天地を震撼す。是《ここ》に於て衆相顧みて曰く、「今や城将《ま》さに陥らんとす。一死君国に殉ずる当《まさ》に此秋《とき》にありと」遂に跪《ひざまず》きて鶴ヶ城《つるがじょう》を拝し屠腹《とふく》して死す。其後同隊の士三名滝沢峠に於て西軍に遮《さえ》ぎられ、辛うじて飯盛山に達し、碧血淋漓死屍枕藉《へきけつりんりししちんせき》せるを見、亦剣を伏して殉ず。時に八月二十三日なり。

【解説】 幕末の会津藩は、長男ばかりではなく次男以下の男子も新たに軍に編入し、さらに身分と年齢に分けて部隊を編制した。白虎隊とは年齢が十六～十七歳の少年であり、それを身分によって知行一〇〇石以上の家柄の士中隊《しちゅうたい》、それ以下の寄合隊《よりあいたい》、足軽隊《あしがるたい》と分けた。このうち、寄合隊などは越後方面で闘っており、会津に残っていたのは士中隊であった。彼らは主として藩校である日新館《にっしんかん》の学生から選抜され、君側の護衛が任務であった。フランス式の教練を受け、服装は羅紗《らしゃ》の筒袖《つつそで》に、赤羅紗のズボンをはいた者と義経袴《よしつねばかま》を着けた者が入り交じり、髪は大たぶさに結び上げて紫や白色の元結《もとゆ》いを巻き、肩章は左肩に長さ七・五センチ、幅四・五センチの布に赤の星形の下に墨で「會」の字が記してあった。武器は、紐《ひも》で肩よりひっさげた日本

鶴ヶ城

刀とフランスの「ヤーゲル銃」であったという。

さて、八〇名からなる白虎士中隊はなかなか出陣の機会がなく焦慮していたが、母《ぼ》成峠《なりとうげ》を越えて政府軍が会津に侵入、そこで容保が戦場視察することになり、八月二十二日早朝その護衛のため正午までに武具を整えて登城せよとの命令が出された。そして、午後一時白虎一番中隊が前、二番中隊が後ろと容保の護衛をして出発、滝沢町の本陣で休憩した。そのとき、戸ノ口方面から敵来襲との急報が入り、二番中隊がその援軍に赴くことになった。彼らは単独で夜中に敵陣に近寄り、明け方鉄砲を発射して攻撃を開始したが多勢に無勢、結局城に戻って藩主を護衛し城を枕に討ち死しようと決して険しい山道を帰っていったが、そこで彼らが見たものは、史料にあるような光景であった。実は、城はまだ落城したわけではなかったが、彼らは「五層の楼閣も僅かに煙烟の間に明滅」している状態を見て勘違いし自刃したのであった。

出典　平石弁蔵『会津戊辰戦争増補　白虎隊娘子軍高齢者之健闘』丸八商店出版部、一九二七年

参考文献　星亮一『会津落城』〈中公新書〉中央公論新社、二〇〇三年

60 大臣選挙の実施

一八六九年

明治二年（一八六九）五月十三日、輔相《ほしょう》（行政府の最高官）・議定《ぎじょう》（立法官で公卿大名）・参与《さんよ》（やはり立法官で藩閥有力者）、現在の各省大臣や次官にあたる六官知事・六官副知事（民部・軍務・刑法・会計・神祇・外国各官）、および内廷職知事（宮内大臣）の選挙が行なわれた。これは国民投票ではなく、選挙権は三等官以上の官位を持つ者に限定されたが、五箇条の御誓文《ごせいもん》にある「広く会議を興《おこ》し万機公論《ばんきこうろん》に決すべし」からもさらに進み多数決選挙を実施することによって、立憲的・民主的方向を内外に示したのであった。ただし、このような形の選挙はこのときだけであった。

【史料】「嵯峨実愛日記」明治二年（一八六九）五月十三日条

猶《なお》八字《じ》、狩衣《かりぎぬ》を着し参内《さんだい》す。今度職々の黜陟《ちゅつちょく》は入札《いれふだ》、公撰にこれあるべきなり。三等官以上此の事に預かり、大広間にて其の儀あり。今日の儀に付詔旨《しょうし》あり、別紙に写す。十一字過ぎ始め行われ、一同着座し輔相以下次第に入札す。了《おわ》りて退き入る。今日はまず輔相・議・参三職を入札し、自余の六官知事以下は明日これあるべきなり。**各々入札す。了りて更に再び着座す。次で出御。開札、まず輔相の札計《ばか》りなり。了りて入御。右大臣を撰挙する四十九枚なり。仍《すなわ》ち御前に召し、旧《もと》の如く輔相職を仰せ付けられ、御請けなり。**此の後、議・参の開札これあるべきなり。然《しか》して御用これなき間、四字前退出す。

【解説】午前八時、嵯峨《さが》実愛《さねなる》は四位以上の大礼服である狩衣《かりぎぬ》の正服で参内した。その理由は、輔相以下の選挙のためである。御書院に集まった三等官以上の約五〇名に対し、まず「朕《ちん》、惟《おもう》に治乱安危の本《もと》は任用其人を得と不得とにあり。故に、今敬て列祖の霊に告げ公選の法を設け、更に輔相・議定・参与を登庸す。神霊降鑑《こうかん》過《あやまち》なからんことを期す。汝衆それ斯意《このい》を奉ぜよ」との詔書を弁事《べんじ》坊城俊政《ぼうじょうとしまさ》が読み上げたのち机上に投票箱を設置、その傍らに史官《しかん》が座った。そして、輔相・議定・参与の投票が順次始まった。ちなみに、三等官以上はすべての選挙で投票権を持っていたが、輔相(定員一名)・議定(六)・六官知事(六)・内廷職知事(一)は公卿と大名から、参与(六)・副知事(六)は貴賤にかかわらず誰にでも投票することができた。入札を終わってふたたび着座したところで天皇が入場、その前で輔相への札だけを史官が開票した。その結果は、四九票の満票でこれまでも右大臣兼輔相であった三条実美《さねとみ》が選出された。しかし、これで決定したわけではない。三条が御前に召されて任命され、それを請けることによって正式に決定するのであった。この日はここまでで、その他の投票および開票は翌日に行なわれた。

この選挙は、慶応四年(一八六八)閏四月二十一日に発表された「政体書」に基づいている。「政体書」の冒頭にある五箇条の御誓文は有名だが、諸官は四年をもって交代し、公選、入札の方法によるという規定もあった。これは、アメリカ合衆国の影響だろうと考えられている。咸臨丸《かんりんまる》がアメリカに渡ったのが万延元年(一八六〇)、その後アメリカの政治制度は、たとえば箕作阮甫《みつくりげんぽ》『聯邦志略《れんぽうしりゃく》』などによって紹介されてきたが、それらは四年任期で大統領のみならず高級官吏も選挙で任命されているように書かれており、それが参考にされた

三条実美像

明治天皇像（宮内庁所蔵）

ものと思われる。

さて、開票結果はどうであっただろうか。三条は満場一致だったが、議定は岩倉具視（票数四八）・徳大寺実《さね》則《つね》（四八）・鍋島直大《なおひろ》（三九）、参与は大久保利通《としみち》（四九）・木戸孝允《たかよし》（四二）・副島種臣《そえじまたねおみ》（三二）・東久世通禧《ひがしくぜみちとみ》（二六）・後藤象二郎《しょうじろう》（二三）・板垣退助（二一）でそれぞれ当選、六官知事・副知事は省略するが、公卿大名から選ぶ知事は票が割れ、副知事は民部広沢真臣《さねおみ》・軍務大村益次郎《ますじろう》・会計大隈重信《おおくましげのぶ》など実力者が高得点で選出されているが、他は割れていた。これらからみると、あらかじめ当選者について合意があったとは思えず、それぞれが自己の意にしたがって選挙したように思われる。「神霊降鑑過なからんことを期」して行なわれた結果であろう。

余談だが、二日目の開票の際に史官の烏帽子《えぼし》の紐《ひも》が緩《ゆる》み、前屈みの姿勢になったときにそれが落ちそうになり、口を開けて必死になって留めようとした。それをみていた参加者たちは御前《ごぜん》でもあるので、何とか笑いをこらえようとしたが、後藤象二郎など我慢できずに退出したという。

出典　日本史籍協会編『嵯峨実愛日記』三、東京大学出版会、一九八八年

参考文献　浅井清「明治二年の選挙」『人事行政』六巻四号、一九五五年

61 廃藩置県

一八七一年

明治維新とは、日本が国際社会に引きずり出された結果として起こったものであることはまちがいないが、政治体制としては、幕府将軍が武士たちに土地・人民を与え所領を安堵《あんど》していた封建《ほうけん》体制から、古代の公地公民《こうちこうみん》制のようにすべてを天皇の所有にするという「王政復《おうせいふっ》古《こ》」への転換であったといえる。それは、とりあえず明治二年（一八六九）諸大名からの版《はん》籍奉還《せきほうかん》の願いを天皇が勅許するという形で実行されたが、大名たちは知藩事《ちはんじ》として引きつづき地方長官職にとどまり、その背後には膨大な武士階級が存在した。しかし、このままでは中央集権的で近代的な国家に生まれ変わることが難しいのは、誰の目にも明らかであった。そして、ついに決断の日がやってきたのである。そのときの武士たちの想いはいかがであっただろうか。

【史料】「木戸孝允日記」明治四年（一八七一）七月十四日条

我知事公、島津、山内、鍋島等へ今日廃藩の令発するに付《つき》勅語あり。名古屋、池田、細川、蜂須賀《はちすか》の諸知事改正の建言これありしに付、別に勅詔あり、皆小御所《こごしょ》なり。大広間に於いて第二字《じ》出御、**五十六藩の知事召し出され廃藩の詔勅仰《おお》せ出《いだ》せられ、一統当官を免ぜらる。これに於いて七百年の旧弊漸《ようや》くその形を改む。始て稍《やや》世界万国と対峙《たいじ》の基定《もといさだま》ると云ふべし。**……玉座の下にて大臣公勅詔を敬読なされ、余等又その側に侍座す。五十六藩の知事平伏、勅詔を拝聴す。

【解説】明治四年七月十四日午前十時、薩摩・長州・土佐・肥前の各藩主が宮中の小御所に呼びだされ、明治天皇が出御した上で右大臣三条実美《さんじょうさねとみ》が廃藩の勅語を読みあげた。つづいて廃藩を建言していた尾張・鳥取・熊本・徳島各藩主に、さらに場所を大広間に移してその他在京中の五六藩主（藩は全国で二六一）に同様の詔勅を下され、ここに彼らは免官となり、鎌倉時代以来の武士の時代は幕を閉じたのである。

廃藩置県（聖徳記念絵画館所蔵）

この出来事を最も感慨ぶかげに書き残したのは木戸《きど》孝允《たかよし》であった。明治維新によって幕府は倒れたものの、朝廷は依然として無力、各藩は攘夷《じょうい》、鎖国、開国とそれぞれ勝手な主張を繰り返しており、このままでは新政権も瓦解《がかい》してしまうと思った木戸は版籍奉還を主張した。しかし、そのため反対派から命をつけ狙われることになった。今回も事情は同じであ

木戸孝允

る。そこで、薩摩・長州・土佐の兵約一万人を御親兵として非常の事態に備えることにした。廃藩置県には西郷隆盛《さいごうたかもり》や大久保利通《おおくぼとしみち》ら薩摩も賛成であったが、細かい部分ではついに一致しなかった。結局、大略だけを定め、細目は後日を期することにして実施することだけを決した。こうして、政権の存続を賭けた一大改革が断行されたのであった。

しかし木戸自身も、版籍奉還のときは自分を敵視した者も今回は自分を助けてくれ実に意外であったと記しているように、非常にスムーズに受け容れられた。木戸はその要因として、この二年のあいだの国民思想の変化を非常に高く評価している。松尾正人氏が指摘しているように、イギリス人のお雇外国人グリフィスが福井藩でみたものは「驚愕、表てにあらわすまいとしてもあらわれる憤怒、恐怖と予感が、忠義の感情と混じり合」っている藩士たちであり、それを「藩主への忠誠心を愛国心にかえることを命」じ「地方的関心を国家的関心にたかめ」（W・E・グリフィス著、亀井俊介訳『ミカド　日本の内なる力』研究社出版、一九七二年）るよう説得する藩主であった。それが時代の要求であるとして粛々《しゅくしゅく》と受け止め、それまで生死の不安を忠誠と自己犠牲で克服してきた武士たちの最期《さいご》の姿といえよう。

出典　日本史籍協会編『木戸孝允日記』二、東京大学出版会、一九八五年

参考文献　松尾正人『廃藩置県』〈中公新書〉中央公論社、一九八六年

62 鉄道開設 一八七二年

明治五年九月十二日（一八七二年十月十四日）、日本で初めての鉄道が新橋―横浜（現桜木《さくらぎ》町《ちょう》駅）で開通した。文明開化のシンボル鉄道はこののち、国民の熱望に応えて全国に張り巡らされていき、日本人の生活スタイルを一変していく。すでに、幕末から江戸―横浜間の鉄道敷設申請が外国人から出されていたが、明治新政府はイギリスの支援で自ら建設することを決心し、明治二年十一月十日（十二月十二日）東京―横浜、東京―京都（中山道《なかせんどう》経由）等の敷設を決めた。当初はカネがかかるため政府内でも反対意見は強かったが、大隈重信《おおくましげのぶ》・伊《い》藤博文《とうひろぶみ》らの説得で作業は開始され、イギリス人技師長モレルの指導で明治五年五月七日（六月十二日）には品川―横浜間での仮営業が始まっていた。

【史料】『日本鉄道史』上篇

是年《このとし》九月十二日開業式挙行に付、新橋、横浜両停車場へ臨御仰出《おおせいだ》さる。初《はじめ》是月九日を以《もっ》て挙行の筈なりしが、雨天の為延引せられたり。十二日諸官員に休暇を賜ひ鉄道寮は品川、横浜間の列車運転を休止す。当日、天皇直衣《のうし》を召させられ四頭の馬車に乗御、午前第九字御出門あらせられ、東京府知事代理権参事《ごんさんじ》川勝広一騎馬にて先導し皇族、太政大臣、参議、各卿以下皆直衣にて供奉《ぐぶ》し、陸軍諸兵路上に整列す。新橋鉄道館に於ては国旗を掲揚し、山尾工部少輔《しょう》、井上鉄道頭以下奉迎し館内に入御、勅任官、琉球公子、各国公使等に謁《えつ》を賜ひ、鉄

鉄道開業（『The Illustrated London News』）

道頭は鉄道図一巻を奉献す。次で列車に乗御、第十字御発車あり。……第十一字横浜鉄道館へ著御、此際亦《このさいまた》祝砲賀砲あり。諸員奉迎拝礼し便殿《びんでん》の御椅子に著かせられ供奉諸員、神奈川県権令、各国領事等竝列《へいれつ》す。此とき中外衆庶へ左《さ》の勅語を賜ふ。

東京横浜間の鉄道、朕親《みずか》ら開行す。自今《じこん》此便利により貿易愈《いよいよ》繁昌、庶民益《ますます》富盛に至らんことを望む。

【解説】重陽《ちょうよう》の節句にあたる九月九日があいにく台風であったため、十二日に延期された開業式は、伝統と革新のコントラストのなかで行なわれた。馬車に乗り万国旗、紅白の提灯《ちょうちん》、緑のアーチで飾られた新橋駅に到着した直衣《のうし》の明治天皇をみて、臨場していたイギリス人グリフィスは「これはたぶん、ミカドが古代の服装で民衆の前に出た最後であった。長い旗（立纓《りゅうえい》）が空中につき出ている帽子（冠）や、長いスカート（下襲《したがさね》）の裾《すそ》――これは、坐っている時には、まとめて、漆《うるし》をぬった帯のうしろから出ている支柱状のものにかけておく――は、今やもう博物館行きの運命にあった」（W・E・グリフィス著、亀井俊介訳『ミカド　日本の内なる力』研究社出版、一九七二年）と印象を述べている。さらに彼は「貴族たち、文武百官、琉球の王族、アイヌの酋長《しゅうちょう》、外国からの客、花や旗の装飾、民衆の行列と歓喜、陛下に対する祝辞と皇帝の答辞――それらはすべて一巻の書物で描くに価する」として近代的な帝国日本の威容を賞賛しながらも、他方で「われわれにはとっさに信じられなかったのだが、平服を着た四人の日本人商人が、皇帝の前だというのに四つんばいに平伏しないで、立ったままでミカドと言葉をかわしたのである」と、皇帝にふさわしくない態度にも驚いている。

もっとも、天皇と言葉を交わしたのは祝辞を述べた商人総代の原善三郎《はらぜんざぶろう》（横浜）、三井高福《たかよし》（東京）と思われ、単なる平民でもなかった。ところで、なぜ商人が登場するかといえば、勅語にあるように鉄道が何よりも「貿易愈繁昌、庶民益富盛」を目指していたからであった。そして商人も、鉄道を建設した天皇の徳を賞賛し、今後商業に励んで「鴻恩《こうおん》の一毛」なりとも報いたいと祝辞を述べた。若い国家のエネルギーに満ちた光景であるといえよう。

出典　鉄道省編刊『日本鉄道史』上篇、一九二一年

参考文献　羽賀祥二「天皇と巡幸」網野善彦他編『王を巡る視線』〈天皇と王権を考える〉岩波書店、二〇〇二年

新橋駅

63 西南戦争

一八七七年

残念ながら、士族のすべてが廃藩置県を受け容れたわけではなかった。とくに、維新で功績のあった西南雄藩《せいなんゆうはん》の武士ほど反発も強かったのである。それが、明治七年（一八七四）の江藤新平《えとうしんぺい》らによる佐賀《さが》の乱をはじめとする士族反乱となって現れ、その最終局面が西南《せいなん》戦争である。明治六年政変後西郷隆盛《さいごうたかもり》は鹿児島で私学校を創立、士族子弟の教育を始めたが、政府の挑撥もあって明治十年一月に私学校生徒が蜂起すると、西郷もついに立たざるを得なくなり、翌二月には一万五〇〇〇の子弟を連れて上京することにし、まず熊本城を包囲した。しかし、田原坂《たばるざか》の戦いで敗れたのちは南九州を転々と敗走し、ふたたび鹿児島市に戻ってわずかな手兵とともに城山《しろやま》に立て籠もることになった。それを取り囲む官軍は三万人、彼らは九月二十四日には総攻撃すると予告していた。

【史料】「海軍々楽隊沿革史」

西南の役も勝敗既に決し、官軍は明日を以《もつ》て愈々《いよいよ》最後の総攻撃を行ふと云ふ九月二十三日の夜、恰《あたか》も仲天には明鏡一基が皎々《こうこう》と冴え屍《しかばね》累々として横はり、鮮明の河をなして凄惨たる戦場を照し万籟《ばんらいせき》寂として声なく、陣営は死の様な静寂さに支配されて𛀁《ゐ》たと思はれる頃、官軍陣地の最高所である大明神山の頂上から突然あまりにも突然、喨々《りようりよう》として**軍楽が響いて来た**。

城山の西郷隆盛の最期

半歳以上血腥《ちなまぐさ》い硝煙弾雨の中を闘ひ、疲憊《ひはい》した魂を抱いて来るつわもの共の精神に、敵味方共に如何《いか》に清新なそして甘美な鎮魂曲とはなつたであろうか。こは官軍の計画が明治維新の大忠臣であり陸軍建設の恩人である、前陸軍大将近衛都督兼参議の要職にあつた西郷隆盛に対し、敬意を表し武士道の礼儀をつくして最後の惜別の奏楽を行つたもので、鹿児島に回航して来た軍艦から態々《わざわざ》戦場に招致して奏楽せしめたものであつた。官軍本営は山県《やまがた》参議を始め諸将兵士之を聴いて戎衣《じゆうい》の袖を絞つたといふ事である。

【解説】田原坂の戦いで敗れた西郷軍は人吉《ひとよし》、宮崎、延岡《のべおか》と迷走し、従う兵も五〇〇名余りとなった。それでも官軍の弱点をつきながら、九月一日には郷里鹿児島に戻った。しかし、それも六日には城山で官軍に包囲されてしまい、さらに山県有朋《ありとも》ら官軍の主力が陸続と集結して蟻《あり》も通さぬ盤石《ばんじゃく》の体

西郷隆盛像

制を築いた。三五〇名の西郷軍に対し、官軍は三万名であったという。しかし、官軍も攻撃には慎重であり、投降か自決を待つかのようであった。このような状態にしびれを切らしてか、西郷軍のなかから西郷に内緒で西郷の助命を乞うべく、山野田一輔らが西郷の親戚でもある官軍の参軍川村純義《かわむらすみよし》を訪れた。しかし、川村はそれを拒否し、さらに戦機はすでに熟した、決戦するか降伏するかの決断は本日（九月二十三日）午後五時までに返答せよ、と山野田をして西郷に伝えさせた。すなわち、これは最後通牒であり、明日にも総攻撃が行なわれることを意味していた。また、山県有朋は西郷へ自決を勧める書状も送った。しかし、西郷はそれには黙して語らず、兵たちには投降を勧め、自分は悠然として揮毫《きごう》、談笑していたという。

　史料にある軍楽隊の演奏は、このような状態のなかで鳴り響いたものであった。その意図するところは英雄に対する「鎮魂」や「惜別」なのかどうか不明であるが、各人が各様の想いを抱いて西洋流のこの演奏に聞き入ったことは間違いないだろう。翌二十四日午前四時、ついに官軍の大砲による総攻撃が始まった。西郷は洞窟から出てきたが、結局被弾して倒れ、東方を遙拝《ようはい》したのち、自分の首を刎《は》ねさせた。

出典　楽水会編『海軍軍楽隊』国書刊行会、一九八四年

参考文献　横田庄一郎『西郷隆盛惜別譜』朔北社、二〇〇四年／勝田孫弥『西郷隆盛伝』復刻版、ぺりかん社、一九七六年

64 明治十四年政変 一八八一年

開拓使官有物払下事件、大隈重信《おおくましげのぶ》筆頭参議罷免《ひめん》、国会開設の勅諭《ちょくゆ》という一連の事件はいわゆる明治十四年政変として知られている。これは、大隈の早期国会開設・政党内閣制を内容とする意見書に対し薩摩・長州藩出身有力者が反発、他方で大隈や福沢諭吉《ふくざわゆきち》に近い新聞人が不当に安い価格で北海道の開拓使の官有物を黒田清隆《くろだきよたか》（薩摩）が友人の五代友厚《ごだいともあつ》に払い下げようとしたとして批判のキャンペーンを展開、一触即発の状態のなかで起こった。この結果、一〇年後に国会を開設することを決定、板垣退助《いたがきたいすけ》は自由党、大隈は改進党《かいしんとう》を結成し、他方で藩閥政府はドイツ流の憲法制定に向けて動き出すことになった。いわば、明治政治史の大きな分岐点だったのである。

【史料】『郵便報知新聞』明治十四年（一八八一）十月十四日号

（大隈が昵懇《じっこん》の者に述べて言うには）君等は勉《つと》めて大切に奉職されよ、拙者が退きしとて騒々しく知友が退職するは以ての外《ほか》の事にて、余り騒がれては世間へ対し拙者が煽動せし如く聞えて、甚《はなは》だ拙者が清節を傷くること少なからず、又大臣たる者が去就の際は最も慎むべきことなれば、呉々《くれぐれ》も君等は幾久《いくひさ》しく朝《ちょう》に在て勉励し栄進を期されよ……**拙者が国事を憂ひて之を痛論するは平常の事なり、同列も已《すで》に聞き飽きてこそおるべけれ、去れば何ぞ辞職に臨み更《あらた》めて喋々《ちょうちょう》するに及ばん、**拙者は名を求むるが為めに言の行なはれざるを知りながら、此際に一応の激論を為《な》し、それを潮《しお》に身を潔《いさぎ》ようせんことを謀るが如き小丈夫にはあらず……

【解説】七四日間にわたる北海道東北巡幸を終え、赤坂仮皇居に明治天皇が還幸したのは十月十一日午後二時四十分であった。その還幸奉迎が終わった後、三条実美《さんじょうさねとみ》太政大臣、伊藤博文《いとうひろぶみ》参議等九人は宮中で鳩首《きゅうしゅ》密議し、国会開設を公表する代わりに大隈を罷免することで合意、早速天皇に奏請《そうせい》した。大隈は一方で三菱財閥の金を新聞人に分け与えて開拓使官有物払下反対の論陣を張らせて世間を騒がせ、他方で早期国会開設論を天皇に認めさせ、それを契機に藩閥有力者を一掃しようと企んでいる、と彼らは考えたのである。この奏請に対し、それまでともに旅をしていた大隈が、まさかそのようなことをするとは思わなかった天皇は、陰謀の証拠を示せと駁した。これに対し、彼らは証拠は提出せず、ただ大隈か我々かどちらをとるかと迫ったため、天皇もついに大隈罷免を認めたが、せめて誰かが大隈のところに辞表を出すように説得にいくべきであると述べたので、伊藤博文、西郷従道《さいごうつぐみち》が夜中一時に大隈邸を訪問することになった。

開拓使官有物払下事件を風刺する漫画

鯛は五代友厚，蛸は黒田清隆，鳥は世論．開拓使長官の黒田が，官有物（施設や鉱山など）を五代に払い下げようとし，大隈などからはげしく批判された．（『団団珍聞』228号，東京大学明治新聞雑誌文庫所蔵）

さて、とうの大隈はどう考えていたのだろうか。国会開設論、官有物払下反対で「天下は騒然」となったことに対し、彼は「ひいきの引き倒しで、迷惑千万なのはわが輩一人」（『大隈侯昔日譚』）と思っていた。自分が「謀叛人」となり「危くすると命もとられる」と怯《おび》えており、面会に来た伊藤らが「容易ならないことだから、どうか辞表を出してくれ」とおそるおそる切り出すと、大隈は異議を唱えずに素直に承諾し、夜が明けたら天皇に拝謁して提出すると回答した。しかし結局、大隈が皇居に行くと門衛《もんえい》に遮ぎられて入れてもらえず、のちに友人の山田《やまだ》顕義《あきよし》司法卿が辞表を渡してくれたという。

ここに掲げた大隈系の『郵便報知新聞』は官有物払下反対キャンペーンの急先鋒であり、本来であれば、大隈追放に対して最もその非をならし政府を攻撃してしかるべき立場なのだが、ここにあるように、大隈の言葉を利用してむしろ事態の沈静化を訴えかけている。それだけ、体制の危機感が強かったのであろう。もっとも、この大隈の呼び掛けにもかかわらず、犬養毅《いぬかいつよし》・尾崎行雄《おざきゆきお》ら多数は官界を去り、在野党を結成することになる。

出典　『郵便報知新聞』明治十四年十月十四日号

参考文献　姜範錫『明治一四年の政変』〈朝日選書〉朝日新聞社、一九九一年／『明治天皇紀』五、吉川弘文館、一九七一年／早稲田大学史編集所編、木村毅監修『大隈侯昔日譚』早稲田大学出版部、一九六九年

大隈重信像（早稲田大学所蔵）

65 大日本帝国憲法発布

一八八九年

明治十四年政変によって、一〇年後に国会を開設することを明治政府は約束した。そして、実際に明治二十三年（一八九〇）には開設されるのであるが、政府はそれを天皇から臣民に与える欽定《きんてい》憲法という体裁をとるべく、自ら憲法を制定することにした。そして、伊藤博文《いとうひろぶみ》を中心に井上毅《いのうえこわし》、伊東巳代治《いとうみよじ》、金子堅太郎《かねこけんたろう》らがグナイストやスタインに教えを乞い、ロエスレルらの助言を受けて草案を作成、枢密院《すうみついん》の審議を経て最終的な成案を得たのが、発布直前の明治二十二年二月五日であった。

【史料】「ベルツの日記」明治二十二年（一八八九）二月十一日条

本日憲法発布。天皇の前には、やや左方に向って諸大臣、高官が整列し、そのうしろは貴族で、そのなかに、維新がなければ立場をかえて現在将軍であったはずの徳川亀之助《とくがわかめのすけ》氏や、ただ一人（洋服姿でいながら）なお正真正銘の旧《ふる》い日本のまげをつけているサツマの島津侯を認めた。珍妙な光景だ！　天皇の右方は外交団。広間の周囲の歩廊は、他の高官達や多数の外人のため開放されている。皇后は、内親王がたや女官たちと共に、あとより続かれた。長いすそをひく、バラ色の洋装をしておられた。すると、玉座の左右から、それぞれ一人の大官が一つずつ巻物を持って進み出たが、その一人はもとの太政大臣三条公だった。公の手にあった方が憲法である。他方の巻物を天皇は手に取ってお開きになり、声高らかに読み上げられた。それは、**かねて約束の憲法**

を自発的に国民に与える決定を述べたものであった。次いで天皇は、憲法の原本を黒田首相に授けられたが、首相はこれを最敬礼で受取った。……

東京で今日ほど、たくさん美しい娘を見たことがない。このみずみずしさ、このすこやかさ、このあでやかな着物、この優しい、しとやかな物腰。東京のいわゆる山車《だし》……二、三の車ではその前方を、芸者たちがいろいろな服装でねって行った。一番きれいだったのは、人足《にんそく》（職人）に仮装した芸者の一団である。

【解説】『ベルツの日記』は憲法発布の際の史料としてよく利用されるので、承知の方も多いであろう。とくに「東京全市は、十一日の憲法発布をひかえてその準備のため、言語《ごんご》を絶した騒ぎを演じている。到るところ、奉祝門、照明、行列の計画。だが、こっけいなことには、誰も憲法の内容をご存じないのだ」（同年二月九日条）という文章は有名である。ところで、『ベルツの日記』にはしばしば日本国

憲法発布式場之図（聖徳絵画記念館所蔵）

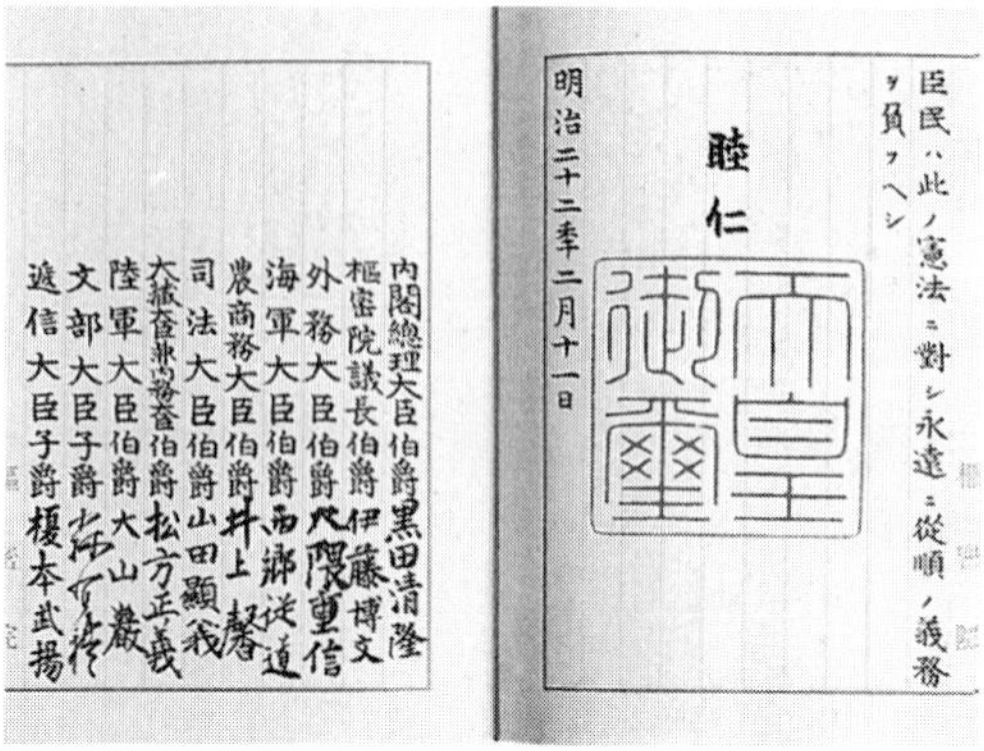

大日本帝国憲法（国立公文書館所蔵）

民に対する痛烈な皮肉が見られる。それは、たとえば黄色人種には文明的な憲法政治の運用は無理であろうと考え、大日本帝国憲法は日本には進歩的過ぎるのではないかと考えるグナイストやスタインの見方と通じるものがあるように思われる。

　大日本帝国憲法は、たしかに多くの天皇大権を規定し、逆に臣民の権利は限定されていた。しかし、それは決して天皇がスーパーマンであったのではなく、一般の法律であれば、天皇・議会・内閣の合意がなければ基本的に成立しないのであり、大部分の国務行為の裏付けとなる予算の作成はたしかに議会の権限であった。したがって、君民同治という方が正しいだろう。ただし、この憲法は天皇機関説から天皇親政論までさまざまな解釈がそれなりに可能な柔軟構造になっており、多くの誤解を生むのであった。

　それにしても、この発布式典前後の国民の歓びようは大変なものであった。東京は夜来の雪で一面の銀世界となっていたというが、なかなか艶《あで》やかな仮装まで飛び出すなど国民は、伝統的な方法で無邪気に祝っていたのである。

出典　トク・ベルツ編、菅沼竜太郎訳『ベルツの日記』上〈岩波文庫〉岩波書店、一九七九年

参考文献　鳥海靖『日本近代史講義』東京大学出版会、一九八八年／佐々木隆『明治人の力量』〈日本の歴史〉講談社、二〇〇二年

66 三国干渉 一八九五年

明治二十七年（一八九四）八月一日、近代日本にとって初めての本格的対外戦争である日清《にっしん》戦争が開戦した。この戦争は日本帝国による朝鮮半島、さらには中国大陸への侵略の重要な足がかりとなるのであったが、開戦の時点ではもちろん勝利が保証されていたわけでもなく、むしろ苦戦が予想されていた。そのため、勝利が確かなものになるにつれて、逆に官民から過大な要求が噴出した。他方で、イギリス、ロシアなど中国に関心を持つ列強も黙ってはいなかった。彼らは日本が過大な要求をし、それが契機で清国政府が倒れるようなことになるのを心配しつつも、日本が領土を割譲《かつじょう》した場合は自分たちもそれに乗り遅れまいと狙っていた。外相陸奥宗光《むつむねみつ》は、このような内外の複雑な動きを視野に入れながら、下関《しものせき》における中国側全権李鴻章《りこうしょう》との講和談判に臨んだのであった。

【史料】『**蹇蹇録《けんけんろく》**』

露、独、仏三国干渉の突来するや、その翌二十四日、広島行宮《あんぐう》に御前会議を開かれ、廟議《びょうぎ》は第三国との和親は到底破るべからず、新たに敵国を作るは断じて得策に非ずと確定したり。而《しか》して当時国中一般の状況如何《いかん》というに、社会はあたかも一種の政治的恐怖に襲われたるが如く、驚愕《きょうがく》極まりて沈鬱《ちんうつ》に陥り、憂心忡々《ゆうしんちゅうちゅう》、今にも**我が国の要所は三国の砲撃を受くるの虞《おそれ》あるものの如く、**誰一人として目下の大難を匡救《きょうきゅう》すべき大策ありと高談する者なく、現にその頃対外硬派《たいがいこうは》と称する一派に属する重立ちたる輩が、京都において伊藤総理に面晤《めんご》し、談次三国干渉の事に及びし時、伊藤は彼らに向かい、今は諸君の名案卓説を聞くよりはむしろ軍艦、大砲を相手として熟議せざるべからずといえる好謔冷語に対して、彼らは平日の多弁に類せず唯々諾々《いいだくだく》敢えて一言の以てこれに抗するなく、またその胸中何らの打算ありとも言う能《あた》わざりし。この輩かつ然り、いわんや一般人民をや。物情恟々《きょうきょう》ひたすら速やかに時艱《じかん》の去るを黙禱《もくとう》するのみ。かくて十有余日を経過し、遼東《りょうとう》半島の還《かん》附《ぷ》は遂《つい》に露、独、仏三国に盟約せられ、日清両国の講和条約は芝罘《チーフー》において首尾能《よ》く批准交換を了するに至り、世人はここに始めて事変の猝発《そっぱつ》すべき虞なきを知り、漸《ようや》く積日の愁眉《しゅうび》を開くに至る

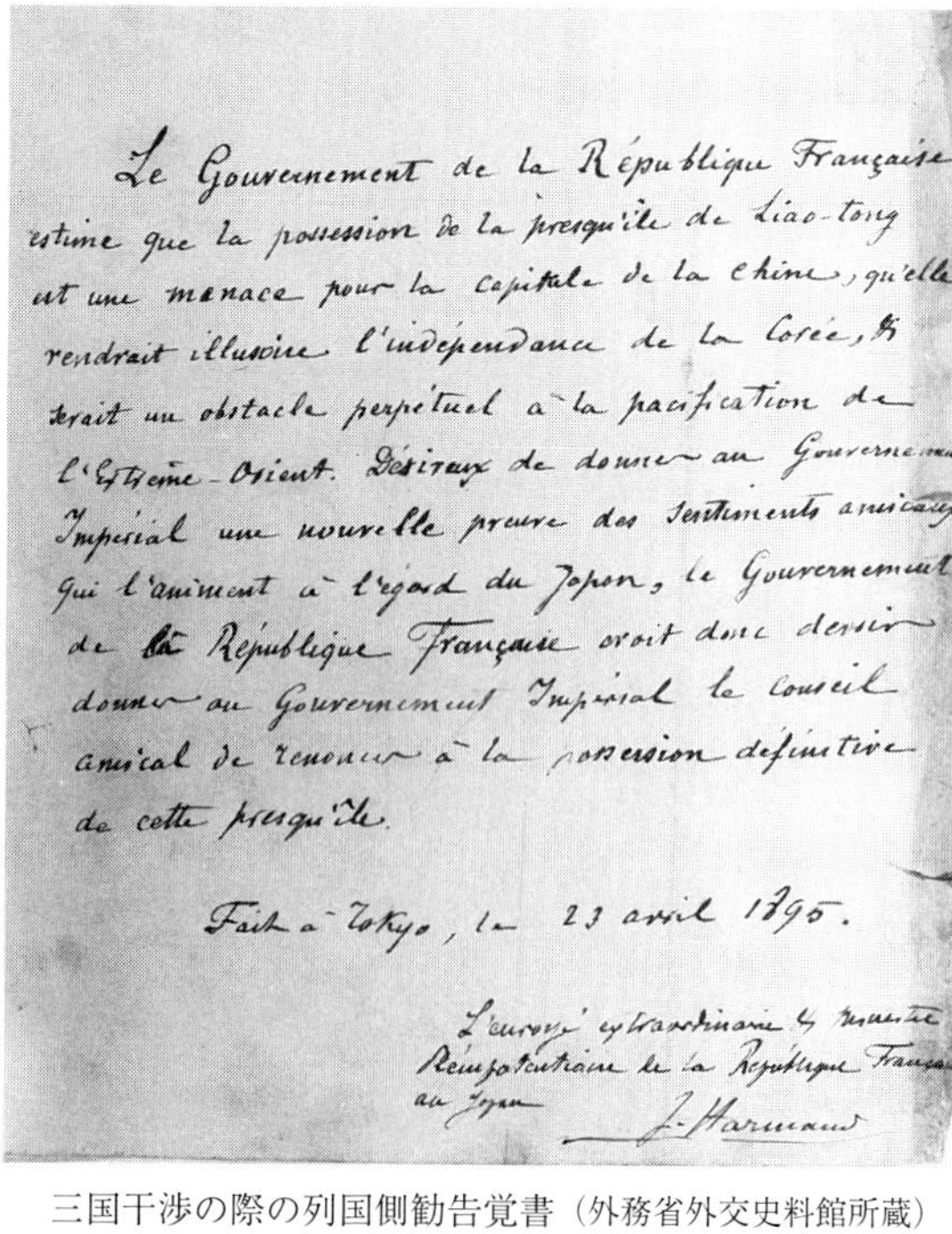
Le Gouvernement de la République Française estime que la possession de la presqu'île de Liao-tong est une menace pour la capitale de la Chine, qu'elle rendrait illusoire l'indépendance de la Corée, et serait un obstacle perpétuel à la pacification de l'Extrême-Orient. Désireux de donner au Gouvernement Impérial une nouvelle preuve des sentiments amicaux qui l'animent à l'égard du Japon, le Gouvernement de la République Française croit donc devoir donner au Gouvernement Impérial le conseil amical de renoncer à la possession définitive de cette presqu'île.

Fait à Tokyo, le 23 avril 1895.

L'envoyé extraordinaire et ministre plénipotentiaire de la République Française au Japon

J. Harmand

三国干渉の際の列国側勧告覚書（外務省外交史料館所蔵）

【解説】旅順《りょじゅん》、大連《だいれん》のある遼東《りょうとう》半島は実際に日清両軍が戦った戦場であり、日本軍が占拠していた。陸奥宗光は朝鮮独立の維持、清国からの内政干渉の排除を確保するために、戦後もこの地域を占拠しようと決めていたが、伊藤博文首相以外には伏せていた。しかしドイツ公使は、土地割譲要求は列強の干渉を惹起する恐れがあ

ると陸奥外相に勧告していたし、李鴻章も外国の干渉を招くような要求は日本のためにならずと牽制《けんせい》していた。こうしたなか、遼東半島割譲を含む講和条件が提示されたのは明治二十八年四月一日であった。これに対し、中国側はもちろん抵抗したが、結局四月十七日に日清講和条約（下関条約）が締結され、遼東半島は日本が領有することになったのである。

さて、交渉は両国のみの間で行なわれたため、列強がその内容を知ったのは条約締結後であった。しかし、陸奥も列強の干渉を予期しており、その際には「一歩も譲らざるの決心を示すの外他策」なしと考えていた。そして、実際にロシア、ドイツ、フランスから四月二十三日、日本が遼東半島を領有することに反対するいわゆる三国干渉の提起があった。このときロシアは軍艦を東洋に集結させ臨戦態勢を取っていたといわれ、イギリスも「露国は真実に決心する所あるが如し」と日本に忠告してきた。史料中に「我が国の要所は三国の砲撃を受くるの虞《おそれ》あるものの如く」という認識にはこのような背景があったのである。それでも陸奥はこの干渉を緩和しようとイギリス、アメリカ、イタリア等に働きかけたが結局実らず、五月四日受容することを決め、ここから臥薪嘗胆《がしんしょうたん》が始まる。しかし他方で、日本が台湾・澎湖《ほうこ》諸島を領有することになったため、これを契機に列強は中国分割を積極的に進めていくことにもなった。

出典　陸奥宗光著、中塚明校注『蹇蹇録』〈ワイド版岩波文庫〉岩波書店、二〇〇五年

参考文献　中塚明『『蹇蹇録』の世界』みすず書房、一九九二年

陸奥宗光

67 文部省美術展覧会

一九〇七年

日露《にちろ》戦争が終了し列強の仲間入りを果たした日本は、ペリー来航以来の独立への不安を払拭《ふっしょく》することに成功した。その結果、文化にも関心が向くようになった。この明治四十年（一九〇七）には西園寺公望《さいおんじきんもち》首相が田山花袋《たやまかたい》・森鷗外《もりおうがい》ら一流の文人たちを招待して雨声会《うせいかい》を開催するなど、政治の流れはたしかに変わりつつあった。そんななかで、牧野伸顕《まきののぶあき》文部大臣も文部省自らが展覧会を主催することを発表し、明治四十年十月二十五日東京上野公園において開催した。この文展こそが、のちに帝展そして現在の日展とつづく日本最大の美術イベントの始まりであった。しかし、主観の入りやすい美術の分野において、永い伝統を持つ各流派間、老大家と野心的な新進気鋭の間の対立は激しく、そのスタートは必ずしも順調ではなかった。

【史料】『**牧野伸顕回顧録**』

先頃官舎で色々御相談を致して以来今日まで僅《わず》かの時日を経過したに過ぎないが、この間実に美術界を始め世間一般もこの事業に幾多の感想意見の発露あり、新聞雑誌の記事展覧会に及ぶもの無数なり。受持ちの記者などは日日会場に詰め掛け、出品の内容その出来栄え、毫末《ごうまつ》の瑣事《さじ》までその読者に紹介すべく努めつつあり。**維新以来美術の歴史を顧みるも斯界《しかい》に対しかく興味を振《ふる》い興《おこ》したることは未曾有《みぞう》で、健全なる美術奨励に有効な**

時期が到来した観があります。また一方から言えば、太平の余沢《よたく》として人心も趣味生活の実現に向いつつある徴候とも言い得ると思います。ついてはこの際政府の企図に係る展覧会の意義は、差し迫りたる審査が果して公平であるか否やの一点に他ならぬことは各位も御同感と存じます。美術の趣向は多々にわたり、非凡の傑作は暫《しばら》く差し置き、一般人の好みを異《こと》にするはありがちで、これまでの展覧会の審査を見るに**一部の画家はこれに満足せず、不平を抱き、純真なる競技の目的に添わざるのみならず却《かえ》って審査のため関係者の間に紛糾を来《きた》し、展覧会の運用を誤るごとき形跡の現れること一再ならざる**はご存じの通りで、これは斯界《しかい》のため棄て置けぬ悲境であります。今日政府がこの事業を企てたことは時弊《じへい》を救済するが目的なることは御承知の通りで、当局はこの責任を全う致したいと念願しているのであります。

上村松園「長夜」
第１回文展出品作品，3等．（永青文庫所蔵）

【解説】この文章は、牧野伸顕が展覧会の開催された二十五日の晩に上野公園精養軒に審査委員を招待した際に述べたものである。当時の美術界は、たとえば狩野《かのう》派《は》などの流派があり「少しでも自己流

岡倉天心像（東京芸術大学所蔵）

の画き方をすれば厳重な取締りを受けて主家には出入り差留め」になったといわれるほど屏息《へいそく》した雰囲気があり、他方で西洋流の新しくて自由な画風を尊ぶ青年画家たちは入賞できないことに不満を持ち、自ら展覧会を主催して入賞し、自分の名を売り出そうとしていた。そのため、展覧会を巡る紛糾は絶えなかったという。したがって、この文部省美術展覧会（文展）の成否もひとえに公正な審査ができるかにかかっていたのである。

その審査員は橋本雅邦《はしもとがほう》や横山大観《よこやまたいかん》、黒田清輝《くろだせいき》、高村光雲《たかむらこううん》ら芸術家に、岡倉天心《おかくらてんしん》、森鷗外らを加えたもので、八月十三日にその人名が発表された。しかし、それに対して日本美術協会、日本画会、日本南宗画会《なんしゅうがかい》などの有力会員から不満が起こり、彼らは八月十四日に正派同志会を結成して別の展覧会を開催していた。彼らの主張は「深く本邦の絵画を攻究玩味《こうきゅうがんみ》せしものは何人も日本画独特の妙長を覚《さと》り、其本領を知悉《ちしつ》せらる、事と存候。徒《いたずら》に外邦の文華に眩耀《げんよう》せられて其移植模倣に汲々《きゅうきゅう》たりしは十年の昔夢《せきむ》と相消へ、過渡の時代は去りて日本画は今や自覚の境に進入せるもの」であるにもかかわらず、文展審査員は偏狭の見方で自分たちを排斥《はいせき》しようとしているというものであった。他方、若手の日本画家たちは岡倉天心を中心に九月一日玉成会《ぎょくせいかい》を結成し「会員各自の主張を重んじ、其天稟《てんぴん》の技倆を自在に発展せしむることに力《つと》め、日本絵画の精神を失はざる限りは保守漸進急進一切の傾向を歓迎」するとして、文展に参加することを声明した。

さて、結果はどうだったのだろうか。『東京朝日新聞』は、日本画九九点、西洋画六六点、彫刻一五点と出品作品を限定して駄作を排除した文展の方が「誰しも美術協会のそれに勝つて居ることを認むるであらう」（十一月三日付）との判定を下している。実際に文展には、十一月三十日の閉幕までに四万三七四一名が鑑賞に訪れ盛況であったという。そして、注目の審査結果は一等賞該当なしとなった。有力出品者は審査委員も兼ねており、お互いに慎重を期したのであろう。こうして、何とか出発したのであった。

出典 『牧野伸顕回顧録』下〈中公文庫〉中央公論社、一九七八年

参考文献 『日展史』I、社団法人日展、一九八〇年

68 第一次護憲運動 一九一三年

大正時代はいささか不穏な政局で幕を開けた。辛亥《しんがい》革命に端を発する中国状勢の緊張から、陸軍は第二次西園寺公望《さいおんじきんもち》内閣に二個師団増加を要求し、それが受け入れられないとみるや陸相上原勇作《うえはらゆうさく》は大正元年（一九一二）十二月二日帷幄《いあく》上奏し辞任、三日山県有朋《やまがたありとも》が後任陸相推薦を拒否したため、五日に内閣総辞職、十九日第一回憲政擁護大会開催、二十一日内《ない》大臣桂太郎《かつらたろう》が内閣樹立、二十四日議会招集、翌年一月二十日桂太郎が新党構想を発表、二十一日内閣は予算案の印刷ができていないとして一五日間議会を停会した。停会中は全国で護憲運動集会が開催され、気運が盛り上がった。そして、停会明けの二月五日に尾崎行雄《おざきゆきお》が壇上に立って演説を始めたのである。

【史料】大正二年（一九一三）二月五日衆議院議事速記録（『官報』号外）

桂太郎総理大臣「畏《おそ》れながら私が大命を拝するに至りましたときに拝しましたのは勅語《ちょくご》でござります。又海軍大臣に留任を仰付けられたのも勅語でござります。即ち畏れながら陛下の御直きに仰聞かされましたものでございます。……」

尾崎行雄「桂公爵の答弁に依りますれば、自分の拝し奉ったのは勅語にして、詔勅《しょうちょく》ではないが如き意味を述べられましたが、勅語も亦《また》詔勅の一つである。……総《すべ》て天皇は神聖にして侵すべからずと云ふ大義は国務大臣が其責に任ずるから出《い》で来《きた》るであります。然《しか》るに桂公爵は内府に入るに当っても大詔已《や》むを得ざると弁明し、又内府を出で、内閣総理大臣の職を拝するに当っても、聖意已むを得ぬと弁明する。如《い》何《か》にも斯《かく》の如くなれば桂総理大臣は責任が無きが如く思へるけれども、却《かえっ》て天皇陛下に責任の帰するを奈何《いかん》せん。……彼等は常に口を開けば直に忠愛を唱へ、恰《あたか》も忠君愛国は自分の一手専売の如く唱へてありまするが、其為《そのな》すところを見れば、常に玉座の蔭に隠れて、政敵を狙撃するが如き挙動を執って居るのである。彼等は**玉座を以て胸壁《きょうへき》となし、詔勅を以て弾丸に代へて**政敵を倒さんとするものではないか」

「桂内閣弾劾演説」（憲政記念館所蔵）

【解説】「玉座を以て胸壁となし、詔勅を以て弾丸に代へ」というあまりに有名な名場面は、「勅語」と「詔勅」の語義の解釈をめぐる相違が主題であった。大日本帝国憲法第五五条第二項には、国務に関する詔勅は国務大臣の副署を要すとあり、詔勅は決して天皇の個人的なものではなく、国務大臣がその実行に責任を持つと保証したものであった。それに対し、勅語はその副署がなく定義も曖昧《あいまい》で、桂は自分はあくまでも

尾崎行雄

桂太郎像

天皇の意志に沿って進退したと主張した。それに対し、尾崎の前に登壇した元田肇《もとだはじめ》議員は、勅語は常時輔弼《ほひつ》する内大臣（内府）がその責を負うべきであり、その内大臣であった桂が自らに首相となるようにとの勅語の責任者となるのは宮中府中《きゅうちゅうふちゅう》（天皇個人の生活場所である宮中に対し、府中は表向きの政治を行なう場）の混同であると非難した。これに対し、桂は明治天皇の時代にもこのような勅語によって進退した大臣はたくさんいたと反論し、さらに「余り深く論及を致しますのは、恐懼《きょうく》に堪へぬ次第」とはぐらかすような答弁を行なった。

これを聞いていた尾崎行雄は桂の態度に思わず怒りを覚え「怒気を帯びて、演壇に駆け登つたものだから、折角準備してゐた演説を全く忘れて、頭ごなしに桂公に喰つて」かかっていったのがこの演説である。尾崎の回想をさらにつづけよう。「そのうち不思議な感じが、私の心に湧いて来た。此処《ここ》でハツと桂公を指させば、公はきつと引繰り返つて、椅子《いす》から転げ落ちるといふやうな感じが、ふと起つた。演壇から大臣席にゐる桂公との間は数歩にすぎなかつた。そこで大声疾呼《しつこ》しながら、全身の力をこめて、二三歩進み出で、指頭を以て桂公を突くがごとく、迫つていつた。その瞬間、公は真青になつた」のであった。

出典　『帝国議会衆議院議事速記録』二七、東京大学出版会、一九八一年

参考文献　尾崎行雄「咢堂自伝」『尾崎咢堂全集』一一、公論社、一九五五年

69 パリ講和会議

一九一九年

一九一八年（大正七）十一月十一日連合国とドイツが休戦協定を締結して戦死者一〇〇〇万人（戦闘員のみ）とも言われる第一次世界大戦は終結、翌年一月十八日よりパリのベルサイユ宮殿で講和会議が開催されることになった。そこには、ウィルソン米大統領、ロイド＝ジョージ英首相、クレマンソー仏首相ら錚々《そうそう》たるメンバーに並んで日本からは西園寺公望《さいおんじきんもち》・牧《まき》野伸顕《のぶあき》が全権として参加した。人類史上初の世界指導者会議である。この会議で欧米の指導者たちは世界平和の実現を強く意識して臨み、その結果国際連盟が結成されるのであるが、戦争被害が少なかった日本側は国際連盟の創設に消極的であり、その思惑は別のところにあった。すなわち、人種平等の実現である。

【史料】牧野伸顕全権の国際連盟委員会における提案

此《こ》の聯盟は正義遂行、暴力打破の世界を構成せむことを目的とし、最高の裁判所たらむことを企図す。聯盟は社会的改革に対して規定する所あると共に、未《いま》だ進歩せざる人民の安寧と利益とを顧慮《こりよ》し、其の統治を受任国に託せむとしつつあり。過去に於《お》けるよりも一層高き道徳的標準に依り、国民及人民の共通の同意に依り、相互間の関係を規律すること、竝《ならびに》世界を通じて一層正当なる正義を行はむことを計画しつつあり。之等《これら》の理想は深く一般人心を感動せしめ、五大陸に散在せる多種人民の有する共通なる感情を旺盛ならしめたり。

連盟規約委員会のメンバー
前列左から２人目牧野伸顕．後列中央ウィルソン．

……最強き人類感情の一なる「国民」に関するの意識は、国際的事件整理に際して正当に認められむとするに方《あた》り新たに惹起《じやつき》されたり。被圧制的国民の不平と密接関係を有して人類の大なる部分に取り深き憤恚《ふんい》の種として、尚《なお》依然として存在するものに人種的差別の非違あり。軽侮《けいぶ》せらるとの観念は永く或国民の不平を醸生したり。今以て各人民及国民に対する正義の原則を以て将来国際的関係の基礎を宣言せるは、偶々《たまたま》之等人種の正当なる此の熱望を高むるに至り、今や之等**人種は此非違《ひい》の撤廃を要求するを以て其の正当なる権利なり**と認むるなり。

【解説】 この演説文は、一九一九年四月十一日、パリ講和会議のなかの小委員会として設置された国際連盟委員会の最終回において、牧野伸顕が連盟規約前文に人種平等に関する文言を挿入するよう求めた際のものである。すなわち、連盟規約に関する討議が終了し、あとは可否の投票を残すだけという段階でのものであった。日本側の主張は明瞭であろう。国際連盟という正義で崇高な機関が設置されることに異存ないが、当時の国家のほとんどが欧州の白人国家であり、連盟がそれら国家によって構成される以上、国際的な争点は白人優位で決定される可能性が強く、したがって有色人種は不当な取り扱いを受けることになろうというものであった。こうして日本は、どの国よりも崇高な理想を掲げて、世界の檜舞台《ひのきぶたい》に登場したのであった。今でこそ制度としての人種差別はなくなったが、一九九一年（平成三）に南アフリカ共和国で法改正がなされるまで厳然と存在しており、平和同様やはり人類全体の悲願の一つであった。

ただし、これは必ずしも純粋に思想上から主張されたものとも言いがたい。日本国内ではすでに二月から人種差別撤廃を主張する団体が活動を始め気勢を挙げていたが、その契機の一つになったのが近衛文麿《このえふみまろ》「英米本位の平和主義を排す」（雑誌『日本及日本人』一九一八年十一月号）という論文であった。そこには、英米のようにすでに権益・植民地を多く持っている国は平和主義を主張し国際連盟によって現状維持を望むだろうが、そうでない日本のような有色人種国家が将来発展・成長するためには現状打破を主張せざるをえない、したがって日本としてはまず人種差別を撤廃して経済上の平等を達成し、大国が持っている植民地の門戸《もんこ》を開放して公正な経済競争を促進すべきである、と国益の点から人種平等が主張されていたのである。

こうして華やかに登場した日本であったが、その理想的すぎる態度によってむしろ欧米列強から猜疑心《さいぎしん》を持って見られるようになり、孤立化を招く結果ともなったのであった。

出　典　外務省編刊『日本外交文書　巴里講和会議経過概要』一九七一年

参考文献　ＮＨＫ〝ドキュメント昭和〟取材班編『ドキュメント昭和１　ベルサイユの日章旗』角川書店、一九八六年

70 新婦人協会

一九二〇年

明治四十四年（一九一一）平塚らいてうが雑誌『青鞜《せいとう》』を創刊し、さらに与謝野晶子《よさのあきこ》、山川菊栄《やまかわきくえ》らと母性保護に関する論争を繰り広げつつあるとき、世界も大きく変わっていた。ロシア革命の勃発、第一次世界大戦後の「改造」潮流の影響は日本にも波及し、彼女たちも敏感に反応することになる。すなわち、大正八年（一九一九）十一月二十四日平塚らいてう、市川房枝《いちかわふさえ》、奥《おく》むめおたちは日本初の婦人団体である新婦人協会を創設、女性の地位向上のための運動を開始した。この団体自体は内部の対立で大正十一年には解散してしまうが、治安警察法第五条（女性の政党加入や、政治集会への参加を禁止）改正に成功するなど残した足跡は大きい。

【史料】 新婦人協会創立趣旨書

婦人も亦《また》婦人全体の利益のために、その正しい義務と権利の遂行のために団結すべき時が来ました。今こそ婦人は婦人自身の教養、その自我の充実を期するのみならず相互の堅《かた》き団結の力によつて、その社会的地位の向上改善を計り、人間としての、同時に婦人としての権利の獲得のため、男子と協同して戦後の社会改造の実際的運動に参加すべき時であります。私は日本婦人がいつまで無智、無能であるとは信じません。既に我が婦人界は今日見るべき学識あり、能力ある幾人かの新婦人を有《も》つて居ます。しかも私は是等の現はれたる婦人以外になほ多くの更に、更に識見高き思慮あり、実力ある隠れたる婦人のあることを疑ひません。……にも拘《かか》はらず、是等の婦人の力が一つとして社会的に若《も》しくは社会的勢力となつて活動して来ないのは何故でありませう。……

私共は是等の事情を深く察し、且《か》つ考へ、終《つい》に私自身の微力をも顧《かえりみ》ず、この婦人界の必要と時代の要求に応ずべく、今回茲《ここ》に**婦人の団体的活動のための一機関として「新婦人協会」なるものを創立し、婦人相互の団結を計り、婦人擁護のため、その進歩向上のため、或は利益の増進、権利の獲得等のために努力しやうと決心いたしました。**

【解説】「青鞜」社の活動が政治的・社会的な壁に突きあたっていると感じていた平塚らいてうが、ＩＬＯ会議に友愛会の女性組合員を政府代表顧問の随員として派遣しようとし、友愛会幹部と対立して友愛会婦人部書記を辞めてはいたが、事務的才能に秀でている市川房枝に目をつけ政治的・社会的運動を試みる新団体を設立しようと呼びかけたのは大正八年（一九一九）の秋であった。「だらしのない人」という評判がある平塚との提携を心配する友人の忠告にも拘わらず、市川は抑えがたい情熱から賛同した。こうして、十一月初め東京四谷《よつや》の炭屋の二階に

新婦人協会会員
前列左より，市川房枝，奥むめお，平塚らいてう．

ある市川の「きたない」部屋で二人が相談を始めたとき、平塚はすでに専門家に依頼して婦人会館の青写真まで用意していたが、資金的裏付けは全くなかったという。それではと、市川が編集を担当して雑誌を発行することにしたが、それも資金の目途は立たなかった。

そんなとき、大阪朝日新聞社から婦人会関西連合大会での講演の依頼があり、これを計画発表の場にしようと決定、平塚は趣意書の起草、市川は新団体の名称捜し（イギリスの年鑑から適当な婦人団体名を見つける）と分担し、名称を「新婦人協会」と決めやっと刷り上がった趣意書を持って市川が東京駅にかけつけ、平塚がそれを持参して大阪に旅立った。そして、十一月二十四日平塚が「婦人の団結を望む」という演題の下で、ここに掲げた趣意書を読み上げたのであった。個性には大きな隔たりのある二人だが、共有する大きな目標に向けてのみごとな共同作業といえよう。

出典　折井美耶子・女性の歴史研究会編『新婦人協会の研究』ドメス出版、二〇〇六年

参考文献　『市川房枝自伝』戦前編、新宿書房、一九七四年

71 張作霖爆殺事件

一九二八年

日露《にちろ》戦争で遼東《りょうとう》半島を租借《そしゃく》し、長春《ちょうしゅん》以南の満鉄《まんてつ》も手に入れ、その後さまざまな形で開発を進めてきた満州《まんしゅう》（中国東北地方）は、しだいに日本の「生命線」と言われるようになった。しかし、二十一ヵ条要求などを契機に中国で外国利権の回収を求める民族主義が高揚、また南方の中国国民党政権が力を強めて北伐《ほくばつ》を始めるなど、満州の維持にも徐々に困難さが増してきた。そんななかで、日本の頼みの綱は奉天督軍《ほうてんとくぐん》張作霖《ちょうさくりん》であり、彼は国民党政権と対峙していた北京軍閥政府のなかでもしだいに勢力を増大し、第二次奉直《ほうちょく》戦争で勝って以来は同政府の主導権を握り、昭和元年（一九二六）には北京に入って大元帥《だいげんすい》となった。しかし、このころから彼は欧米と接近するようになり、むしろ日本から離れつつあった。こうして、日本の満州権益維持はさらに困難となっていたのである。

【史料】河本大作供述調書

結局、列車を転覆《てんぷく》するという手段しかなく、具体的な場所は奉天の西三十キロの巨流河《きょりゅうか》付近がよいという

張作霖（中央）
天津駐屯の米軍司令部前.

爆破された鉄道

ことになり、工兵中隊長一人を現場にやって調査させた。

中隊長の報告では、国軍〈張軍〉による一帯の警備は厳重をきわめ、しかも張がいつここを通るかもつかめなかったということだった。これではこの場所で任務を果たすは難しい。再度検討し、皇姑《こうこ》屯《とん》の東一キロの地点で満鉄線と奉山（京奉）線が交差するところを実行場所と決めた。……具体的な方法は、満鉄の線路に爆薬を仕掛け、交差地点の南五百メートルにある展望哨にコードを引いて起爆装置を設ける、というものだった。

六月四日午前五時五十分、**張作霖が乗ったコバルト色のよく目立つ装甲車両が皇姑屯を出発した。交差地点にさしかかったところで、東宮《とうみや》〈大尉〉は起爆装置を作動させた。一度目は失敗だった。一秒後、二度目で成功した。**

張の車両はてっぺんの部分が吹き飛んだ。張は重傷を負ってすでに瀕死《ひんし》の状態であり、交差地点を警戒していた中国側の奉天憲兵隊の車で、奉天督軍公署に運び込まれた。張の車両とすぐ後ろの食堂車は全焼だった。

【解説】河本大作《こうもとだいさく》関東軍高級参謀はこの爆破事件の責任者として停職となり、その後は満鉄理事などの職に就き、戦後は戦犯として中国政府に捕らわれた。この史料はその際の取調の調書である（原典は『河本大作与日軍山西残留』中華書局)。当初、事件は河本個人の犯行とされたが、この史料からも明らかなように、関東軍が組織的に関わっていたことは明らかである。

関東軍(関東とは遼東半島の旅順《りょじゅん》・大連《だいれん》地域を指し、ここと満鉄附属地を守備するのが任務)は、田中《たなか》義一《ぎいち》首相とのパイプは強いものの、日本のコントロールから脱しつつある張作霖に見切りをつけつつあった。しかし、その張は国民党・共産党の北伐軍との戦いで劣勢となって北京を撤退し、本拠地の奉天(瀋陽《しんよう》)に引き上げ体勢を立て直す予定であった。そうなった場合、張作霖の力がふたたび満州に根づくことになり、関東軍にとっては障害になると考えられたのである。実際に張軍は連日の輸送で続々と奉天に帰還し、その兵数は関東軍を圧倒しつつあった。関東軍の当初の予定では、数十万といわれる張軍の兵隊を山海関《さんかいかん》(華北と満州を分ける渤海《ぼっかい》側の地点)と奉天の中間である錦州《きんしゅう》付近で武装解除し、その力を殺《そ》ごうというものであったが、満鉄附属地ではない錦州に出兵するには奉勅命令(天皇の命令)が必要であり、結局それが出なかったため、関東軍司令官村岡長太郎らは張軍の指揮系統を攪乱しようと張作霖爆殺を企図したのであった。

爆破場所の皇姑屯とは奉天近郊で、南北に延びる満鉄と北京・奉天を結ぶ京奉線がクロスするところにある。下が京奉線、その上の鉄橋を満鉄が走っていたが、彼らが黄色火薬三〇袋を仕掛けたのはこの鉄橋であった。河本らはあらかじめ中国人二人を殺して死体を用意し、起爆装置のそばに放置してあたかも犯人のように装おうともした。

出典 「河本大作供述調書(抜粋)」『This is 読売』一九九七年十一月

参考文献 大江志乃夫『張作霖爆殺』〈中公新書〉中央公論社、一九八九年/劉傑「歴史の空白補う河本の〝肉声〟」『This is 読売』一九九七年十一月

72 二・二六事件

一九三六年

五・一五事件によって途切れた政党政治であるが、最近の研究ではその後徐々に復活の兆しが現れ始めた、しかし、その期待も二・二六事件によって打ち砕かれ、以後は日中戦争、太平洋戦争へと突入していくという考え方が強くなっている。この事件は、統制派《とうせいは》と皇道派《こうどうは》という陸軍内の派閥抗争を背景に、昭和恐慌などによる農村の窮乏を憂え、その原因を作った既成政党や財界など特権階級を打倒して「昭和維新《しょうわいしん》」を断行しようとする青年将校が決起して起きたものであった。約一四〇〇名の兵員が動員され、内大臣斎藤実《さいとうまこと》、蔵相高橋是清《たかはしこれきよ》、教育総監渡辺錠太郎《わたなべじょうたろう》らは殺害されたが、首相岡田啓介《おかだけいすけ》は難を逃れ、身代わりに義弟で秘書官の松尾伝蔵《まつおでんぞう》が殺害された。

【史料】東京陸軍軍法会議判決書

同月（昭和十一年〈一九三六〉二月）二十六日午前二時三十分頃、所属歩兵第一聯隊機関銃隊下士官及見習医官二名共約十名を銃隊事務室に招致し、「蹶起趣意書《けっきしゅいしょ》」を読聞《よみき》け、昭和維新断行の為、総理大臣官邸を襲撃する旨を告げ、尚歩兵砲隊付歩兵曹長尾島健次郎に対しても同趣旨を告げ、各出動準備を為さしめ、次で非常呼集を行ひ、銃隊全員を舎前に整列せしめ、蹶起趣意を告げ、……同四時三十分頃兵営を出発し、同五時頃、東京市麹町《こうじまち》区永田町《ながたちょう》内閣総理大臣官邸に到着し、栗原安秀《くりはらやすひで》は下士官兵約二十名を非常門より同邸内に侵入せしめ、機関銃小隊は邸外に在りて外部の警戒に当らしめ、自ら小銃隊を率《ひきい》ゐて通用門より邸内に侵入し、対馬勝雄《つしまかつお》と共に日本間玄関脇の窓硝子《まどがらす》を破壊して兵二、三十名と共に屋内に闖入《ちんにゅう》し、岡田首相の所在を捜索し、林八郎《はやしはちろう》は兵若干名を率ゐ裏門より邸内に侵入し、日本間玄関付近の窓硝子を破壊して屋内に闖入……（官邸詰巡査村上嘉茂左衛門《かもざえもん》と土井清松を刺殺したのち）**更に中庭に遁《のが》れたる内閣総理大臣秘書官事務嘱託松尾伝蔵を発見し、兵をして小銃を以て射撃せしめ、右側頸部創傷外数箇の創傷を負はしめ、同人を殺害**……

【解説】五・一五事件以後、首相官邸は抜け穴を作るなど非常の場合に対する備えをしていたが、ときすでに間に合わなかった。松尾伝蔵、村上・土井両巡査は岡田首相を守って庭から脱出しようとしたが、そこも兵隊が見張っており不可能であった。そこで、彼らは日本間寝室から中庭、風呂、台所と廊下づたいに身を隠した。しかし、邸内に侵入した反乱兵士が部屋の灯りをつけつつ彼らに近づいてきた（冬の午前五時でまだ暗かった）。岡田の回顧録によれば「そこでわたしらはその方向とは逆の廊下に出て、彼らの

岡田啓介

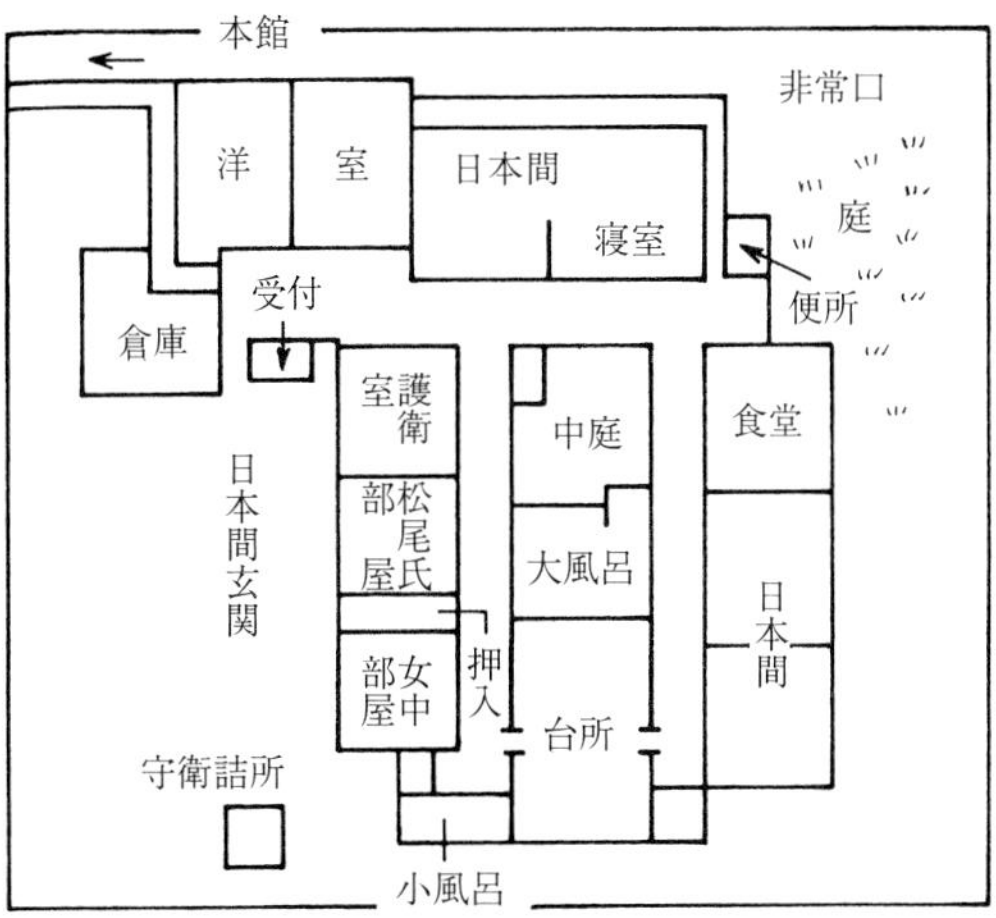

首相官邸の間取り（『岡田啓介回顧録』より）

うしろに回り、彼らがつけた電灯をまた一つ一つ消していった。ぐるりと廊下を回って、また風呂場のところへきたとき土井は、わたしをその風呂場へ押しこんで、ガラス障子をしめるや、向こうから五、六人の兵士をつれてやってきた将校」たちにピストルで応射、弾丸が尽きた土井はさらに将校を組み伏せたが、兵卒に背後から銃剣で刺され、新婚の巡査はしばらくして息を引き取った。村上巡査の方もすでに刺殺されていた。

松尾ともはぐれた岡田は風呂場に隠れていたが、そこからはガラス戸を通して中庭、日本間寝室の方が見えた。すると、寝室前の廊下に下士官と兵士が現れ、また中庭の戸袋の脇には松尾もいた。下士官は兵士に「撃て」と命令したが、兵士たちは撃とうとしない。そこで下士官は「貴様らは今は日本にいるが、やがて満州へ行かなければならないんだぞ。満州へ行けば、朝から晩までいくさをやるんだ。毎日人を殺さねばならないんだ」と叫ぶと、兵士たちも意を決して機関銃を発射したという。その後、彼らは部屋に高く飾ってあった岡田の写真を銃剣で突き落とし、松尾の顔と対照しようとしたが、写真にヒビが入ってしまったためはっきりと見比べることができず、そのために松尾を岡田と勘違いして岡田は難を逃れたという。

出典　伊藤隆・北博昭編『新訂二・二六事件　判決と証拠』朝日新聞社、一九九五年

参考文献　岡田貞寛編『岡田啓介回顧録』毎日新聞社、一九七七年

73 ミッドウェー海戦

一九四二年

昭和十六年（一九四一）十二月八日、日米戦争は日本の真珠湾《しんじゅわん》攻撃によって始まった。以来、日本軍はマレー半島、フィリピンおよび太平洋において予想以上のスピードで戦果を挙げていたが、いまだ主力同士の本格的な戦闘はなかった。そこで、日本軍はハワイの北東にあり米軍の哨戒《しょうかい》基地となっているミッドウェーを占領し、米軍の動きを掣肘《せいちゅう》するとともに空母《くうぼ》を含む米海軍主力部隊をここに誘い出して決戦に持ち込む作戦をたてた。山本五十六《やまもといそろく》長官（「大和《やまと》」に乗艦）の指揮する聯合《れんごう》艦隊は、まずミッドウェーの制空権を握るべく空母「赤《あか》城《ぎ》」（司令長官南雲忠一《なぐもちゅういち》）を旗艦とする第一機動部隊を同地に向かわせた。そして、彼らが到着、戦闘の火ぶたが切られたのは昭和十七年六月五日であった。

【史料】宇垣纏『戦藻録』

（赤城は）急降下爆撃の為消火の見込み立たず、一六二〇御真影《ごしんえい》を奉じて総員退去し、同艦長（青木泰二郎《あおきやすじろう》）は移乗後一航空艦隊長官（南雲忠一）宛《あて》未だ自沈を確認せず、駆逐艦にて雷撃沈没せしむる事に配慮を得度《えたき》旨発電せり。……長官（山本五十六）は「僕の責任に於て処分しようか」と云《い》はれたるに依《よ》り、余輩（宇垣纏《うがきまとめ》）之に同意せり。……理由として述べたる所左《さ》の如し。

一、赤城の損害は絶大なり。最も責任を有する艦長判断して総員退去せる状況に於て、又沈没を可とする状態に於《おい》て之《これ》が救援曳航《きゅうえんえいこう》等は不可能なり。殊《こと》に敵に尚強き航空兵力存在する以上、昼間の近接は強大なる対抗兵力を要する処、我は既に之を喪《うしな》ひ、全軍避退を決せるの時機に於て猶予すべきに非ず。処分は夜間を可とす。

二、万一敵手に陥らんか、恥の上塗りのみならず、不利甚《はなはだ》し。昭和十年大演習に於て第四艦隊暴風雨に会し、駆逐艦の艦首漂流し生存者存在の疑ありたるに、当時の司令官小松少将は之を砲撃々沈し問題を惹起《じゃっき》せり。（以上長官の言より）

三、平時と敵前とは全く相異す。翌朝、主力部隊相当に近接するを以て之を一度視認してやり度とか、或は自軍の兵器を以て沈没せしむるは可ならずとかは共に情の問題にして、忍びざる処は重々なるも斯《かか》る婦女子の情に駆られて大局を誤るべからず。

蓋《けだ》し長官は嘗《かつ》て赤城艦長及同航空戦隊司令官たられし事あり。今や聯合艦隊長官として作戦不如意

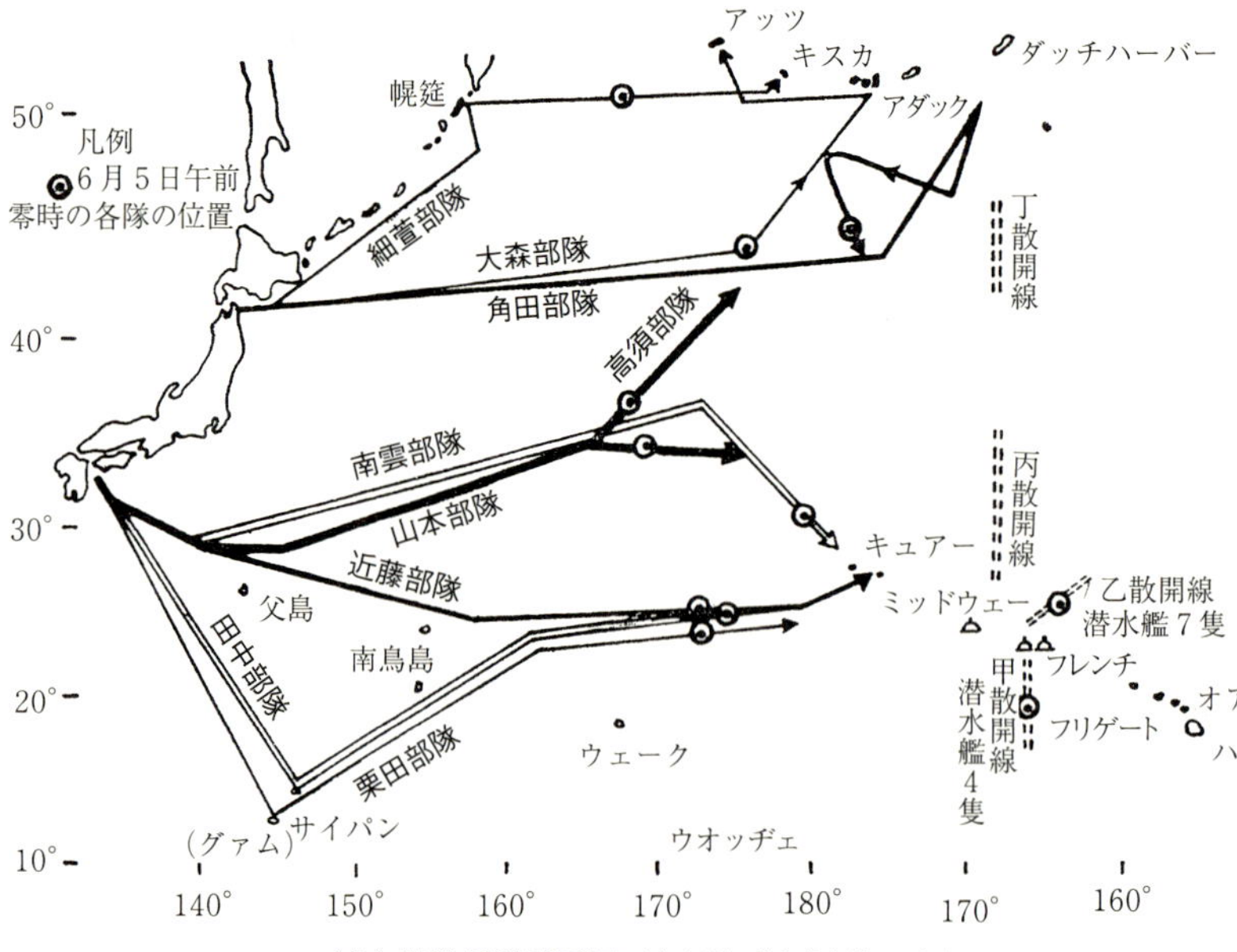

連合艦隊行動計画図（宇垣纏『戦藻録』より）

赤　城

の結果、之が処分を自ら下令せらるるの已《やむ》なきに至れる、其の胸中を忖度《そんたく》として涙無き能《あた》はず、情は情、理は理、正に長官たるの決裁たり。

【解説】この日の視界は決して良好ではなかった。しかも、当時の飛行機にはレーダー設備もなく、ともに相手の動きを知ろうと懸命であった。結局、日本の第一機動部隊は米軍空母が近づきつつあることを知らないうちに、ミッドウェーの基地を攻撃すべく第一次攻撃用の飛行機を発艦させた。他方、米軍は日本の艦隊がミッドウェーに近づいていることを承知しており、空母から発進した日本の飛行機が基地に近づいたときにはすでに基地の飛行機はすべて発進して迎撃体勢を整えていた。しかし、ゼロ戦を中心とする日本の戦闘機も強く、米軍機を掃討《そうとう》することはできなかったが、基地に爆撃を加えることには成功した。

しかし、その隙《すき》をついて米空母から発進した飛行機がつぎからつぎへと日本の航空母艦に来襲、これらも撃退していたが、基地への第二次攻撃隊の発艦準備ができたところで異変が起きた。

「急降下!」突如、見張員が叫んだ。

山本五十六

私はふり向いた。真黒な急降下爆撃機が三機、赤城に向かって逆落《さか》しに突っ込んでくる。
「しまった！　これはいかん！」まったくの奇襲であった。それでも、わが機銃はすばやく応戦した。だが、もう遅かった。（淵田美津雄・奥宮正武『ミッドウェー』）

結局、「加賀《かが》」「蒼龍《そうりゅう》」「飛龍《ひりゅう》」の四空母全部が被爆し、日本軍の敗戦は決定的となり退却することになった。この飛行機は米空母エンタープライズから発進した急降下爆撃隊であった。着弾したのち、甲板に出ていた飛行機に搭載してあった爆弾も誘爆し、「赤城」は一瞬にして手に負えない状態となってしまったのである。

そこで、いまだ沈没するまでには至っていない「赤城」の処分が問題になった。南雲忠一が移艦したあとには青木艦長が頑張り駆逐艦がそれを護衛していたが、修復の可能性もなく、またいつ敵の攻撃があるかわからない。そのため、この史料にあるように、山本らは情において苦渋の決断をしなければならなかったのであった。これまで日本海軍が戦場において自らの手で自分の軍艦を撃沈したことはなかったという。そして、日本軍の勢いもこれによって暗転していくことになるのであった。なお、『戦藻録《せんそうろく》』の著者宇垣纒は、聯合艦隊の参謀長であった。

出　典　宇垣纒『戦藻録』復刻、原書房、一九九三年

参考文献　淵田美津雄・奥宮正武『ミッドウェー』日本出版協同、一九五一年／淵田美津雄・中田整一『真珠湾攻撃総隊長の回想』講談社、二〇〇七年

74 沖縄戦

一九四五年

太平洋戦争末期の沖縄戦の悲惨さは言うまでもない。民間人一二万人を含む約一九万人が亡くなったのである。昭和二十年（一九四五）四月一日、艦艇数一五〇〇、兵員五五万で読谷《よみたん》、嘉手納《かでな》に上陸した米軍はすぐに進撃を開始、四月五日には沖縄本島は南北に分断された。このため、日本の守備軍は徐々に北へ南へと退いていくことになる。沖縄師範学校女子部、沖縄県立第一高等女学校の学徒二二二名たちが看護師として陸軍病院に動員されたのは三月二十三日、以後彼女らも守備軍とともに南下し、ついに本島最南端喜屋武《きやん》岬に追いつめられた。そして、六月十八日には彼女らひめゆり学徒隊に解散命令も出された。これで彼女らは自由になったのだが、それは壕《ごう》から出て米軍の攻撃を受けることでもあった。

【史料】宮城喜久子「地獄の果て—荒崎海岸」

その時です。突然私の所に血だらけの兵隊が転がり込んできたんです。米兵に手榴弾《しゆりゆうだん》を投げつけたため、逆にやられてこちらに逃げこんできたのです。

「敵だ」と言う叫び声が起こると同時に、平良先生が反射的に九名のいる穴の方へ飛び込んでしまったんですよ。私と比嘉初枝さん二人は、すぐ隣の穴に倒れるように逃げ込んだのです。与那嶺松助先生のグループがそこにいました。ほとんど同時でした。次の瞬間、どこから現れたのか、米兵が私たちに自動小銃で乱射しま

沖　縄　戦

した。目と鼻の先の至近距離からです。凄い轟音《ごうおん》でした。あそこもパーン。こちらもパーンです。

側の安富祖嘉子さんはウーンと唸《うな》って私に寄り掛かりました。仲本ミツさんと上地一子さんの二人も即死。右側の曹長も即死して私の顔の上に倒れてきました。島袋とみ・比嘉園子・大兼久良子さんの三人も大怪我でした。

私と比嘉初枝さんが自決現場に駆け寄りましたら、一面血だらけで一〇人が倒れていたんです。

平良先生は腸が全部出て、真中にうつ伏せになっていました。三年生が一番酷い様子で判別出来ない位でした。

【解説】彼女たちが勤務する病院はいくつかの壕に分かれており、壕によって解散命令が伝達された時間も異なっていた。そのなかでも伊原第三外科壕に伝わったときはすでに夜であり、学徒たちが夜が明けないうちに壕から脱出しようと準備を始めたとき、米兵が入り口にやってきて「この壕に住民はいないか、兵隊はいないか。いたら出て来い、出ないと爆破するぞ」と叫び、出ないでいるとしばらくして黄燐弾《おうりん》、ガス弾が投下された。このため、五一人いた学徒隊のうち四二名が亡くなられた。

他の壕から四、五名ずつの小グループに別れて脱出した学徒の多くはさらに南下して山城《やまぐすく》の丘に向かった。しかし、そこには日本軍の拠点があったため、逃げ延びてきた兵隊や民間人も「戦闘機の機銃掃射《きじゅうそうしゃ》が始まり、海からの艦砲、陸からの迫撃砲《はくげきほう》と、丘一帯の大地が掘り返される」ほどの激しい攻撃にさらされたという。ここを逃れた一部の学徒たちは、南端の喜屋武岬荒崎《あらさき》海岸にたどり着いた。そこは断崖であり、海に向かって大きな口をあけている隣り合った二つの洞窟に身を隠し、摩文仁山《まぶにやま》を目指しつつも動けず、そこで二晩を過ごさねばならなかった。

六月二十一日日本軍の抵抗は終わり、米軍は敗残兵《はいざんへい》の掃討を開始した。その敗残兵の一人が彼女らのところに逃げ込んできたのである。以下は史料にあるように、隣の穴で先生一名と九名の若い女性が手榴弾で自決したのであった。

出典　ひめゆり平和祈念資料館編刊・資料集3『ひめゆり学徒隊』二〇〇四年

参考文献　仲宗根政善『実録　ああひめゆりの学徒』文研出版、一九六八年

ひめゆりの塔

75 敗戦

一九四五年

昭和二十年（一九四五）多くの損害を与え同時に多くの犠牲を払った昭和の戦争が、やっと終結することになった。同年七月二十六日、日本に無条件降伏を求め、さもなければ迅速かつ完全なる壊滅あるのみと述べた米・英・中首脳によるポツダム宣言が発表され、当初日本政府はこれを「黙殺」したが、八月六日広島に原子爆弾投下、八日ソ連参戦、九日長崎に原爆投下とつづき、ついに十日の御前《ごぜん》会議で天皇制護持を条件にポツダム宣言受諾を決定、中立国スウェーデン、スイスを通じてその旨を通知した。ただし、アメリカの回答には天皇制護持条件について言及するところはなかった。結局天皇制については曖昧なままで十四日の御前会議で宣言受諾を決定した。そして、それを知らせる詔勅《しょうちょく》が翌日正午にラジオで放送されることになったのである。

【史料】終戦の詔書

朕《ちん》、深ク世界ノ大勢ト帝国ノ現状トニ鑑《かんが》ミ、非常ノ措置《そち》ヲ以《もっ》テ時局ヲ収拾セムト欲シ、茲《ここ》ニ忠良ナル爾臣民《なんじしんみん》ニ告《つ》グ。

朕ハ帝国政府ヲシテ米英支蘇四国ニ対シ、其《そ》ノ共同宣言ヲ受諾スル旨通告セシメタリ。

抑々《そもそも》、帝国臣民ノ康寧《こうねい》ヲ図《はか》リ万邦共栄ノ楽《たのしみ》ヲ偕《とも》ニスルハ、皇祖皇宗ノ遺範ニシテ朕ノ拳々《けんけん》措《お》カザル所、曩《さき》ニ米英二国ニ宣戦セル所以《ゆえん》モ、亦《また》実ニ帝国ノ自存ト東亜ノ安定トヲ庶幾《しょき》スルニ出デ、他国ノ主権ヲ排シ領土ヲ侵《おか》スガ如キハ固《もと》ヨリ朕ガ志ニアラズ。然《しか》ルニ交戦已《すで》ニ四歳ヲ閲《けみ》シ、朕ガ陸海将兵ノ勇戦、朕ガ百僚有司《ひゃくりょうゆうし》ノ励精、朕ガ一億衆庶《しゅうしょ》ノ奉公各々最善ヲ尽セルニ拘《かかわ》ラズ、戦局必ズシモ好転セズ。世界ノ大勢亦我ニ利アラズ。加之《しかのみならず》、敵ハ新ニ残虐ナル爆弾ヲ使用シテ頻《しきり》ニ無辜《むこ》ヲ殺傷シ、惨害ノ及ブ所真ニ測ルベカラザルニ至ル。而《しか》モ尚交戦ヲ継続セムカ、終《つい》ニ我ガ民族ノ滅亡ヲ招来スルノミナラズ、延《ひい》テ人類ノ文明ヲモ破却スベシ。斯《かく》ノ如クムバ、朕何ヲ以テカ億兆《おくちょう》ノ赤子《せきし》ヲ保《ほ》シ、皇祖皇宗ノ神霊ニ謝セムヤ。是レ朕ガ帝国政府ヲシテ共同宣言ニ応ゼシムルニ至レル所以ナリ。

朕ハ、帝国ト共ニ終始東亜ノ解放ニ協力セル諸盟邦ニ対シ、遺憾《いかん》ノ意ヲ表セザルヲ得ズ。帝国臣民ニシテ戦陣ニ死シ、職域ニ殉ジ、非命ニ斃《たお》レタル者及其ノ遺族ニ想ヲ致セバ、五内《ごない》為ニ裂ク。且《かつ》戦傷ヲ負ヒ、災禍ヲ蒙《こうむ》リ、家業ヲ失ヒタル者ノ厚生ニ至リテハ、朕ノ深ク軫念《しんねん》スル所ナリ。惟《おも》フニ今後帝国ノ受クベキ苦難ハ、固《もと》ヨリ尋常ニアラズ。爾《なんじ》臣民ノ衷《ちゅう》情モ、朕善《よ》ク之ヲ知ル。然レドモ、朕ハ時運ノ趨《おもむ》ク所、堪《た》ヘ難《がた》キヲ堪ヘ忍ビ難キヲ忍ビ、以テ万世ノ為ニ太平ヲ開カムト欲ス。

朕ハ、茲《ここ》ニ国体《こくたい》ヲ護持シ得テ、忠良ナル爾臣民ノ赤誠ニ信倚《しんし》シ、常ニ爾臣民ト共ニ在リ。**若《も》シ、夫《そ》レ情ノ激スル所、濫《みだり》ニ事端ヲ滋《しげ》クシ、或ハ同胞排擠《はいさい》互ニ時局ヲ乱リ、為ニ大道ヲ誤リ信義ヲ世界ニ失フガ如キハ、朕最モ之ヲ戒ム。**宜《よろ》シク、挙国一家、子孫相伝ヘ確《かた》ク神州ノ不滅ヲ信ジ、任重クシテ道遠キヲ念《おも》ヒ、総力ヲ将来ノ建設ニ傾ケ、道義ヲ篤クシ志操ヲ鞏《かた》クシ、誓テ国体ノ精華《せいか》ヲ発揚《はつよう》シ、世界ノ進運ニ後《おく》レザラムコトヲ期スベシ。

爾臣民、其レ克《よ》ク朕ガ意ヲ体《たい》セヨ。

【解説】ラジオ放送を提案したのは内閣情報局総裁下村宏《しもむらひろし》と同次長久富達夫《ひさとみたつお》で、すでに八月一日の時点から考慮されていた。そして八日には下村が昭和天皇に拝謁して了承を得、十一日に木戸幸一《きどこういち》内大臣ら宮中も同意した。そして、十四日の御前会議の際に天皇みずからその提案をしたのであった。よく知られているように、軍部の中にはポツダム宣言受諾に反対する意見が強く、実力行使をも主張するグループが存在した。もちろん、国民の間の混乱も激しいものが予想され、場合によっては占領計画に大きな支障を来す可能性もあった。これらを抑えるのがこの玉音《ぎょくおん》放送の役割であったのである。

したがって、国民すべてがこの放送を聴くことが重要であったため、十四日午後九時と十五日午前七時のニュースの時間にその予告も行なわれた（当時のニュース局は日本放送協会〈NHK〉のみであった）。「謹んでお伝へ致します。畏《かしこ》きあたりにおかせられましては、この度、詔書を渙発《かんぱつ》あらせられます。畏くも天皇陛下におかせられましては本日正午おん自ら御放送遊ばされます。洵《まこと》に恐れ多き極みでございます。国民は一人残らず謹んで玉音を拝しますように」。

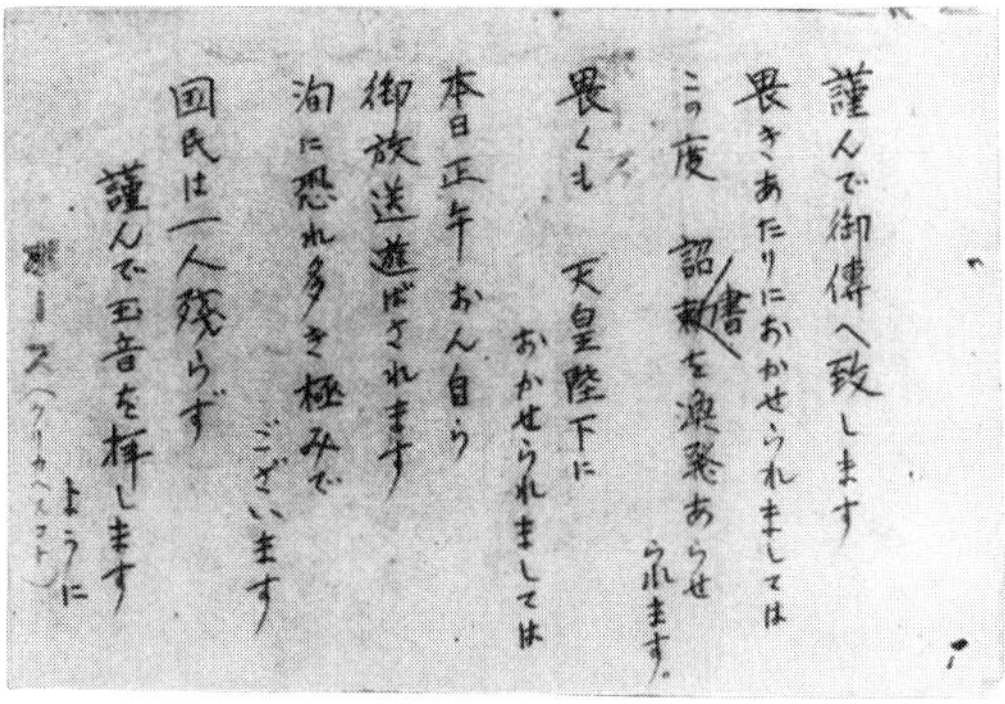
謹んで御傳へ致します
畏きあたりにおかせられましては
この度 詔書を渙発あらせ られます
畏くも 天皇陛下に おかせられましては
本日正午おん自ら 御放送遊ばされます
洵に恐れ多き極みでございます
国民は一人残らず
謹んで玉音を拝します ように

玉音放送の予告原稿

ラジオ放送に聞き入る国民

録音は十四日午後十一時に皇居で行なわれた。一回目は不明瞭な箇所があったので、二度ほど行なわれた。終わって放送関係者が皇居を去ろうと坂下門にさしかかったとき、近衛師団《このえしだん》の兵卒が彼らを監禁し玉音盤を捜索した。しかし、持っていなかったので彼らはさらに宮内省に闖入《ちんにゅう》し捜索した。玉音盤は皇后職《こうごうしき》に保管されていたのである。翌日、宮内省職員が警視庁の車で密かに放送会館に運びこみ、準備万端整った。そして、正午ラジオの時報につづいて「ただいまより重大なる放送があります。全国聴取者の皆様、ご起立を願います」というアナウンサーの声が流れ玉音放送が始まった。

参考文献　竹山昭子『玉音放送』晩聲社、一九八九年

76 昭和天皇とマッカーサー

一九四五年

昭和二十年（一九四五）八月三十日マッカーサーが神奈川県厚木《あつぎ》に到着、九月八日GHQが横浜から東京に進駐、皇居に面する日比谷《ひびや》の第一生命ビルに本部を設置、九月十日アメリカ議会で昭和天皇を戦犯とするという決議案が提出、九月十一日東条英機《とうじょうひでき》らに戦犯として逮捕命令。昭和天皇自身にも危機がひたひたと迫っているようであった。マッカーサーからの接触がなかったため、天皇は吉田茂《よしだしげる》外相や藤田尚徳《ふじたひさのり》侍従長を通してマッカーサーに会見したい意向を伝えた。こうして、九月二十七日に両者の会見が行なわれた。場所はアメリカ大使館公邸、時間は午前十時。玄関に出迎えた副官に導かれ、天皇は通訳奥村勝蔵《おくむらかつぞう》と二人でレセプションルームで待つマッカーサーに対面、マッカーサーはさらに奥の部屋に案内した。

【史料】昭和天皇・マッカーサー第一回会見

マッカーサー「本日は行幸《ぎょうこう》を賜《たまわ》り光栄に存じます。」

昭和天皇「お目にかかり大変嬉しく思ひます。」（元帥《げんすい》の案内にて居室中央に立御。元帥其の向つて左側に立てば、米国軍写真師は写真三葉を謹写す。……元帥は極めて自由なる態度にて）

マッカーサー「実際写真屋と云ふのは妙なものでパチパチ撮りますが、一枚か二枚しか出て来ません。」

昭和天皇「永い間熱帯の戦線に居られ御健康は如何《いかが》ですか。」

マッカーサー「御陰《おかげ》を以《もっ》て極めて壮健《そうけん》で居ります。私の熱帯生活はもう連続十年に及びます。」

（之より元帥は口調を変え、相当力強き語調を以て約二十分にわたり滔々《とうとう》と陳述……）

天皇「この戦争については、自分としては極力之《これ》を避け度《た》い考でありましたが、**戦争となるの結果を見ましたことは、自分の最も遺憾《いかん》とする所であります。**」

マッカーサー「陛下が平和の方向に持つて行くため御軫念《しんねん》あらせられた御胸中は、自分の十分諒察《りょうさつ》申上ぐる所であります。只《ただ》一般の空気が滔々として或方向に向ひつつあるとき、別の方向に向つて之を導くことは、一人の力を以ては為し難いことであります。恐らく最後の判断は陛下も自分も世を去つた後、後世の歴史家及世論によつて下さるるを俟《ま》つ他ないでありませう。」

【解説】　引用史料にもあるように、写真はマッカーサーがまだ状況をよく把握していない昭和天皇を誘導して部屋の中央に立たせ、自分はその横に並んで立ち、待機させていたアメリカ軍写真家に撮らせたもので、そのうちの一枚が二日後の新聞に掲載された。最初は不敬《ふけい》にあたるとして日本政府は写真の掲載を

昭和天皇とマッカーサー

禁止したが、ＧＨＱがその禁止を取り消させたのである。こうして、一般国民ははじめて昭和天皇の実像を見たのである。ご覧のように、モーニングを着し緊張した面持《おもも》ちの天皇と、リラックスした大男のマッカーサーは対照的であり、敗者と勝者の差が明確に写し出されている。

さて、三七分にわたるこの会見については、従来からさまざまに言われてきた。マッカーサーは、後日、この会見で天皇が戦争に関する責任はすべて自分にあるとの死を賭《と》しての発言に感動し、天皇は「日本の最上の紳士」であると感じたという。ただし、この会見録には直接それに該当する部分は見あたらない。これは、天皇自身が戦争責任を認めた場合、連合国内に起こっていた天皇訴追《そつい》論をかわすことが困難になり、それは天皇を利用して占領政策を遂行しようと考えていたマッカーサーにとって都合が悪かったので削除したとも言われている。この会見については、残念ながら後世の歴史家も依然として結論が下せないでいる。

出典　児島襄『天皇と戦争責任』文藝春秋、一九八八年

参考文献　津島一夫訳『マッカーサー回想記』朝日新聞社、一九六四年

77 安保闘争 一九六〇年

昭和二十六年（一九五二）に締結された日米安全保障条約によって、日本は米占領軍がそのまま駐留することを認めたが、アメリカは自衛力を持たない日本を防衛する義務は負わないという片務的《へんむてき》なものであった。しかし、その後の経済発展と自衛力増強によって、岸信介《きしのぶすけ》首相は双務的《そうむてき》かつ全般的な同盟関係の構築をめざし、ついに昭和三十五年一月十九日ワシントンで「日本国とアメリカ合衆国との間の相互協力及び安全保障条約」の締結に成功した。これが現在でも効力を持つ日米安保条約である。さて、条約である以上当然国会での批准《ひじゅん》が必要で、そのうえで「両国が東京で批准書を交換した日に効力を生ずる」ことになっていた。そこで、締結翌日に岸首相とアイゼンハワー大統領の間で、六月二十日ごろに同大統領が日本を訪問することとし、それまでに批准を完了させる予定であった。そのため自民党は、まず五月十九日衆議院において警官隊を導入し野党議員を排除したうえで強行採決して参議院に送ったが、反対運動もこのとき最高潮に達した。

【史料】『朝日新聞』昭和三十五年六月十六日号

六・一五行動日の十五日夕、国会請願《せいがん》デモに押しかけた**全学連主流派約七千人は衆院南通用門に殺到、門にツナをかけてこじあけるなど再三国会構内への突入をはかり、これを阻止する警官と乱闘した。**同六時すぎには

国会を取り巻く安保反対デモ

警官隊のトラックに火のついた紙ツブテを投げ、国会のサクをひきぬいて乱入しようとし、警官隊も放水車で水をまくなど大乱闘となり、そのあと、国会周囲の鉄条網が一部破られ、これを突破口に学生たちはなだれを打って構内に乱入した。全学連主流派約四千人は中庭を占拠し、抗議集会を開き気勢をあげたが、警官隊が十時十七分全員構内から追い出した。このあと学生たちは国会正門前付近で警察のトラックに放火、一部は深夜まですわりこんだ。

これに対して十六日午前一時十五分警官隊は催涙弾を使って解散させたが、そのさい警官隊は官邸前の教授団グループにもなだれこんだ。追われた学生たちは、警視庁裏門から侵入しようとして十数人が検挙された。

【解説】日本政府が安保条約改定に向かって動き始めたことに対し、昭和三十四年三月二十八日社会党・総評（日本労働組合総評議会）を中心に安保改定阻止国民会議が結成され、四月十五日の東京日比谷《ひびや》公園での第一次統一行動を皮切りに、批准までに二二回の統一行動が行なわれた。とくに、昭和三十五年四月以降はほとんど連日大規模なデモが行なわれた。そのなかでも、最も戦闘的な姿勢を示したのが全学連主流派であった。

全日本学生自治会総連合は昭和二十三年九月、全国一四五大学の学生を集めて結成された。当初は日本共産党の影響下にあったが、同党が昭和三十年、第六回全国協議会で武装方針を放棄したころから一部の者は同党に批判的になった。そして、批判者たちは共産党から除名されたことを契機に共産主義者同盟（ブント）を結成、全学連の主導権も握った。このため、全学連は彼らブント指導の主流派と、共産党指導の反主流派に分裂することとなった。

さて、六月十五日は第一八次統一行動にあたり、総評などを中心に全国で五〇〇万人を動員、東京では約一〇万人が国会への請願デモを行ない、その多くは当初の予定通り国会から別の場所に向かい流れ解散したが、全学連主流派だけは別行動をとった。それが史料ということになる。当時、警職法反対闘争によって警察官職務執行法を廃案に押しやったり、砂川《すながわ》事件（米軍立川航空基地の拡張に際して警察官と反対派が衝突した）に関連して安保条約は違憲であるという判決がでたりと、運動は一定の成果を収めており、安保闘争にしても必ず失敗するわけではないという雰囲気もあったが、政府側の態度も強硬で運動側には敗北感が漂い始めていた。そんななか、全学連主流派はこの日を最後の決戦とばかりに全力を注ぎこみ、国会突入を敢行したのであった。この過程で東京大学の女子学生一名が圧死する事件も起こった。

この日の出来事を契機に新聞論調も過激暴力主義に反対するようになり、新安保条約も六月十九日午前零時をもって自然承認、同二十三日には批准書が交換されて発効することになった。

参考文献　信夫清三郎『安保闘争史』世界書院、一九六一年

78 東京オリンピック 一九六四年

東京オリンピックは、まず第一に敗戦国日本が国際社会に復帰したことを象徴するできごとであった。「世界は一つ」をスローガンに、平和国家を標榜《ひょうぼう》する日本に世界中の民族が集結した姿はまさに壮観であった。もっとも、他方でIOC規約に反した北朝鮮やインドネシア選手は参加を拒否されるなど、必ずしも「世界は一つ」とはいかない状況もあった。第二は高度成長を背景にした日本社会の転換である。大型施設の建設、交通網の充実などオリンピックを梃子《てこ》に都市の景観は変貌し、生活スタイルも変化した。そして、第三にスポーツそのものの感動を教えた。重量挙げ・バレーボール・レスリング・柔道・体操など日本選手の活躍、チャフラフスカ、アベベ、ヘイズ、ショランダーなど外国選手の想像を絶する能力、あるいはヨットレースで海に転落したライバル選手を助けたスウェーデン選手の美談など、中高年以上の方ならばすぐに脳裏に浮かび上がってくるだろう。ところで、当時のオリンピックは今とは全く異なる原理によって運営されていた。

【史料】**ブランデージ国際オリンピック委員会会長挨拶**

加盟国百十五に及ぶオリンピック運動は、いまや七つの海を結びつけ、オリンピック大会が全世界のものである証左として、ついにここ東洋で行われようとしています。

アマチュアがアマチュアのために築きあげたこの偉大な国際スポーツの組織の成功は、物質文明の世界にあって全人類の基本的、本能的な熱望に負うものであります。ここには貧富、家柄あるいは人種にもとづく階級的な不公平は存在していません。オリンピック運動の偉大な教訓はみなさまの眼前にあります。各国の優勝者である七千の精鋭は、いまやスターターのピストルを待っています。諸君が楽しく競技されることを願う次第であります。

【解説】前日まで雨が降り台風の接近も心配されたが、開会式当日はみごとな快晴であった。千駄ケ谷《せんだがや》駅から国立競技場に向かう道には「五輪の旗の列が高く、ゆるやかにはため」いていた。そして、大勢の外国人を目の当たりにした日本人はその大きさに驚き、さらに巨大なダムのような競技場のなかに入ったときは「よく熟したざくろを、まっ二つに割ったような、そんな鮮やかな美しさ」（永井龍男「大判の絵本」『アサヒグラフ』東京オリンピック増刊号）に圧倒されたという。開会式はまず選手入場で始まったが、初めて聞くような国を含め色とりどりの衣装で次々に登場する選手団を眺めても、全く飽きることもなかった。ブランデージ会長の挨拶は選手入場後に行なわれた。その内容は、一言でいえばアマチュア精神の強調であり、同会長自身は最後のアマチュアリズム信奉者であった。

東京オリンピック開会式

現在はスポーツビジネスが真っ盛りであり、特にオリンピックで活躍したスター選手は世界中の子供たちの憧れの的となる。他方で、学問の世界ではオリンピックの評判ははなはだよくない。オリンピックは国威発揚《こくいはつよう》の道具である、そもそもスポーツの振興は労働に耐えうる人間を作るために国家が国民に強制したものである、オリンピックは金儲《かねもう》けの手段である、等々である。いずれにしても、これらの批判に共通していることはオリンピックをナショナリズム、資本主義と結びつけて解釈しているということである。ブランデージ時代も、やはりアマチュア精神と結びつけて捉えられていたのであった。

ところで、いまや時代錯誤となったアマチュア精神であるが、これにもアマチュア選手でいられるのはブルジョアのみである、選手が金を貰って何が悪いという批判もあったが、とにかく同会長の言葉に耳を傾ければ、「物質文明」（＝金がすべてを支配する）に対抗し、「高貴な精神と道徳的純潔」に基づくアマチュア精神の哲学を普及するのがオリンピック運動であり、それが世界に認められて高い評価を獲得し、このような繁栄をもたらしたということになる。もしこれが正しければ、スポーツを有力なビジネスにまで成長させたアマチュア精神に対し、我々はもう少し敬意を払ってもよいように思われる。とくに、若い青少年を仕込みプロスポーツ選手としてビジネスにしようと狂奔する大人の姿をみれば、なおさらである。

出典　『朝日新聞』一九六四年十月十日夕刊

参考文献　アベリー・ブランデージ著、宮川毅訳『近代オリンピックの遺産』ベースボール・マガジン社、一九七二年

著者紹介（生年／現職／執筆項目）—五十音順

大隅和雄（おおすみ　かずお）　一九三二年／東京女子大学名誉教授／9、11、13、14、16、18、20、21、24、30－32、36

神田千里（かんだ　ちさと）　一九四九年／東洋大学文学部教授／12、15、17、19、22、23、25－29、33－35、37－39

季武嘉也（すえたけ　よしや）　一九五四年／創価大学文学部教授／59－78

森　公章（もり　きみゆき）　一九五八年／東洋大学文学部教授／1、3－7、10

山本博文（やまもと　ひろふみ）　一九五七年／東京大学史料編纂所教授／40－58

義江彰夫（よしえ　あきお）　一九四三年／東京大学名誉教授／2、8

索　　引

ち・つ

て

と

な

に

は

ひ

ふ

へ

ほ

ま

み

む

め

も

や

ゆ・よ

ら・り

れ・ろ・わ

知っておきたい 日本史の名場面事典

二〇〇八年(平成二十)三月十日　第一刷発行

著者　大隅《おおすみ》和雄《かずお》
神田《かんだ》千里《ちさと》
季武《すえたけ》嘉也《よしや》
森《もり》公章《きみゆき》
山本《やまもと》博文《ひろふみ》
義江《よしえ》彰夫《あきお》

発行者　前田求恭

発行所　株式会社 吉川弘文館
郵便番号一一三—〇〇三三
東京都文京区本郷七丁目二番八号
電話〇三—三八一三—九一五一(代)
振替口座〇〇一〇〇—五—二四四番
http://www.yoshikawa-k.co.jp/

印刷=株式会社 平文社
製本=誠製本株式会社
装幀=清水良洋・河村誠

ISBN978-4-642-07984-6